SIEGFRIED KOHLHAMMER

AUF KOSTEN DER DRITTEN WELT?

SIEGFRIED KOHLHAMMER

AUF KOSTEN DER DRITTEN WELT?

Nachwort von Rupert Neudeck

DIE WERKREIHE VON TUMULT **#08**

Herausgegeben von Frank Böckelmann

MANUSCRIPTUM.

Impressum

Achte Ausgabe der Werkreihe TUMULT, erste Auflage September 2019
Herausgegeben von Frank Böckelmann/TUMULT. *Vierteljahresschrift für Konsensstörung*, Dresden
www.tumult-magazine.net

Erweiterte Fassung der Originalausgabe von 1993 im Verlag Steidl.
Der Aufsatz »Islam und Toleranz« erschien zuerst 2011 in *Islam und Toleranz. Von angenehmen Märchen und unangenehmen Tatsachen* (Hrsg. Siegfried Kohlhammer und Anne Hamilton) im Verlag Zu Klampen. Der Aufsatz »Schwere Geburt« erschien zuerst 2005 in der Zeitschrift *Merkur*.

Gestaltung & Herstellung
Titelbild: »Das Klischee – der weiße Mann saugt die Dritte Welt bzw. Afrika aus und wird dabei kugelrund«,
© nuvolanevicata/iStockphoto.com (Bild-ID: 1004221126)
Autorenfoto Siegfried Kohlhammer: © Siegfried Kohlhammer
Gestaltung: Thomas Löffler, Berlin

Titelnummer: 10610
ISBN: 978-3-948075-05-7

www.manuscriptum.de

INHALT

AUF KOSTEN DER DRITTEN WELT?

Daß wir auf Kosten der Länder der Dritten Welt leben, daß unser Reichtum auf dem Elend und der Ausbeutung der Dritten Welt beruht, ist ein weitverbreitetes Vorurteil – bei Linken und Grünen aller Art, weltoffenen Christen, Friedensfreunden, Menschen guten Willens von der CDU bis zur RAF, Verfassern schöngeistigen Schrifttums und deren sensibler Leserschaft, kurzum: den *Edlen Seelen*[1].

»Wir ziehen alle unheimliche Vorteile aus der Dritten Welt«, schreibt *Zeit*-Leser Frank Reif, Göttingen; gemeint ist wohl, in den Worten eines prominenteren Autors, die »verfehlte, ausbeuterische Wirtschaftspolitik des Nordens gegenüber dem Süden« (Horst-Eberhard Richter). Aber »wenn sie (die Armen der Dritten Welt) sagen, sie und ihre Welt seien von uns und unsrer Welt bestohlen worden, antworten wir ihnen: Dann bleibt uns gestohlen« (Christoph Hein). Und Heiner Müller weiß, »daß die Dritte Welt eine Macht ist; daß die, auf deren Kosten man lebt, dem nicht ewig tatenlos zusehen werden«.

Wir sind nicht nur der Indifferenz gegenüber dem Elend angeklagt, sondern dessen aktiver Verursachung: weil wir die Dritte Welt ausbeuten, sind wir so reich und sie so arm. Unterentwicklung und Armut, sterbende Kinder, Epidemien, Flüchtlinge … sind die Folgen unseres Reichtums. »Genozid« ist derzeit[2] das Höchstgebot im Überbietungswettbewerb der Ankläger in Sachen Dritter gegen Erste Welt. Daß solche Anschuldigungen nicht weiter übelgenommen und, wenngleich zerknirscht, ohne nähere Überprüfung hingenommen werden, sollte erstaunen. Offenbar wird in solchen Fällen das Gehirn derart mit Schuldgefühlen überschwemmt, daß sein normales Funktionieren erheblich beeinträchtigt ist. Nun sind ja Schuldgefühle zunächst eine sozial hochwillkommene Erscheinung: Sie indizieren eine gelungene Internalisierung moralischer Normen, sind eine adäquate Reaktion auf deren Verletzung und bilden eine Grundlage dafür, diese in Zukunft zu unterlassen. Sinnvoll aber sind Schuldgefühle offenbar nur, wenn die Untaten wirklich begangen worden sind und so, wie die Anklage behauptet – und wenn sie zu einer Verhaltensänderung führen.[3] Beides ist aber im Fall der Selbstanklage der Ersten Welt nicht der Fall. Wenn es dabei nicht zu der bei Vorwürfen üblichen Widerrede kommt, so wohl auch deshalb, weil der Vorwurf der Ausbeutung der Dritten Welt im Zusammenhang historisch tatsächlich verübter Untaten steht, für die sich der Angeklagte *irgendwie* mitverantwortlich fühlt. In Deutschland wirkt vermutlich auch das Beispiel jener abschreckend, die die deutsche Schuld am Holocaust oder gar diesen selbst leugnen. Angesichts dessen scheint man moralisch auf Nummer Sicher zu gehen, wenn man auch im Fall der Dritten Welt alles zugibt und noch eins draufsetzt: Genozid, sowieso!

Zu den reflexhaft sich einstellenden Äußerungen der Edlen Seelen beim Thema Dritte Welt gehört zunächst die, daß die Erste Welt deren Armut und Not »verdrängt«, »wegsieht«, »die Augen verschließt vor …«. Nun mag es den Entwicklungsländern ja an allem mangeln, an einem aber gewiß nicht: Publizität. Die Tages- und Wochenpresse berichtet regelmäßig, ausführlich und – in der Regel – sachkundig und sympathetisch, so auch das Fernsehen, und die wissenschaftliche und populärwissenschaftliche Literatur zum Thema füllt Bibliotheken. Von 1991 bis zum Herbst 1992, als es dann unbestreitbar ein Medienereignis wurde, konnte man kaum einen Pressebericht über Somalia lesen, in dem nicht die Indifferenz und Untätigkeit der Weltöffentlichkeit beklagt wurden. Zur gleichen Zeit waren in Somalia Beobachter und Helfer verschiedener UNO-Organisationen, das Internationale Rote Kreuz, Médecins sans frontières und andere nichtoffizielle Organisationen tätig sowie, zahlreich vertreten, die internationale Presse. Inzwischen ist es der Sudan, den wir verdrängen, morgen Simbabwe oder Mosambik – alles Länder, über die wir, soweit wir lesen und einen Fernsehapparat bedienen können, regelmäßige und recht zuverlässige Informationen erhalten. 1992 schreibt Susan George, »die meisten Leute« in den Industrieländern »wissen wenig und kümmern sich noch weniger um das Schuldenproblem der Dritten Welt. Es scheint langweilig und wird vom Fernsehen nicht behandelt.«[4] Zu diesem Zeitpunkt hatte sie selbst bereits zwei erfolgreiche Bücher – eins davon in der populären Penguin-Taschenbuchreihe – über dieses Thema veröffentlicht und war als Beraterin einschlägiger Fernsehbeiträge tätig gewesen – einer davon die Fernsehbearbeitung ihres Penguin-Buches zum Schuldenproblem. Es ist schon erstaunlich, welche Macht die Phrase auch über gewöhnlich gut funktionierende Köpfe ausübt.

Die Menschen in den Industrieländern wissen aber nicht nur, was in den Entwicklungsländern geschieht, sie tun auch etwas, um ihnen zu helfen. Schon 1969 hatte der Pearson-Report wahrheitsgemäß festgestellt, daß noch nie in der Geschichte so viele Menschen sich um die Armut der Menschen in anderen Ländern kümmerten (und im allgemeinen war man in den Industrieländern besorgter um die Armen der Dritten Welt als deren Regierungen) – in den Entwicklungshilfe-Ministerien wie in den Projekten an Ort und Stelle, in der Weltbank wie in den Gewerkschaften, im Vatikan wie in den wirtschafts- und sozialwissenschaftlichen Instituten, auf Gipfelkonferenzen und in den Abteilungen für Tropenmedizin – und nicht nur offizielle Hilfe wurde geleistet, die privaten Organisationen sammelten weltweit jährlich etwa 5 Milliarden Dollar; »mehr als 70 Prozent der Bevölkerung in der BRD (spenden) regelmäßig oder gelegentlich für die Linderung fremder Not. Das ergibt ein jährliches Spendenaufkommen von schätzungsweise 2 bis 3 Milliarden DM [...] Rund 50 Prozent dieser Spenden kommen der Entwicklungshilfe einschließlich ihrer Randbereiche zugute.«[5] In Großbritannien ergab 1983 eine landesweite Umfrage, daß 71 Prozent der Bevölkerung Hilfe für ärmere Nationen befürworten; eine EG-weite Umfrage desselben Jahres fand entschiedenes Einverständnis mit dem Satz »Wir haben eine moralische Pflicht, ihnen (den Menschen der Dritten Welt) zu helfen«. In Japan unterstützen 45,1 Prozent der Bevölkerung die gegenwärtige Entwicklungshilfe, 35,2 Prozent sprechen sich für deren Erhöhung aus. Die Mehrzahl der Postsparkonteninhaber hat sich bereit erklärt, 20 Prozent der Zinsen für die Dritte Welt zur Verfügung zu stellen (die japanische Post ist zugleich die größte Bank der Welt).[6] Die Behauptung also, die Mehrzahl der Menschen in den Industrieländern verschlösse ihre Augen vor dem Elend der Dritten Welt, ist bestenfalls eine gedankenlose Floskel, viel eher aber eine arrogante Herabsetzung anderer Menschen, denen man die eigene selbstlose Sorge um fremde Not nicht zutrauen will. Das soll Schuldgefühle erzeugen und gehört zum Instrumentarium der moralischen Einschüchterung.

Verstärkt werden die Schuldgefühle durch eine aggressiv vorgetragene moralische Einschüchterung seitens der Dritten Welt selbst: *Mau-Mauing the First World,* wofür die UNO und ihre Organisationen die beliebtesten Plattformen sind.[7] Bei der Vorstellung ihres jährlichen Berichts im Dezember 1992 erklärte die UNO-Organisation UNICEF, daß in diesem Jahr etwa 13 Millionen Kinder, vor allem in Afrika und Lateinamerika, sterben würden an Unterernährung und drei unschwer vermeidbaren Krankheiten; »nur 25 Milliarden Dollar« würde es kosten, die Grundbedürfnisse aller Kinder zu befriedigen – genau die Summe, die die Amerikaner in einem Jahr für Bier ausgeben, die Europäer in drei Monaten für Alkoholika und wiederum die Amerikaner in sechs Monaten für Zigaretten.[8] Warum werden diese 25 Milliarden Dollar nicht mit dem Alkohol- oder Zigarettenkonsum in den Entwicklungsländern verglichen oder mit der Höhe der jährlichen Entwicklungshilfe von 55 Milliarden Dollar, die offenbar nicht zur Rettung der Kinder benutzt wird, oder mit der Kapitalflucht aus der Dritten Welt von mehreren 100 Milliarden Dollar, warum nicht mit dem Luxuskonsum der Dritte-Welt-Eliten?

Insinuiert wird damit, daß nicht etwa die Regierungen der betreffenden Entwicklungsländer für den Tod der Kinder verantwortlich zu machen sind, sondern die Bevölkerung der Industrieländer: Es sollen Schuldgefühle erzeugt und dadurch Gelder lockergemacht werden. Daß auch sehr arme Länder erfolgreich Hunger und Kindersterblichkeit bekämpfen können, soweit der politische Wille dazu vorhanden ist, haben Jean Drèze und Amartya Sen anhand zahlreicher Beispiele eindrucksvoll dokumentiert.

Im *Human Development Report 1992* des UNDP (United Nations Development Programme), einer UNO-Organisation, wird den OECD-Ländern vorgeworfen, daß sie 25 Prozent ihres Einkommens für Sozialausgaben zugunsten ihrer Bürger ausgeben, für mehr als eine Milliarde absolut Arme in den Entwicklungsländern aber nur 0,35 Prozent.[9] Auch hier wird nicht gefragt, wie hoch denn die Sozialausgaben der betreffenden Entwicklungsländer sind und wie groß deren Einkommensungleichheit (zum Beispiel in Zaire oder Honduras), wie hoch die Rüstungsausgaben oder der Luxuskonsum – es wird schnurstracks den Industrieländern die Verantwortung zugeschoben und impliziert, daß diese für die Bevölkerung der Entwicklungsländer in gleichem Maße verantwortlich seien wie für die eigene: »the white man's burden« gegenüber der »Bitt- und Forderungsgemeinschaft des Südens«.[10]

Diese Haltung, den Norden für alle Probleme der Entwicklungsländer verantwortlich zu machen, artikuliert sich oft mit aggressiv antineokolonialistischer Rhetorik und variiert doch nur, wenngleich pfiffig kalkuliert, eine koloniale Mentalität, als wollte man nachträglich der imperialistischen Ideologie eines Kipling recht geben, wonach die Kolonisierten »halbe Kinder« (»and half child«) seien, denen gegenüber eine besondere Fürsorgepflicht bestehe.

Es ist der Grundtenor des Dritte-Welt-Diskurses: Wir sind die Opfer und Ohnmächtigen, wir sind für nichts verantwortlich, und ihr seid an allem schuld. Als die »Opfer und Ohnmächtigen der Weltwirtschaft« definierte Nyerere die Dritte Welt,[11] was ebenso falsch wie als moralische Einschüchterung erfolgreich ist. Die Edlen Seelen teilen und fördern diese Haltung: »Die Dritte Welt konnte und wollte man sich nur als Opfer vorstellen.«[12] Das weltweite Gerangel um die obersten Plätze in der Tabelle der Opfer und Ohnmächtigen – Dritte Welt oder Frauen, Aids-Kranke oder bedrohte Völker, Homosexuelle oder Muslime – ist auch deshalb in seiner Mischung von Larmoyanz und Abzocken, Selbstmitleid und moralischer Erpressung so widerwärtig, weil hinter dieser Schmierentragödie die realen Probleme, das wirkliche Leid zu verschwinden drohen.

Die Klage, benachteiligt zu sein und ungerecht behandelt zu werden, bestimmt auch die Haltung zum ungleichen Anteil der Industrieländer und Entwicklungsländer am Gesamtprodukt der Welt; er wird nicht als Resultat unterschiedlicher historischer Entwicklung und Produktivität gesehen, sondern als »ungerechte«[13] Verteilung und diese als Grund für die Armut. Es ist die Haltung des Rentiers oder Almosenempfängers, den nur sein Anteil am bereits produzierten Reichtum interessiert. Das ärmste Fünftel der Weltbevölkerung »erhalte« nur 1,4 Prozent des globalen Einkommens (und 1,0 Prozent des Welthandels), erklärte das UNDP – gemeint ist, daß deren Anteil an Weltproduktion und Welthandel und deshalb ihr Einkommen sehr gering sind. »Zwischen 1960 und 1989 erhöhten die Länder mit den reichsten 20 Prozent der Weltbevölkerung ihren Anteil am globalen Bruttosozialprodukt von 70,2 Prozent auf 82,7 Prozent.« Die ärmsten Länder dagegen »sahen ihren Anteil fallen. Die Konsequenzen für Einkommensungleichheiten waren dramatisch«.[14] So führt Ungleichheit zu Ungleichheit, und die elaborierten dependenztheoretischen oder strukturalistischen Anklagen scheinen oft nur eine Variante mythischen Kargokult-Denkens zu sein – oder des Bonmots, daß die Armut von der Powerteh komme: »Diese ungleiche Verteilung des Weltsozialprodukts« – es gibt arme und reiche Länder – »verbindet sich mit einer ungleichen nationalen Einkommensverteilung« – es gibt in einem Land Reiche und Arme – »und erzeugt in dieser Kombination das Phänomen massenhafter Armut«.[15]

Der *Human Development Report* des United Nations Development Programme erfreut sich erheblicher Popularität, insbesondere sein anschaulicher Trichter der »ungerechten« Einkommensverteilung und die Berechnung der »Kosten der globalen Märkte für die Entwicklungsländer«[16] in Höhe von leicht zu merkenden und Wuttrauerundbetroffenheit auslösenden 500 Milliarden Dollar: Diese kursieren nun als jährliche Verluste der Entwicklungsländer in der Presse. Diesen 500 Milliarden sind die kläglichen 54 Milliarden Dollar Entwicklungshilfe gegenübergestellt. Auch dabei ist der Grundtenor: Die Industrieländer sind schuld, wenn die Entwicklungsländer nicht vorankommen, die Gründe der Unterentwicklung sind externer Art. Von den genannten 500 Milliarden Dollar entfallen 250 Milliarden auf »eingeschränkten Zugang zum Arbeitsmarkt«. Zwanzig Seiten davor heißt es: »Einwanderungsgesetze verweigern den Arbeitern das Recht, die Welt-Nachfrage und das Welt-Angebot von Arbeit auszugleichen: dorthin zu ziehen, wo sie ihren Lebensunterhalt am besten verdienen können.« Das »kostet« die Entwicklungsländer »mindestens 500 Milliarden pro Jahr, zehnmal mehr, als sie an Entwicklungshilfe erhalten«.[17] Warum es hier »mindestens 500 Milliarden« sind und dort »250 Milliarden«, ist unklar; nun, auf ein paar 100 Milliarden soll es uns nicht ankommen, geht es doch ohnehin nicht um fundierte Analysen und Zahlen, sondern um die Mobilisierung von Schuldgefühlen, verstärkt durch den impliziten

Vorwurf, ein fundamentales Menschenrecht zu verletzen. Aber ein Recht, sich in dem Land seiner Wahl niederzulassen und dort zu arbeiten, gibt es nicht – man kann es freilich postulieren, aber man kann sich nicht darauf als auf ein geltendes Recht berufen.[18] Auch im Freihandelsabkommen (GATT) ist zwar von Waren, Dienstleistungen und Kapital die Rede, nicht aber von Arbeit.[19] Der internationale Arbeitsmarkt sei »ganz sicher nicht frei. Er wird gesteuert und kontrolliert von den Industrieländern«[20] – eine Variation des ehrwürdigen Drittwelt-Arguments, daß der Weltmarkt von den Industrieländern kontrolliert und manipuliert werde. Was die Industrieländer steuern und kontrollieren, sind Immigration, Aufenthalts- und Arbeitserlaubnis, und zwar sehr viel großzügiger als die Entwicklungsländer. In Nigeria werden Ghanesen ausgewiesen, in Indien Bangladeshis und in Bangladesh Burmesen. Malaysia deportiert illegale Arbeiter nicht anders als Japan oder Großbritannien. In den Industrieländern arbeiten und wohnen gegenwärtig »mindestens 35 Millionen Menschen aus den Entwicklungsländern«, ist demselben *Human Development Report* zu entnehmen, davon »etwa 6 Millionen illegal – und ungefähr 1,5 Millionen kommen jedes Jahr dazu«. Sie überweisen jährlich 25 Milliarden Dollar an die Entwicklungsländer[21] – eine reale Summe, die der *Human Development Report* den fiktiven Verlusten von 250 Milliarden gegenüberzustellen versäumt.

Wenn 35 Millionen Menschen aus den Entwicklungsländern 25 Milliarden Dollar dorthin überweisen, kann man davon ausgehen, daß für eine Überweisung von 250 Milliarden die zehnfache Zahl von Menschen erforderlich wäre: 350 Millionen, also etwa die Bevölkerung der USA und Japans zusammen. Es ist schwer vorstellbar, wie die Wirtschaft der Industrieländer selbst bei hohen Wachstumsraten eine solche Zahl absorbieren kann, auch die politischen und sozialen Probleme wären vermutlich sehr groß. Der *Human Development Report* verweist denn auch an anderer Stelle auf die 30 Millionen Arbeitslosen in den OECD-Ländern, das Problem der »arbeitslosen Migranten« und die niedrige Produktivität und Ausbildung der Arbeitskräfte in den Entwicklungsländern[22] – aber was soll's, es geht, wie gesagt, gar nicht um Reales, sondern um die Verlagerung der Verantwortung auf die Industrieländer.

Die Vorteile der Emigration für die wirtschaftliche Entwicklung der Dritten Welt sind umstritten.[23] Länder mit jahrzehntelanger hoher Emigration wie Pakistan, die Philippinen und afrikanische Länder haben geringe oder negative Wachstumsraten, während Länder mit geringer Emigration unter den asiatischen Newly Industrializing Countries – obwohl dichtbevölkert – sich sehr schnell entwickelt haben. G. P. Tapinos stellte 1990 fest: »Die meisten Auswandererländer zogen ganz deutlich [...] die Emigration der Entwicklung kooperativer Politik vor, die darauf abzielte, den einheimischen Arbeitsmarkt zu stabilisieren. Die unmittelbaren finanziellen und politischen Gewinne aus dem Export von Surplus-Arbeitern und deren Überweisungen wogen stärker als die unmittelbaren Gewinne alternativer Entwicklungsstrategien.« Christina Lamb berichtet, daß die pakistanische Wirtschaft nach Meinung der meisten Ökonomen ohne die Überweisungen der Gastarbeiter zusammenbrechen würde. »Anstatt fundamentale strukturelle Probleme anzugehen, suchten die Regierungen immer Hilfe von außen.«[24] Und darum geht es auch bei der Zahlenmystik des *Human Development Report,* dessen Klagen und Vorwürfe letztlich darauf hinauslaufen, daß die Entwicklungsländer keine Industrieländer seien, was richtig ist, und daß deshalb Entwicklung unmöglich sei, was falsch ist. Die großen Schwierigkeiten und Probleme der Entwicklungsländer sind ja unbestreitbar, aber keineswegs unüberwindlich. Das wird zwei Seiten später auch zugestanden: »Einigen Ländern ist es gelungen, diese Widerstände zu überwinden«.[25] Schon 1965 hatte Albert O. Hirschman diesen »Hindernis-Zugang« zum Problem der Entwicklung als inadäquat kritisiert. Ob intern oder extern, subjektiv oder objektiv, natürlich oder menschengemacht – »es gibt keine absolute Barriere für Entwicklung«. Und dieser Zugang ist nicht nur falsch, sondern auch schädlich, denn er beschränkt politische Entscheidungen und schließt die Suche nach Alternativen und unterschiedlichen Wegen der Entwicklung aus.[26]

Die sogenannte strukturalistische Theorie (Prebisch-Singer-These) und die Dependenztheorie waren einmal ernsthafte Versuche, die ökonomischen Probleme der Dritten Welt zu verstehen und lösen zu helfen – mit teilweise katastrophalen Folgen für diejenigen Länder, die sich daran orientierten. Diese Theorien sind in der Entwicklungsforschung längst obsolet geworden, als Schlagetot-Argumente der Drittwelt-Ideologen und moralischen Erpresser sind sie jedoch weiterhin aktuell und folgenreich. Es scheint deshalb nicht überflüssig, sie nochmals zu kritisieren, auch wenn man dabei nicht ein Faktum, nicht ein Argument vorträgt, das nicht bereits bekannt oder jedem Interessierten problemlos zugänglich gewesen wäre.[27]

ARMUT AUFGRUND EXTERNER FAKTOREN?

Will man arme und reiche Länder vergleichen und feststellen, wieweit jene zum Reichtum dieser beitragen, muß man eine auf beide anwendbare gemeinsame ökonomische Maßeinheit haben; als eine solche Maßeinheit dient im allgemeinen das in irgendeiner Währung (meist US-Dollar) ausgedrückte Bruttosozialprodukt eines Landes. Das ist nicht unproblematisch und auch nicht sehr genau, aber doch auch nicht unmöglich oder willkürlich. So kann man zum Beispiel das Gesamt-Brutto-sozialprodukt der Welt berechnen und den Anteil einzelner Länder oder Ländergruppen daran.

Die Industrieländer – je nach Definition zwischen 15 und 24 Prozent der Weltbevölkerung – verbrauchten zu Beginn der neunziger Jahre »mehr als drei Viertel des Weltsozialprodukts«.[28] Aus diesen Zahlen kann man zwar auf eine ungleiche Verteilung des Reichtums auf der Welt schließen, nicht aber auf eine ungerechte: auf Ausbeutung, wie das häufig geschieht, wobei unterstellt wird, daß der Anteil an der Weltgesamtproduktion gleichmäßig entsprechend dem Anteil an der Weltbevölkerung verteilt ist, also beispielsweise 25 Prozent Weltbevölkerung = 25 Prozent Weltproduktion. Denn offenbar macht das Argument »Ausbeutung« nur Sinn, wenn irgendein Teil, zum Beispiel die Industrieländer, mehr konsumiert als er produziert. Wenn also die Industrieländer maximal 75 Prozent des Welt-Bruttosozialprodukts konsumieren und dies auf der Ausbeutung der Entwicklungsländer beruht, müssen wir davon ausgehen, daß die Entwicklungsländer mehr als 25 Prozent des Welt-Bruttosozialprodukts produzieren beziehungsweise die Industrieländer weniger als 75 Prozent, damit wir von Ausbeutung der Entwicklungsländer durch die Industrieländer sprechen können.

Der Anteil der Entwicklungsländer am Welt-Bruttosozialprodukt beträgt 23 Prozent (Asien 12 Prozent, Lateinamerika 7 Prozent, Afrika 4 Prozent), nach anderen Zahlen 15,8 Prozent (Anteil an der Weltbevölkerung: 77,1 Prozent), oder 20 Prozent (80 Prozent).[29] Die Industrieländer produzieren 77 Prozent (24 Prozent) beziehungsweise 84,2 Prozent (22,9 Prozent) oder 80 Prozent (23 Prozent) des Welt-Sozialprodukts; OECD-Länder 71 Prozent (15 Prozent).[30] Allein die USA, Japan und Deutschland haben einen Anteil von fast 50 Prozent am Welt-Sozialprodukt, die sieben südasiatischen Länder (Indien, Pakistan, Bangladesh ...) dagegen, mit einer Bevölkerung von 1,1 Milliarden (fast 20 Prozent der Weltbevölkerung) weniger als 3 Prozent. Die schwarzafrikanischen Länder, mit 530 Millionen Menschen 9,5 Prozent der Weltbevölkerung, produzierten 1989 1,2 Prozent des Welt-Sozialprodukts (150 Milliarden Dollar), genausoviel wie Belgien mit 10 Millionen Einwohnern. Die G-15-Gruppe der 15 einflußreichsten Entwicklungsländer (darunter Brasilien, Indien, Mexiko, Nigeria) vertritt 30 Prozent der Weltbevölkerung und 7 Prozent des Weltoutputs.[31]

Weder die Industrieländer noch die Entwicklungsländer konsumieren ausschließlich das, was sie selber produzieren. Sie tauschen einen Teil ihrer Produktion auf dem Weltmarkt aus. Der Umfang des Welthandels kann ebenfalls nach dem Wert aller Waren, Dienstleistungen etc. in irgendeiner Währung berechnet werden. Falls die Entwicklungsländer einen relevanten Beitrag zum Reichtum der Industrieländer leisten, müssen die Anteile der Entwicklungsländer am Welthandel, genauer: ihre Exporte in die Industrieländer, relevant sein. Nähme man die Edlen Seelen beim Wort, könnte man die Formel aufstellen: je ärmer ein Land, desto größer seine Exporte in die Industrieländer, denn die Armut eines Entwicklungslandes soll ja die direkte Folge seiner Ausbeutung durch die Industrieländer sein. Es gibt keine statistischen Daten, die eine solche abstruse Formel stützen würden. Der Anteil der afrikanischen Länder (der Mehrzahl der ärmsten Entwicklungsländer) am Welthandel beträgt etwa ein Prozent – wobei ein Fünftel aus Südafrika stammt, über dessen Ausbeutung bislang noch keine Klagen laut geworden sind. Erhard Eppler dürfte ein unverdächtiger Zeuge sein: »Ökonomisch ist Afrika in der Tat nicht mehr der Rede wert. Hatte es 1970 noch einen

Anteil von 2,4 Prozent am Welthandel, so waren es 1988 noch 1,3 Prozent, und heute dürften es noch weniger sein. Für die deutsche Industrie ist der Anteil Schwarzafrikas an Handel und Investitionen inzwischen unter ein Prozent gesunken [...] Europa und Afrika sind ökonomisch nicht interdependent. Afrika hängt ab von Europa, seinen Banken, Konzernen und Regierungen; Europa könnte ökonomisch sehr wohl ohne Afrika auskommen.«[32]

Der Anteil der Entwicklungsländer an den Weltexporten beträgt 1989 für Lateinamerika 4,3 Prozent, Süd- und Ostasien (inklusive der Newly Industrializing Countries) 11,3 Prozent, Mittlerer Osten 3,4 Prozent – mit dem Anteil Afrikas von 1,9 Prozent macht das etwa 21 Prozent (Anteil der Entwicklungsländer an den Weltimporten: 19,8 Prozent), wovon ein erheblicher Teil (etwa ein Drittel) in andere Entwicklungsländer geht. Die Industrieländer bestreiten zirka »80 Prozent des Welthandels (bei Importen wie Exporten), das heißt Welthandel findet vor allem zwischen den Industrieländern, nicht zwischen Entwicklungsländern und Industrieländern statt.[33] »Es ist nicht sicher«, schreibt Susan George, »ob jeder in den reichen Ländern es merken würde, falls die ärmsten Kontinente von der Landkarte verschwänden [...] die größeren Industrieländer erwarten sich nicht mehr viel von der Dritten Welt als Handelspartner oder Quelle billiger Arbeitskräfte«. Es sieht nicht gut aus für das Ausbeutungsargument.

Dessen Verfechter werden jedoch einwenden, die obigen Zahlen verschleierten ja gerade die Ausbeutung der Entwicklungsländer durch zu niedrige und – trotz erheblicher Schwankungen – langfristig fallende Rohstoffpreise und Verschlechterung der Terms of Trade. Unbestriten ist das zeitweise heftige Schwanken der Rohstoffpreise, umstritten jedoch die langfristige Verschlechterung der Terms of Trade. Das Schwanken der Rohstoffpreise und deren langfristiger Verfall betreffen jedoch *alle* Rohstoffproduzenten beziehungsweise -exporteure und können nicht als Beleg für eine systematische Benachteiligung der Entwicklungsländer dienen, zumal diese Preisinstabilität der Rohstoffe historisch uralt ist und sie auch keineswegs identisch sein muß mit einem Schwanken der Einkommen aus Rohstoffexporten. Der Anteil der westlichen Industrieländer an den Rohstoffexporten der

Welt betrug 1986 221,3 Milliarden Dollar (von insgesamt 347,8), der der Entwicklungsländer 100,2. Zwei Drittel der Weltexporte an Nahrungsmitteln stammen aus den Industrieländern. Die USA sind der größte Exporteur von Rohstoffen und Nahrungsmitteln. Deren Preisverfall in den achtziger Jahren war einer der Gründe für das enorme Handelsdefizit der USA. Die landwirtschaftlichen Einkommen fielen in manchen Gebieten der USA um zwei Drittel, die Schulden der amerikanischen Farmer waren Ende des Jahrzehnts so hoch wie die Brasiliens oder Mexikos.[34]

Das Schwanken vieler Rohstoffpreise läßt vermuten, daß sie auf dem *Weltmarkt* bestimmt werden. Ein »zu niedriger Preis« wäre ein Preis, der nicht höher oder niedriger als die Produktionskosten ist. Dies ist meist, von Dumping abgesehen, ein Zeichen für eine Überproduktion. *Überproduktion* ist denn auch einer der Gründe für den Verfall der Rohstoffpreise der Entwicklungsländer. Der obligate Hinweis auf die vielen Entwicklungsländern durch die Kolonialherrschaft aufgezwungenen Monokulturen ist mittlerweile reichlich abgenützt; Malaysia und andere Entwicklungsländer haben gezeigt, daß 30 und mehr Jahre Unabhängigkeit ein ausreichender Zeitraum für Diversifikation sind. Einen weiteren aktuellen Grund für die negative Preisentwicklung stellt die *verminderte Nachfrage* dar: der Rohstoffverbrauch der Industrieländer sinkt durch den immer geringeren Anteil der Rohstoffe an der industriellen Produktion, den zunehmenden Anteil recycelter Rohstoffe und einen allgemein sparsameren Umgang damit.[35] Zuweilen ist auch die Forderung nach »gerechten« Rohstoffpreisen für die Entwicklungsländer zu hören (daß die Rohstoffproduzenten der Industrieländer einen »gerechten« Preis erzielen, wird dabei als selbstverständlich unterstellt – auch wenn es sich um dieselben Rohstoffe und Preise handelt); damit ist in der Regel ein relevant über dem Weltmarktpreis liegender Preis gemeint, das heißt es handelt sich nur um eine unorthodoxe Form der Forderung nach mehr Entwicklungshilfegeldern. – Die Vorstellung, daß eine allgemeine Erhöhung der Rohstoffpreise (und sei es auch nur der Entwicklungsländer) allen Entwicklungsländern zugute käme, ist falsch, wie die zum Teil katastrophalen Folgen der Ölpreiserhöhungen in den siebziger Jahren für viele erdölimportierende Entwicklungsländer zeigen. Die Handelsbilanz der OPEC-Länder verbesserte sich 1974 von einer Milliarde Dollar (1973) auf 61 Milliarden Dollar – davon kamen knapp 30 Milliarden aus den erdölimportierenden Entwicklungsländern. »[...] die meisten Rohstoffe werden in Ländern mit hohem Einkommen produziert. Während mehrere reiche Länder wichtige Rohstoffexporteure sind, sind einige arme Länder Importeure großer Mengen von Nahrungsmitteln und industriellen Rohmaterialien. Abkommen zur Erhöhung der Rohstoffpreise würden deshalb keinen direkten Ressourcentransfer von den reichen zu den armen Ländern darstellen. Im Gegenteil, wie Richard Cooper feststellt, sie würden eine ziemlich willkürliche Verteilung von Gewinnen und Verlusten sowohl unter den Industrieländern wie auch den Entwicklungsländern hervorrufen. Außerdem sind die Entwicklungsländer, die davon profitieren würden, eher die wohlhabenderen; die ärmsten Länder würden – mit wenigen Ausnahmen – nicht profitieren und oft durch ein Anheben der Rohstoffpreise Verluste erleiden. Eine solche Maßnahme würde also nicht viel zur Verringerung der Armut in der Welt beitragen.«[36]

Der Hauptgrund dafür, daß die Rohstoffproduzenten in vielen Entwicklungsländern so niedrige Preise für ihre Produkte erhalten, sind nicht die Weltmarktpreise, sondern die den Produzenten von ihren Regierungen aufgezwungenen internen Preise, die oft 50 oder 60, zuweilen bis zu 80 Prozent unter den Weltmarktpreisen liegen.[37] Das gilt übrigens auch für nicht exportierte Rohstoffe wie Nahrungsmittel, deren Preise niedrig gehalten werden, um die städtische Bevölkerung bei Laune zu halten. »Hungern die Städte, gibt es Revolutionen; hungern die Bauern, gibt es nur Tote!«[38] Eine Form der direkten Ausplünderung des Rohstoffsektors können die staatlichen oder halbstaatlichen Vermarktungsmonopole sein *(marketing boards* oder *parastatals* – auch *parasitals* genannt). Von 1970 bis 1984 senkte die tansanische Regierung so die Farmpreise um 46 Prozent; die Preise für Exportrohstoffe lagen 1980 nurmehr bei 41 Prozent der Weltmarktpreise.[39] Der Cocoa Marketing Board Ghanas senkte – mit Hilfe von Steuern und Wechselkursmanipulationen – die Kakao-Erzeugerpreise in der zweiten Hälfte der siebziger Jahre um 90 Prozent. Ghanas Anteil an der Weltproduktion fiel von 40 Prozent (sechziger Jahre) auf 18 Prozent (1980/82).[40]

Vor den Reformen in den achtziger Jahren waren die Preise so niedrig, daß die Bauern die Ernte einfach verrotten ließen; höhere Preise führten dann zu hohen Produktionssteigerungen.[41] Oft wird den Bauern die Ernte erst nach einem längeren Zeitraum bezahlt, wenn die – in der Regel hohe – Inflation den Realpreis weiter reduziert hat. Verzögert sich das über den Zeitpunkt der nächsten Aussaat hinaus, verfügen die Bauern nicht einmal über ausreichende Mittel für Saatgut und Dünger.[42] Das Argument der Preisstabilisierung ist meist nur ein Vorwand – stabilisiert werden allenfalls die Differenzen zwischen Weltmarkt- und einheimischen Preisen, das heißt die Steuerlast für die Erzeuger.[43]

Häufiger als *marketing boards* sind Exportsteuern, die zuweilen unsinnige Höhen erreichen und ebenfalls die wirtschaftlichen Anreize zur Produktion minimalisieren; dabei gilt Erzeugerpreis = Weltmarktpreis minus Exportsteuer. In Ägypten zum Beispiel lassen die Exportsteuern auf Baumwolle den Produzenten nur 44 Prozent des Weltmarktpreises[44], Malawi und der Senegal besteuern um 50 Prozent und mehr.[45] Die Devisen werden dann teilweise dazu benutzt, Nahrungsmittel zu importieren und verbilligt an die städtische Bevölkerung zu verkaufen, was wiederum die internen Preise der nahrungsmittelproduzierenden Bauern senkt, die oft ärmer sind als die städtischen Konsumenten.[46] Wo andererseits die Rohstoffproduzenten selber zu den herrschenden Eliten gehören wie in Brasilien, Pakistan, den Philippinen, werden landwirtschaftliche Produkte real gering oder gar nicht (Pakistan) besteuert.

Ein weiteres Mittel der Benachteiligung der einheimischen Rohstoffproduzenten ist eine überbewertete Währung, ohnehin eines der beliebtesten ökonomischen Schröpf- und Folterinstrumente von Regierungen der Entwicklungsländer;[47] sie erhöht nicht nur die Preise für importierte agrarische Produktionsmittel wie Dünger, Pestizide, Wasserpumpen, sondern stellt auch eine implizite Steuer dar und damit, wie einschlägige Forschungen gezeigt haben, einen weiteren Anreiz zur Nicht-Produktion: »Die Folgen können verheerend sein«.[48]

»Ohne Übertreibung kann also festgestellt werden, daß namentlich afrikanische Bauern noch nie so gründlich und so schamlos ausgebeutet wurden wie seit Erlangung der staatlichen Unabhängigkeit – von ihren eigenen Regierungen.«[49] In *dieser* Hinsicht sind Rohstoffreichtum und

Monokulturen tatsächlich ein Nachteil für die Entwicklungsländer und ihre Entwicklung: Sie stellen einen mühelos qua politischer Macht abschöpfbaren Reichtum dar, der die Etablierung und Perpetuierung von Rentiers-Eliten und ihrer Klientel (»Kleptokratie«) ermöglicht – Afrika bietet dafür seit Jahrzehnten anschauliche Beispiele.[50] Wenn unter den gegenwärtigen Bedingungen weltwirtschaftlicher Rezession und des Verfalls vieler Rohstoffpreise dennoch immer mehr Kaffee, Zinn, Kupfer auf den Markt geworfen werden, dann beruht das – neben objektiven ökonomischen Zwängen – auch darauf, daß die Eliten ihre Renten sichern wollen, selbst wenn die Produzenten längst unter Erzeugerpreisen verkaufen müssen.

Der Zusammenbruch – ökonomisch ohnehin fragwürdiger – Rohstoffkartelle in den Achtzigern (Kaffee, Zinn) war nicht auf Manipulationen der Industrieländer, sondern auf die – an kurzfristigem Gewinn orientierten – Interessen der Entwicklungsländer zurückzuführen, die sich nicht an die vereinbarten Quoten hielten.[51] Das Ausbleiben von Diversifizierung ist nicht »strukturellen« Notwendigkeiten oder lastender Armut geschuldet, sondern der Politik des bequemsten Absahnens bei den politisch und wirtschaftlich Schwachen (auch *skimocracy* genannt). Die Probleme von Monokulturen und Rohstoffproduzenten gehörten bereits in den fünfziger Jahren zum Standardrepertoire der Drittwelt-Ideologien, und dennoch fand in den meisten Entwicklungsländern keine Diversifizierung statt. Daß sie möglich ist, zeigen so unterschiedliche Länder wie Malaysia und Botswana[52] oder einige lateinamerikanische Länder, daß sie nicht geschah, haben die Entwicklungsländer selbst zu verantworten, von denen viele auch in Boomzeiten nicht die Diversifizierung[53], sondern die Konsumtion förderten und so ihre erhöhte Kreditwürdigkeit zur Erhöhung ihrer Schulden benutzten.

Daß die Dritte Welt nur Rohstoffe exportiert und nur Industrieprodukte importiert, gehört zu den mit Inbrunst gehüteten Überzeugungen. Sie ist einfach falsch. Bereits Ende der Siebziger exportierten die Entwicklungsländer mehr Industrieprodukte als Rohstoffe, während die Industrieländer 36 Prozent mehr Rohstoffe exportierten als die Entwicklungsländer.[54] Die gesamten Industrieexporte der Entwicklungsländer sind mittlerweile größer als die der Bundesrepublik oder Japans (jeweils

19 Prozent – 15 Prozent – 13 Prozent Anteil an den Weltindustrieexporten) – das Fünffache der Zahl von 1975.[55] Nach Angaben des *World Development Report* erhöhte sich der Anteil der Industrieexporte an den Exporten der Entwicklungsländer (ohne Energieexporte) von 15 Prozent (1963) auf 62 Prozent (1987);[56] für die *Low-income*-Länder beträgt deren Anteil 52 Prozent, für die *Middle-income*-Länder 53 Prozent, für die *Lower-middle-income*-Gruppe 40 Prozent und die *Upper-middle-income*-Gruppe 62 Prozent. Nach Vernières waren 1965 noch 83 Prozent der Entwicklungsländer-Exporte Rohstoffe, 1987 waren es nurmehr 45 Prozent – wobei die Zahlen erheblich schwanken: von 97,6 Prozent (Nigeria, Gabun) bis 3,1 Prozent (Newly Industrializing Countries).[57] Der Anteil der Rohstoffe am Warenexport der lateinamerikanischen Länder betrug 1986 46,6 Prozent; Brasilien ist das achtgrößte Industrieland der Welt, Mexikos Industrieproduktion ist so groß wie die Spaniens und Portugals zusammengenommen. Nur zwei Ländergruppen haben einen Rohstoffanteil von mehr als 50 Prozent am Export: die Golfstaaten 81,1 und die Subsahara-Länder 61 Prozent. Im Fall Asiens sind es 40,7 Prozent, für die Newly Industrializing Countries 3,1, Indien 24,6 und China 29,6 Prozent. Die Entwicklungsländer exportieren also durchschnittlich mehr Industrieprodukte als Rohstoffe. Es gibt keine systematische (strukturelle oder verschwörerische) Benachteiligung der Entwicklungsländer in Bezug auf die Rohstoffpreise; deren Schwanken und Sinken betrifft langfristig alle Rohstoffe – der Entwicklungsländer wie der Industrieländer, Erdöl wie Olivenöl, Kautschuk wie Kohle. Die Industrieländer sind langfristig weder in der Lage, niedrige Preise zu erzwingen noch höhere Preise zu verhindern. Einen Erklärungswert für den Reichtum der Industrieländer oder die Armut der Entwicklungsländer haben die Rohstoffpreise nicht.

Aber die Vertreter der Ausbeutungsthese werden einwenden, hier sei das entscheidende Argument der Verschlechterung der Terms of Trade nicht berücksichtigt worden, die Rohstoffpreise also nicht als relative Rohstoffpreise. Unter Terms of Trade versteht man das Verhältnis Exportwaren (Preise) zu Importwaren (Preisen); behauptet wird eine stete und systematische Verschlechterung dieses Verhältnisses zuungunsten der Entwicklungsländer, wobei eigentlich immer ein Verhältnis Rohstoffexporte zu Industrieimporten unterstellt ist. Auch beim Problem der Terms of Trade handelt es sich nicht um ein für Entwicklungsländer spezifisches Problem, und es existierte bereits, lange bevor die Dritte Welt erfunden wurde.

Die Berechnung der Terms of Trade ist notorisch schwierig und umstritten. Lindert kommt auf der Grundlage der ihm vorliegenden Daten zu dem Ergebnis, daß die Gesamtveränderung im Zeitraum zwischen 1900 und 1986 klar sei: 1986 waren die relativen Rohstoffpreise ungefähr halb so hoch wie 1900, waren also durchschnittlich um 0,8 Prozent pro Jahr gefallen. Er sieht jedoch drei Gegentendenzen wirken: den Fall der Transportkosten, den bei der Berechnung der Terms of Trade oft nicht berücksichtigten Qualitätswechsel der Industrieprodukte (eine Tonne Elektromotoren ist nicht gleich einer Tonne Computer) und die nicht berücksichtigten späteren Preisreduzierungen bei neueingeführten Industrieprodukten. (Es ist daran zu erinnern, daß die Preise von zentral wichtigen Industrieprodukten zum Teil einen Verfall aufweisen, den es bei Rohstoffen selten gegeben hat; die Preise für Waren aus dem Bereich der Informationstechnik fallen seit 20 Jahren um durchschnittlich 15 Prozent pro Jahr.) Ob diese Gegentendenzen den negativen Trend aufwiegen, sei unklar. Es bestehe ein schwacher Grund zur Sorge für Rohstoffproduzenten.

Vernières dagegen sieht das Problem deutlich positiver; er kommt zu dem Schluß, es scheine sich eine langfristige negative Entwicklung der Terms of Trade ebensowenig nachweisen zu lassen wie eine systematische Benachteiligung der Entwicklungsländer.[58] So auch Gilpin: »Das Argument einer systematischen Benachteiligung der Rohstoffexporte läßt sich nicht halten«. Mit Arthur Lewis ist er der Meinung, daß der wichtigste Grund für ungünstige Terms of Trade interner Art sei: das Versäumnis, Überproduktion zu reduzieren und zu diversifizieren. Andererseits hätten die Entwicklungsländer durch die Importe aus den Industrieländern erheblich profitiert, nicht zuletzt durch die damit ermöglichte Partizipation am wissenschaftlichen und technischen Niveau der Industrieländer. Ein extremes Beispiel dafür ist der Handel mit illegal kopierten Produkten, der auf 80 bis 100 Milliarden Dollar geschätzt wird.

Nicht nur gibt es keine ausreichenden Belege für einen säkularen Verfall der Terms of Trade,[59] die Debatte ist auch von sekundärer Bedeutung insofern, als sich keine Beziehung zwischen den Wachstumsraten der Entwicklungsländer und externen Schocks – wie zum Beispiel einem Fall der Terms of Trade – nachweisen lassen. Eine Verschlechterung der Terms of Trade als »ungerechte Preise« oder »Ausbeutung« zu qualifizieren, ist Unsinn und führt zu absurden Ergebnissen: So zeigt Massarrat, daß die Verschlechterung der Terms of Trade für Japan (gegenüber den Entwicklungsländern, ohne OPEC) »über einen längeren Zeitraum viel gravierender ist als die der Entwicklungsländer«. Es wäre »absurd« anzunehmen, daß die japanischen Produkte »auf dem Weltmarkt zu ungerechten Preisen gehandelt würden«.[60]

Meist übergangen wird bei der Diskussion über die Terms of Trade ein Vergleich mit den *internen* Terms of Trade der Entwicklungsländer, zum Beispiel denen zwischen Land und Stadt, wie sie durch Regierungspolitik und deren »Manipulationen der Terms of Trade und den Ressourcentransfer aus der Landwirtschaft« bestimmt sind.[61] Lele stellt fest, daß afrikanische Regierungen die internen Terms of Trade zu Lasten der Export-Rohstoff-Produzenten schneller verschlimmerten als die internationalen Terms of Trade.[62]

Entwicklungsländer ohne Rohstoffexporte sind durchschnittlich ärmer als rohstoffexportierende Entwicklungsländer. Innerhalb der einzelnen Entwicklungsländer sind die Rohstoffproduzenten wiederum oft durchschnittlich wohlhabender als andere Bevölkerungsteile. Die in den letzten Jahren immer populärer werdende These, daß der Anbau von Rohstoffen für den Export auf Kosten des Anbaus von Nahrungsmitteln für die einheimische Bevölkerung der Entwicklungsländer gehe, ist, derart allgemein gefaßt, falsch. Nicht nur gibt es eine Welt-Überproduktion von Nahrungsmitteln, auch jede Ländergruppe der Entwicklungsländer, mit Ausnahme der schwarzafrikanischen, produziert mehr Nahrungsmittel, als sie konsumiert. Das Problem ist eins von Distribution und Sozialpolitik, nicht von Produktion beziehungsweise Anbauflächen.

In vielen Regionen der Dritten Welt gibt es noch viel kultivierbares oder brachliegendes Land. Sambia, der Sudan und Äthiopien zum Beispiel bebauen weniger als die Hälfte des potentiell fruchtbaren Landes. »Die Exportkulturen beanspruchen nur einen geringen Teil der Anbauflächen in der Dritten Welt. Länder mit sehr hohem Exportanteil sind oft relativ gut in der Lage, ihre Bevölkerung zu versorgen, während in vielen Hungergebieten der reine Exportanbau nicht bedeutsam ist.«[63] Auch für die Subsahara-Staaten konstatiert der Weltbank-Bericht von 1989 eine positive Korrelation von Exportkulturen und Nahrungsmittelproduktion.

Die Nahrungsmittelversorgung der Entwicklungsländer hat sich – bei steigenden Agrarexporten in die Industrieländer – stetig verbessert. Ein Bericht der Welternährungsorganisation (FAO) stellte im September 1992 fest, daß die Verfügung über Nahrungsmittel von 2.290 Kalorien pro Person und Tag (1963) auf 2.700 Kalorien verbessert wurde. Die Produktion der drei wichtigsten Getreidearten Weizen, Reis und Mais wuchs schneller als die Weltbevölkerung, und die Preise fielen.[64] Der tägliche Kalorienbedarf der Bevölkerung der Dritten Welt wurde 1960 zu 90 Prozent, 1990 aber zu 109 Prozent gedeckt.[65] Die Zahl der unterernährten Menschen in der Dritten Welt fiel von 941 auf 786 Millionen, von 36 auf 20 Prozent der Bevölkerung.[66]

Die vor allem durch die Medien vermittelte Sicht, die Hungersnöte der Dritten Welt beruhten auf einem Nicht- Vorhandensein (»non-availability«) von Nahrungsmitteln, ist meist »wenig mehr als ein Mythos«[67]; nicht »availability«, so Drèze und Sen, vielleicht die besten Kenner der Materie und Herausgeber des dreibändigen Werks *The Political Economy of Hunger*, ist gemeinhin für Hungersnöte verantwortlich, sondern mangelnder Anspruch (»entitlement«) der Betroffenen; das kann auch bei einer überdurchschnittlichen Versorgung der Region oder Nation der Fall sein (sogenannte »boom-famine«).[68] Hungersnöte in der Dritten Welt finden in der Regel auf dem Lande statt – dort, wo Nahrungsmittel angebaut werden.[69] Eine Rolle beim ungenauen Verständnis des Problems von Hunger und Exportanbau spielt die Idee von der Nahrungsmittelautarkie – sie ist politisch attraktiv und evoziert Bilder von Unabhängigkeit und Freiheit.[70] Auch Drèze und Sen wenden sich gegen den »Mythos von der Nahrungsmittelselbstversorgung«. Das müsse unterschieden werden von der Nahrungsmittelangemessenheit; so sei zum Beispiel Japan (der weltgrößte Nahrungsmittelimporteur) keineswegs Selbstversorger, aber angemessen versorgt – im Fall Indiens verhalte es sich genau umgekehrt.[71] Auch in Somalia war der Hunger, allen gutgemeinten Sammelaktionen zum Trotz, nicht durch fehlende Nahrungsmittelvorräte verursacht; die dortigen Händler hatten große Getreidevorräte gehortet, deren Preis dann mit den Lufttransporten der Amerikaner zu sinken begann.[72] Der Export von Nahrungsmitteln *aus* Hungergebieten, wie er zum Beispiel im Sudan, Tschad und in Simbabwe stattfand oder stattfindet,[73] beweist das ebenfalls.

Die wesentlichen Gründe für Hungersnöte in den Entwicklungsländern sind heute falsche beziehungsweise indifferente Politik,[74] Einkommensungleichheit[75] und vor allem Kriege.[76] Alle Hungersnöte, so der Schluß, den Drèze und Sen aus ihren Untersuchungen ziehen, sind heute vermeidbar, und vielen Ländern, auch einigen sehr armen, gelingt das permanent. Sie betonen, »wie leicht es ist, Hungersnöte abzuschaffen« bei entsprechendem politischen Willen, und wie »erstaunlich gering« im allgemeinen die Kosten dafür sind. Auch arme Länder können sofort und präventiv Entscheidendes unternehmen, ohne auf höheres Wachstum warten zu müssen.[77]

Daß der Anbau von *cash crops* für den Export in die Industrieländer nur schwer in einen ursächlichen Zusammenhang mit den Hungertoten der Dritten Welt zu bringen ist, dürfte klar geworden sein. Die Nichtsubsistenz-Produktion macht allerdings die Produzenten abhängig vom Weltmarkt und reduziert die unmittelbare Verfügbarkeit von Nahrungsmitteln – wie das auch bei der Textil- oder Computerproduktion der Fall ist. Aber *cash crops* erhöhen im allgemeinen überdurchschnittlich die Kaufkraft der Produzenten, weshalb diese auch oft, nicht immer, Hungersnöte besser durchstehen als Subsistenzfarmer. Drèze und Sen machen darauf aufmerksam, daß die – oft nomadischen – Viehzüchter der Dritten Welt, die ebenfalls Land nutzen, um für den Markt zu produzieren, kein vergleichbares Mißtrauen auf sich gezogen haben.[78] Foster zeigt am Beispiel des Nelkenanbaus für den Export in Kolumbien die Vorteile von *cash crops:* Ein Hektar Nelken bringt etwa achtzigmal mehr Einkommen als ein Hektar Getreide – und dafür können sich die Bauern sehr viel mehr Nahrungsmittel kaufen, als wenn sie diese selbst anbauten. Das Argument, der Anbau von Nicht-Nahrungsmitteln erhöhe automatisch den Nahrungsmittelpreis, insofern ihnen Anbaufläche entzogen werde, ist nicht stichhaltig. Außerdem ist der Anbau von *cash crops* meist arbeitsintensiver, verschafft also mehr Leuten Zugang zu Nahrungsmitteln. Unter Berücksichtigung einiger neuerer Studien über eine große Zahl von Entwicklungsländern kommt Foster zu einer uneingeschränkt positiven Bewertung des Anbaus von *cash crops.*[79]

Kurzum: Exportkulturen *(cash crops),* Terms of Trade oder Rohstoffpreise können nicht als ausreichende Belege für die These von der Ausbeutung der Dritten durch die Erste Welt gelten. Es besteht kein Anlaß, die oben zitierten Zahlen zum Anteil der Entwicklungsländer am Welt-Sozialprodukt wesentlich zu revidieren. Die Industrieländer konsumieren nicht real mehr als sie produzieren.

Der strukturalistischen (Prebisch-Singer-)These ist es gelungen, auf Jahrzehnte die Aufmerksamkeit aller Menschen guten Willens auf das Problem der Rohstoffpreise und Terms of Trade zu lenken, als handelte es sich dabei um die zentralen Probleme der Entwicklung, als wären darin eben schon strukturell Ausbeutung und Unterentwicklung angelegt. Überdies wurde damit das Dogma von den *externen* Ursachen der Unterentwicklung begründet und deren interne vernachlässigt. Übersehen wurde nicht nur, daß bereits im Zeitalter des Kolonialismus auf der Basis von Rohstoffen und Monokulturen Entwicklung stattfand (und zwar in manchen Ländern erheblich mehr als heute in der Unabhängigkeit), sondern auch, daß einige rohstoffexportierende Länder zu den reichsten der Erde gehören: Australien und Neuseeland (ehemalige Kolonien) zum Beispiel oder Saudi-Arabien und Kuwait. Noch verwunderlicher aber ist, daß es gelang, einen *Vorteil* – über exportierbare Waren und damit Devisen und höhere Kreditwürdigkeit zu verfügen – in einen *Nachteil* zu verwandeln, den man als moralischen Vorwurf an die Weltwirtschaftsordnung und die von ihr profitierenden Industrieländer richtet. Im Namen dieser moribunden Theorien werden weiterhin Schuldgefühle mobilisiert, moralische Einschüchterung und Erpressung versucht.

Ein wichtiges Problem der rohstoffexportierenden Entwicklungsländer ist vielmehr der Protektionismus der Industrieländer,[80] nicht zuletzt deren Agrarpolitik. Die Folgen dieses kostspieligen Idiotismus aber tragen vor allem die Konsumenten und Steuerzahler der Industrieländer. Von einer Ausplünderung der Dritten Welt kann dabei sicher nicht die Rede sein – kurzfristig können die subventionierten Nahrungsmittelexporte der Industrieländer sogar den Entwicklungsländern nützen, langfristig schaden sie deren Landwirtschaft.

Einen zentralen Platz in der Dämonologie der Edlen Seelen nehmen die multi- oder transnationalen Gesellschaften ein, deren Gewinntransfers aus den Entwicklungsländern in die Industrieländer kurzenschlossen und umstandslos als »Ausbeutung« qualifiziert werden. Für die Ansicht, die Multis übten direkt politische Macht aus und seien in der Lage, Regierungen zu erpressen oder gar zu stürzen, gibt es wenige Belege (wie etwa den Fall des US-Multis ITT, der zusammen mit der CIA am Sturz der Allende-Regierung beteiligt war), die gleichwohl nicht zu rechtfertigen oder zu beschönigen sind. Es gibt jedoch zahlreiche Gegenbeispiele der Entmachtung und Enteignung von Multis, am spektakulärsten wohl die der Ölmultis. Von 1960 bis 1976 waren 1 369 Multifilialen »nationalisiert« worden; die Enteignungswelle erreichte ihren Höhepunkt in der ersten Hälfte der siebziger Jahre. Dell gibt für 1975 noch 83 Fälle an.[81] Die Multis sind interessiert an langfristig stabilen politischen Verhältnissen, die es ihnen erlauben, Profite zu machen. Das ist einer der vielen Gründe, warum sie in erster Linie in den Industrieländern, nicht etwa in den Entwicklungsländern, investieren. Das Land mit der höchsten Pro-Kopf-Rate ausländischer Investitionen ist nicht ein Entwicklungsland, sondern Kanada.

Die Vorstellung, daß die Multis vor allem in den Entwicklungsländern investierten, traf schon für die sechziger Jahre nicht zu, als etwa ein Drittel der internationalen Investitionen auf die Entwicklungsländer entfielen. Mittlerweile sind es 17 Prozent[82], und davon gehen nur 0,2 Prozent in die ärmsten Länder (mit 20 Prozent der Wel bevölkerung), die nach kurrenten Vorstellungen doch von den Multis bevorzugt ausgebeutet werden.[83] Auch das Bild vom Multi als in erster Linie die reichen Bodenschätze der Dritten Welt ausbeutendem Unternehmen trifft nicht zu: Weniger als ein Viertel der Investitionen gehen in diesen Bereich.[84] Etwa drei Viertel der internationalen Investitionen in die Entwicklungsländer sind in zehn Ländern Ost-/Südostasiens und Lateinamerikas konzentriert – in Singapur (wo sie 20 Prozent des Bruttosozialprodukts produzieren) und in Hongkong oder anderen relativ entwickelten Ländern.[85] Der Grund für die Bevorzugung der Industrieländer und Schwellenländer liegt darin, daß dort höhere Gewinne erzielt werden: 17 Prozent gegenüber 12 Prozent in den Entwicklungsländern.[86] Regional verteilt sich das folgendermaßen: europäische Entwicklungsländer und die Ölländer des Mittleren Ostens und Nordafrika: 15,1 Prozent; Asien: 13,5 Prozent; Lateinamerika/Karibik: 11,1 Prozent; Schwarzafrika: 6,6 Prozent.[87] Der Grund für diese Differenz liegt vor allem in der unterschiedlichen Produktivität der Arbeit. Wenn die Gleichung Profit = Ausbeutung stimmt, beuten die Multis also nicht die Dritte Welt, sondern die Erste Welt am haltlosesten aus.

En passant sei noch darauf hingewiesen, daß die Multis durchschnittlich höhere Löhne zahlen als die einheimischen Firmen[88] und daß, soweit die bisherigen Untersuchungen Schlüsse erlauben, die Umweltverschmutzung durch die Multis nicht größer, sondern eher geringer ist als die der lokalen Unternehmen.[89] Die Multis mit ihrer oft enormen ökonomischen Macht und ihrem politischen Einfluß (in Entwicklungsländern wie in Industrieländern) zu kontrollieren und ihre Aktivitäten für das jeweilige Land nutzbar zu machen, ist Aufgabe der Politiker. Wo das gelingt, und das gilt für die Mehrzahl der Fälle, tragen multinationale Konzerne zur wirtschaftlichen Entwicklung eines Landes bei. Mit anderen Worten: Internationale Investitionen fördern in der Regel die wirtschaftliche Entwicklung eines Entwicklungslandes.

Die Haltung der Entwicklungsländer gegenüber den Multis hat sich in den achtziger Jahren »radikal« geändert.[90] Der Bericht zur Vierten UN-Entwicklungsdekade »forderte mit Zustimmung der Entwicklungsländer eine Verbesserung des Investitionsklimas für die multinationalen Unternehmen, die ›Träger des Technologietransfers, des Welthandels und der Vermarktung‹ geworden seien und ›im allgemeinen keine Schulden erzeugen‹«.[91]

Neuerdings wirft man den Multis auch vor, in vielen Entwicklungsländern *nicht* zu investieren,[92] was eine neue Form des kapitalistischen Imperialismus darstelle. Sampson kolportiert die Äußerung von Drittwelt-Politikern, daß es nur eins gebe, was schlimmer sei, als von Multis ausgebeutet zu werden: nicht von ihnen ausgebeutet zu werden. So übertönt denn auch der Ruf nach Joint Ventures inzwischen in vielen Entwicklungsländern den nach Bakschisch oder mehr Entwicklungshilfe.

Wenn es stimmt, daß die Wirtschaftsbeziehungen der Industrieländer zu den Entwicklungsländern durch Ausbeutung und Ausplünderung bestimmt sind, wie es die Edlen Seelen behaupten, oder wenn die kapitalistisch-imperialistische Weltwirtschaftsordnung ein prinzipielles externes Hindernis der Entwicklung ist, wie es die Dependenztheorie behauptet, dann scheint der Abbruch dieser Beziehungen eine plausible Lösungsmöglichkeit zu sein: »autonome« oder »selbständige« Entwicklung (Dissoziations- oder Abkopplungsthese). Die Mongolei, Tansania, die VR China und andere haben, zeitweise, diesen Weg einzuschlagen versucht – mit den bekannten Ergebnissen, von Prachtexemplaren wie Albanien oder Myanmar (Burma) ganz zu schweigen. Die Wirtschaftsgeschichte der letzten Jahrzehnte hat vielmehr gezeigt, daß der Wohlstand und die Entwicklung der Nationen generell in dem Maße zunehmen, wie sie in die Weltwirtschaft integriert sind, wie sie *outward-oriented* sind. *Outward Orientation* ist – und war schon vor hundert Jahren – die Grundlage so ziemlich aller Erfolgsgeschichten ökonomischer Entwicklung, nicht nur in Ost- und Südostasien; auch unter den armen Ländern Afrikas geht es den *outward-oriented* wirtschaftlich besser als den *inward-oriented.*[93] Die These, daß die Weltwirtschaftsordnung und der Handel zwischen Süd und Nord Armut und Elend verursachen oder deren Abschaffung verhindern, läßt sich nicht aufrechterhalten.

In seltsamem Kontrast zum Barmen um die Armen und die schrillen Schuldvorwürfe an die Adresse der Ersten Welt steht das weitgehende Desinteresse der Edlen Seelen an den Fällen gelungener oder gelingender Entwicklung. Hier wären vor allem Japan zu nennen und die sogenannten Newly Industrializing Countries (NICs): Hongkong, Singapur, Südkorea, Taiwan. Menzel berichtet von einer »vorläufigen Auswertung von 30 Jahrgängen (1960 bis 1990) entwicklungspolitischer Zeitschriften der Bundesrepublik. Unter mehr als 20.000 erhobenen Artikeln beschäftigen sich gerade etwa 200 mit der Schwellenländerproblematik aus einer Perspektive, welche Konsequenzen aus erfolgreichen Fällen zu ziehen sind«. Angesichts der »spektakulären Leistung« der NICs findet auch Gerald Tan es »erstaunlich, daß die meisten Handbücher zur Entwicklungsökonomie die NICs nur beiläufig und einige sie überhaupt nicht erwähnen«.[94]

Hauptgrund dafür scheint mir zu sein, daß die Entwicklung dieser Länder vielen der Überzeugungen und Meinungen widerspricht, die vielen Menschen am Herzen liegen – Hongkong zum Beispiel, eine Kolonie mit einer Wirtschaftspolitik, die dem Konzept staatlich unregulierter liberaler Marktwirtschaft näher kommt als die jedes anderen kapitalistischen Landes: freier Handel, offen für internationale Investitionen, aggressive Konkurrenz, deren Verlierer mit keinen Subventionen rechnen können, ohne Entwicklungshilfe und Kredite von internationalen Organisationen (weil Kolonie), ohne Rohstoffe (selbst das Wasser muß zum Teil importiert werden) – und das alles in einer übervölkerten Stadt mit Flüchtlingsproblemen und nicht gerade beispielhaftem Sozialsystem: das todsichere Rezept für Armut und Elend, Ausbeutung und Unfreiheit. Aber Hongkong ist nach Japan und Singapur das drittreichste Land Asiens, und seine Bewohner genießen erheblich mehr Wohlstand und Freiheitsrechte als die der autonomen Champions der Drittwelt-Ideologen. Auch die für die Entwicklungsstrategien Japans, Südkoreas und Taiwans wichtigen planerischen und staatsinterventionistischen Elemente sind jedoch – soweit überhaupt bekannt – offenbar nicht geeignet, Interesse und Sympathie zu wecken.

Ein typisches Beispiel dafür, wie widerspenstige Fakten beiseitegewischt und durch gefügige Vermutungen ersetzt werden, gibt Rolf Knieper: »Die besondere temporäre Entwicklungsdynamik mancher Staaten wie Südkorea […] beruht wohl darauf, daß mit autoritärem politischem Zwang historische Ungleichzeitigkeit ausgereizt wird und eine oder zwei Generationen geopfert werden – durch vollständige Integrierung in den Weltmarkt wird übergangslos das kapitalistische Produktionsverhältnis aufgedrängt unter Verzicht auf den ebenso kapitalistischen Sozialschutz. Daraus entspringen zeitweise Wettbewerbsvorteile, die den Eintritt in die kapitalistische Weltproduktion ermöglichen, wobei sich hinter Wachstumszahlen wachsendes Elend verbirgt.«[95]. Drèze und Sen stellen in ihrem Buch *Hunger and Public*

Action zum Fall Südkorea fest, daß dessen schnelles Wachstum »sehr deutliche Verbesserungen in wesentlichen Momenten der Lebensqualität« mit sich brachte, zum Beispiel eine »außergewöhnliche Reduzierung der Säuglings - und Kindersterblichkeit« und andere »direkte wie indirekte Anzeichen für rasche Fortschritte im Lebensstandard«. Es gebe »in der Tat solide Beweise, daß im fraglichen Zeitraum (1960 bis 1985) der Ernährungszustand der Kinder sich merklich verbesserte«, die absolute Armut »rapide abnahm, sowohl in ländlichen wie in städtischen Gebieten«, die Arbeitslosigkeit bemerkenswert niedrig sei (etwa 4 Prozent), »der allgemeine Ausbildungsstand ein außergewöhnlich hohes Niveau erreichte und die Reallöhne stetig gestiegen sind – in der Landwirtschaft wie in der Industrie«.[96] Die Einkommensverteilung in den NICs ist nicht nur weitaus egalitärer als in fast allen anderen Entwicklungsländern, sie übertrifft auch die einiger Industrieländer;[97] Taiwan und Südkorea sind nach den Kriterien Wachstum *und* Einkommensgleichheit die erfolgreichsten Entwicklungsländer.[98] Das Wachstum der Reallöhne hielt Schritt mit dem der Wirtschaft – und die Wachstumsraten der NICs sind ohne Beispiel in der Wirtschaftsgeschichte; niemals wurde bislang so viel Entwicklung in einer so kurzen Zeitspanne erreicht,[99] und auch was den »kapitalistischen Sozialschutz« betrifft, können die NICs eine beeindruckende Bilanz vorweisen – auch Hongkong, etwa im sozialen Wohnungsbau.[100]

Die NICs hatten auch keineswegs eine günstigere materielle Ausgangssituation als andere Entwicklungsländer – im Gegenteil. Bodenschätze waren kaum oder überhaupt nicht verfügbar, selbst fruchtbares Land war in Taiwan nur begrenzt vorhanden.[101] Nach dem Krieg 1952 war Korea gründlicher verwüstet als Japan 1945, »die Voraussetzungen denkbar ungünstig«, das Land wurde als »ein hoffnungsloser Fall« angesehen, »eines der ärmsten Länder der Welt«. Noch vor 30 Jahren war das philippinische Bruttosozialprodukt pro Kopf höher als das Südkoreas – das damals ebenso hoch war wie das indische; 1981 war es siebenmal so hoch wie dieses.[102] Das vereinzelt vorgebrachte Argument, die Entwicklungsländer könnten sich nicht entwickeln, da sie nicht wie die Industrieländer im 19. Jahrhundert die Möglichkeit hätten, ihren Bevölkerungsüberschuß durch Emigration loszuwerden, ist nicht nur an sich äußerst fragwürdig, es wird auch durch das Beispiel der NICs widerlegt, die zu den – nach Bangladesh – dichtestbesiedelten Ländern der Erde gehören. Es gibt, wie Woronoff sagt, nicht viele Länder heute, die in einer schlechteren Ausgangsposition sind, als es die NICs zu Beginn ihrer Entwicklung waren.[103] Und auch die Entwicklungshilfe, die Taiwan und Südkorea über einen längeren Zeitraum in erheblichem Umfang erhielten, erklärt wenig, so hilfreich sie gewesen sein wird, denn andere Länder haben relativ ebensoviel oder mehr erhalten, ohne daß das viel nützte. Bereits in den sechziger Jahren fand sich Taiwan als erstes Entwicklungsland bereit, auf Entwicklungshilfe zu verzichten; Südkorea hatte vor allem in den Fünfzigern hohe Beträge erhalten, ohne daß dies damals, unter Syngman Rhee, viel Wirkung gehabt hätte; die Entwicklungshilfe lief in den Achtzigern aus, aber für Südkoreas wirtschaftliche Entwicklung waren kommerzielle Kredite viel wichtiger. Taiwan und Südkorea *gewähren* nun schon seit vielen Jahren Entwicklungshilfe.[104]

Kann der Erfolg der NICs wiederholt werden? Es gibt keine überzeugenden Gründe, die prinzipiell dagegen sprechen oder für den »neuen Export-Pessimismus« – und einige Länder sind ja auch gegenwärtig dabei, den Erfolg der NICs zu wiederholen: Malaysia und Mauritius, Thailand und Chinas Guangdong-Provinz.[105]

Japan und die asiatischen NICs haben bewiesen, daß Entwicklung machbar ist unter den Bedingungen der kapitalistischen Weltwirtschaftsordnung und bei enger Integration in sie. Dagegen wird eingewandt, es handele sich nicht um eine »echte«, sondern um eine »abhängige« oder »assoziierte« Entwicklung, die nicht zu wahrer nationaler Unabhängigkeit führe und negative Folgen habe. Führt man diese Argumentation zu Ende, dann sind auch die Industrieländer nicht entwickelt, da sie keine wirtschaftlich autarken und politisch voneinander unabhängigen Nationalstaaten sind.

Das geringe Interesse der Edlen Seelen an den genannten Ländern mag auch auf deren scheinbar immer geringer werdende Differenz zur eigenen Kultur und Gesellschaft zurückzuführen sein: Sie sind verwestlicht oder, schlimmer noch, amerikanisiert. Und bei gelungener Entwicklung entfällt der kulturelle Artenschutz. Gegenüber Japan oder Taiwan scheint jede Herabsetzung oder Verächtlichmachung legitim,

Ländern mit katastrophalen ökonomischen und politischen Zuständen aber, solange sie nur ausreichend archaische oder exotische Kulturen vorweisen können, gilt es ehrfürchtigen Respekt und Zartgefühl entgegenzubringen.

Es gibt kein Modell der Entwicklung mit Erfolgsgarantie (auch die Entwicklungsstrategien der NICs sind keineswegs identisch), aber es gibt eine große Grabbelkiste, in der die Erfahrungen, Analysen und Basisregeln von Jahrhunderten von Entwicklung zu finden sind, die sich zu einem für das jeweilige Entwicklungsland passenden pragmatischen und flexiblen Modell zusammenbasteln lassen. Entwicklung ist heute prinzipiell erheblich einfacher als vor 100 oder 200 Jahren, weil diese Erfahrungen vorliegen, etwa in den Arbeiten der Entwicklungsforschung und -ökonomie, der Wissenschaften der internationalen Wirtschaft und Politik, der Entwicklungssoziologie usw. Wichtiger noch: Zahllose naturwissenschaftliche, medizinische, technische Erkenntnisse und Erfindungen müssen nicht mehr gemacht werden – sie liegen vor in jeder Stadtbibliothek; die Möglichkeiten des Informationsaustausches, des Verkehrs und des Handels sind gewaltig erweitert worden wie auch die Möglichkeit, kurzfristige Schwierigkeiten und Katastrophen durch internationale Hilfe zu überwinden. Die zum Teil verblüffenden Wachstumsraten etlicher Entwicklungsländer in den letzten Jahrzehnten liegen deshalb um das zwei-, drei-, vierfache über denen der Entwicklungsländer des 19. Jahrhunderts wie Deutschland, die USA, Japan. »In der Tat hat keine frühere Periode der Wirtschaftsgeschichte soviel wirtschaftliche Entwicklung erlebt«, stellt Drucker für die Jahre 1950 bis 1990 fest, und zwar nicht nur in der Höhe der Zuwachsraten, sondern auch in der Zahl der daran beteiligten Menschen. Diese 40 Jahre »übertreffen selbst die Rekordziffern der letzten Periode schnellen Wachstums, die 40 Jahre zwischen 1875 und 1914«.[106] Allerdings sei diese Entwicklung höchst ungleich verteilt unter den Entwicklungsländern wie auch meist innerhalb der Entwicklungsländer. Das Problem der Entwicklungsländer stellt sich denn auch heute nicht als die Frage »Wie ist Entwicklung möglich?«, sondern als die, warum immer noch in so vielen Entwicklungsländern Entwicklung nur zögernd, gar nicht oder sogar negativ stattfindet.

Daß die These der fünfziger Jahre vom Circulus vitiosus der Unterentwicklung (Ragnar Nurkse: »a country is poor because it is poor«), aus dem allenfalls mit fremder Hilfe auszubrechen sei, nicht stimmen kann, weil sonst Entwicklung überhaupt nicht mehr erklärt werden könnte und wir, wie Bauer es formulierte, noch alle in der Altsteinzeit leben würden, hat sich mittlerweile herumgesprochen.[107] Um ausbleibende oder zögernde Entwicklung in der Dritten Welt zu erklären beziehungsweise zu rationalisieren, wird dann erneut auf das Ausplünderungsargument zurückgegriffen, in folgender Variante: Die Ausplünderung der Kolonien habe den Industrieländern die notwendigen Voraussetzungen für ihre Entwicklung verschafft. Für die Länder der Dritten Welt aber gebe es diese Möglichkeit nicht, ergo … Diese These ist nicht nur außerstande, den Reichtum der Schweiz oder Finnlands (oder Singapurs, Taiwans …) zu erklären, sie versagt auch vor der – bis vor kurzem – ziemlich miserablen Situation Spaniens oder Portugals, die ja doch als zwei der Hauptplünderer und Kolonialmächte ökonomisch hervorragend dastehen müßten. Geplündert wurde in der Weltgeschichte gern und oft – von den Mongolen wie den Holländern, den osmanischen Türken wie den Spaniern: eine wirtschaftliche Entwicklung, zumal im Sinne der kapitalistischen Industrialisierung, wird dadurch nicht notwendig ausgelöst, sondern viel eher behindert.

In welchem Maße auch immer die Gewinne aus den Kolonien zur wirtschaftlichen Entwicklung der europäischen Länder beigetragen haben – die Zahlen sind umstritten –, sie können diese Entwicklung selbst nicht begründen. Sie mögen eine notwendige – und selbst da sind Zweifel erlaubt – Bedingung dafür gewesen sein, keineswegs aber eine hinreichende. Den Theorien Wallersteins, Franks und Amins, wonach der Handel zwischen Zentrum und Peripherie seit dem 15. Jahrhundert die Entwicklung der Ersten und die Unterentwicklung der Dritten Welt hervorgebracht habe, sind mittlerweile zu viele gewichtige Einwände entgegengebracht worden, als daß es noch möglich wäre, sie als Opinio communis aller rechtschaffenen Menschen vorzutragen. 1982 hatte Patrick O'Brien diese Theorien anhand der verfügbaren Daten überprüft und war zu dem Schluß gekommen, daß der Handel zwischen Zentrum und Peripherie in den drei Jahrhunderten nach 1450 von geringem

Umfang war, nicht außergewöhnlich profitabel und die damit verbundenen Gratisvorteile (»externalities«) keineswegs entscheidend für das wirtschaftliche Wachstum Westeuropas. Der Handel mit der Peripherie kann auch das beschleunigte Wachstum nach 1750 nicht erklären, dafür war die Peripherie eben – zu peripher.[108] Die beiden grundlegenden Arbeiten zum Aufstieg Europas, E. L. Jones' *The European Miracle* und John A. Halls *Powers and Liberties* liefern weitere Gründe für die Zurückweisung dieser Theorie.[109] Die Vorstellung, daß die imperialistischen Mächte in den letzten drei Jahrhunderten enorme Reichtümer aus ihren Kolonien abzogen, ist nicht richtig. Neuere Untersuchungen zum britischen Empire haben zum Beispiel gezeigt, daß die Kolonien mindestens ebensoviel kosteten wie sie einbrachten[110] – das gilt übrigens auch für die deutschen Kolonien.[111] Für die afrikanischen Kolonien, die gerne als besonders überzeugender Beleg für die Ausbeutung der Kolonien und deren Nutzen für die europäischen Mächte angeführt werden, stellen Roland Oliver and J. D. Fage, die Doyens der modernen Afrika-Forschung, in *A Short History of Africa* fest, daß das Gerangel der europäischen Mächte Ende des 19. Jahrhunderts um die afrikanischen Kolonien weniger durch den Wunsch oder gar die ökonomische Notwendigkeit, diese Kolonien selber zu besitzen, verursacht war, als durch das machtpolitische Ziel, sie nicht anderen zu überlassen. Europa brauchte damals keine zusätzlichen Waren aus Afrika, und dessen Märkte nahmen nur einen verschwindenden Anteil von Europas Exporten auf. Die Kolonien kosteten Geld, wenn auch nicht viel, und das Ideal war eine sich selbst – durch Steuern – finanzierende Kolonie, was meist erst nach 30 bis 40 Jahren der Fall war.[112]

Daß der Kolonialismus der wesentliche Grund für die Armut, Unterentwicklung und internen Entwicklungshemmnisse der heutigen Entwicklungsländer war, hat nicht nur in der Dritten Welt den Rang einer Selbstverständlichkeit – auch in den Fällen, wo nie eine Kolonialisierung stattfand oder diese mehr als 150 Jahre zurückliegt. Aber die Vorstellung, daß der europäische Kolonialismus in Asien und Afrika auf wohlhabende, wohlgeordnete und sich friedlich entwickelnde Reiche stieß, die er dann ausplünderte, verwüstete und ins Elend stieß, ist nur sehr bedingt richtig. Wie die Arbeiten von Jones und Hall zeigen, kratzte der Kolonialismus erstens die großen vormodernen Staaten (Indien, China, Osmanisches Reich) bis zum 19. Jahrhundert nur an der Oberfläche an; waren diese Reiche zweitens im fraglichen Zeitraum weder wohlhabend, wohlgeordnet noch in friedlicher Entwicklung begriffen, sondern die Regierungen »Plünderungsmaschinen«, die der überwältigenden Mehrheit ihrer Bevölkerung ein Leben nur knapp über und oft genug unter dem Existenzminimum erlaubten[113] (diese Länder hatten damals schon einen geringeren Lebensstandard als die westeuropäischen); und drittens waren die Gründe für die Stagnation und den Verfall dieser Reiche wesentlich *interner* Art, nicht von außen hereingetragen. »Während es in einigen Punkten Zeichen für Fortschritt gibt, ist der Gesamteindruck des späten vorkolonialen Asiens der von Gesellschaften, die sich teils auf das Chaos zubewegen, teils sich nach innen wenden, von zunehmender politischer Schwäche und Fluktuationen ohne Entwicklung […] Die asiatischen Reiche dieser Periode, das Osmanische-, Mogul- und Mandschu-Reich, waren keine zeitlosen Despotien. Es waren Eroberungsregime, deren Ursprung in den Steppen lag, unfähig, ohne neues Land und neue Beute effizient zu überleben, mit einer erschreckenden Tendenz, Entwicklung zu behindern.«[114]

Die Liste der von Hall, Jones und Patricia Crone in ihrem Buch *Die vorindustrielle Gesellschaft* angeführten Charakteristika dieser vorkolonialen Reiche weist eine vielleicht mehr als zufällige Übereinstimmung mit wesentlichen internen Entwicklungshemmnissen vieler heutiger Entwicklungsländer auf:

- der »räuberische« Staat – oft Militärdespotien – als »Plünderungsmaschine«;
- »räuberische«/»konfiskatorische« Besteuerung;
- wer eine politische Machtposition innehatte, neigte dazu, sie als Privatbesitz zu betrachten;

- der völlige Ausschluß des Volkes von der Regierung; der politische Prozeß war sorgfältig vor den Augen der Öffentlichkeit abgeschirmt, eine Rechenschaftspflicht der politischen Machthaber gab es nicht;

- die in sich heterogenen Gesellschaften wurden durch militärische Gewalt zusammengehalten (»Schlußstein«-Staat);

- Fehlen entwickelter Gesetze und Rechtssprechung beziehungsweise deren willkürliche Anwendung oder Mißachtung;

- die Bürokratien waren »langsam, erpresserisch und von Privatinteressen beherrscht«; generelles Unvermögen, zwischen privaten und öffentlichen Angelegenheiten zu unterscheiden;

- geringe Investitionen in Infrastruktur und die Hunger-, Seuchen- und Katastrophenprävention beziehungsweise -bekämpfung;

- eine sehr weitgehende Unsicherheit für Leben und Eigentum;

- Loyalität und Verantwortung nur gegenüber der (Groß-)Familie und anderen partikularen sozialen Gruppen oder gesellschaftsübergreifenden Instanzen (zum Beispiel Religion);

- »parasitäre« Beziehung zwischen Stadt und Land;

- Verachtung des Handels und der Händler (Ausnahme: die islamischen Staaten);

- »wer mit den Händen arbeiten mußte, wurde verachtet, die vorindustriellen Eliten der ganzen Welt waren sich einig in ihrer Abscheu vor der widerwärtig mechanischen Welt der Arbeit«.

Wenn diese Charakteristika auf die vorkolonialen Länder zutreffen und wenn sie die Entwicklung eines Landes wesentlich behindern, dann kann man den Schluß ziehen, daß es nicht, zumindest nicht ausschließlich, der Kolonialismus war, der die Unterentwicklung dieser Länder verursachte und ihre Entwicklung behinderte – oder gar diese Hemmnisse erst schuf.

Die Entwicklung Europas gründete wesentlich darauf, diese vorindustriellen Entwicklungshemmnisse im Lauf seiner einzigartigen und seltsamen Geschichte abzubauen – nicht auf der Plünderung fremder Länder, darin nämlich unterschied es sich nicht von anderen Reichen.

Kromka und Kreul haben 1991 die provozierende These vorgetragen, »daß der Kolonialismus – alles in allem betrachtet – als eine Frühform von Entwicklungshilfe zu verstehen ist« und »wesentlich mehr zum Fortschritt armer Gesellschaften beigetragen (hat), als die sich betont uneigennützig gebende moderne Entwicklungshilfe bislang zu leisten vermochte«. Das klingt nun verdächtig nach den Autobahnen, mit denen das Hitlerregime entschuldigt werden soll, aber so ist es nicht gemeint. Kromka und Kreul beabsichtigen keine nachträgliche Legitimierung oder Exkulpierung des Kolonialismus, sondern verweisen auf Fakten, die schwer zu widerlegen sind.[115] Gerade im Fall etlicher afrikanischer Staaten ist der Kontrast von – wenngleich langsamer – wirtschaftlicher Entwicklung unter dem Kolonialismus und rapider Verschlechterung nach der Unabhängigkeit auffallend (Ghana ist vielleicht das extremste Beispiel dafür).

Das muß nicht so sehr für den Kolonialismus sprechen, sondern vor allem gegen die Regime der Nkrumah und Marcos, Mobutu, Nyerere, Duvalier, Bokassa und tutti quanti – irritierend bleibt es gleichwohl, und wer hofft, die Geschichte der wirtschaftlichen Entwicklung der Dritten Welt nach dem Schema »Kolonialismus: schlecht – Unabhängigkeit: gut« verstehen zu können, irrt sich wahrscheinlich öfter, als ihm und uns lieb ist.

INTERNE FAKTOREN DER UNTERENTWICKLUNG

Wenn aber die strukturalistische und die Dependenztheorie offenbar fehlerhaft und wissenschaftlich längst ad acta gelegt sind, warum »dominieren sie weiterhin die Diskussion in den Entwicklungsländern und anderswo« (Gilpin), warum werden sie ausgerechnet in der Dritten

Welt, die es doch am besten wissen müßte, lautstark und aggressiv vertreten? Beide Theorien erklären Unterentwicklung durch externe Faktoren und haben damit eine Entlastungsfunktion für die herrschenden Eliten der Entwicklungsländer: Sie schieben die Verantwortung für die Misere anderen zu. Sie rechtfertigen indirekt die internen politischen und gesellschaftlichen Zustände in den Entwicklungsländern, da es an diesen ja nicht liegt, wenn es nicht besser wird.

Die Identifizierung der Regierung und der herrschenden Schichten der einzelnen Entwicklungsländer mit der übrigen Bevölkerung ist eine der – meist kaum bewußten – Grundannahmen der Edlen Seelen. Daß *alle* Bürger eines Entwicklungslandes das gemeinsame Interesse haben, das Bestehende zum Besseren zu verändern, scheint so evident, daß Zweifel daran nur selten, gelegentlich in den Fällen blutrünstiger Tyrannei à la Bokassa aufkommen. Im Bericht der Südkommission heißt es 1991: »Das stärkste gemeinsame Band der Länder und Völker des Südens ist ihr Wunsch, Armut und Unterentwicklung zu entrinnen und ihren Bürgern ein besseres Leben zu sichern.« Es sind ja doch gerade die für das Elend verantwortlichen Ausbeuter aus der Ersten Welt, die solche Veränderungen blockieren; allenfalls werden noch einige korrupte Handlanger des Neokolonialismus ausgemacht: Tod den Verrätern! »Daß alle Regierungen (der Entwicklungsländer) die Majorität der Bevölkerung repräsentieren und für sie sorgen, ist offenkundiger Unsinn. Viele Regierungen sorgen sich vor allem um die Bereicherung derer, die sie an der Macht halten.«[116] Die Einkommensunterschiede zwischen reichen und armen Ländern sind extrem groß, aber die Unterschiede zwischen Reichen und Armen in vielen Entwicklungsländern sind es kaum weniger. Sie sind durchschnittlich sehr viel größer als in den Industrieländern. Die Disparität zwischen ländlichen und städtischen Einkommen ist in den heutigen Entwicklungsländern größer, als sie es in den Industrieländern zur Zeit ihrer Entwicklung war. Warum sollten Regierungen die enormen Unterschiede in der Verteilung von Land und Reichtum in ihren Ländern ändern, wenn deren Nutznießer ihre Machtgrundlage darstellen?

Zu den gravierendsten und folgenreichsten Fehleinschätzungen vieler Entwicklungsländer gehört »die Überzeugung, daß (deren) Regierungen das Gemeinwohl (public interest) verfolgen« – die Erfahrungen der letzten Zeit, so Bates 1983, widerlegen das eindeutig. »Regierungen betreiben die Erweiterung der Bürokratie und handeln so, daß sie den Reichtum und die Macht derjenigen vermehren, die ihr Einkommen aus dem öffentlichen Sektor beziehen; sie handeln auch zugunsten privater Interessen, seien es soziale Klassen, Militärcliquen oder ethnische Gruppen. Sie betreiben wirtschaftliche Umverteilung, oft von den Armen zu den Reichen und auf Kosten des wirtschaftlichen Wachstums.«[117] Der Staat ist so in vielen Entwicklungsländern ein »Revenuen oder Ausgaben maximalisierender Leviathan«[118], Plünderungsmaschine und Unterdrückungsapparat in den Händen der etablierten Interessengruppen.[119]

Vom Zustand der Unterentwicklung kann unter den gegenwärtigen internationalen und nationalen Bedingungen profitiert werden: von Politikern und Bürokraten, durch deren Hände alle offizielle Entwicklungshilfe geht und denen zum Beispiel eine überbewertete Währung und Devisenbewirtschaftung zusätzliche Macht und Einkommen gewähren, von Industriellen, die im Namen autonomer Entwicklung überteuerte Waren miserabler Qualität auf den abgeschirmten Markt schicken, von Polizisten und Militärs, die am – von der UNO oder einzelnen Industrieländern subventionierten – Kampf gegen Drogenanbau und -handel teilnehmen, von Beamten und Offizieren, durch deren Hände die Gelder und Hilfsgüter für Flüchtlinge gehen, von Teilen der städtischen Arbeiterschaft, die über starke Gewerkschaften verfügen und die Weiterführung unsinniger Produktion meist staatlicher Betriebe erzwingen können, von Medizinern und Gesundheitsbeamten, die an der Seuchenbekämpfung teilnehmen, von Großgrundbesitzern, die notwendige Landreformen verhindern usw. usf. Über Armut und Flüchtlinge, Bürgerkrieg und Hungersnot, Drogenproduzenten und Analphabeten, Epidemien und bedrohte Regenwälder zu verfügen, kann ein entscheidendes Druck- und Erpressungsmittel im Konkurrenzkampf um die bi- und multilateralen Hilfs- und Entwicklungsgelder sein. Denn, wie's die Vernunft gebietet, bekommt der mehr Hilfe, der sie dringender braucht.

Die Einstufung eines Entwicklungslandes in die Gruppe der *least developed countries* (LLDCs) hat »eine Vorzugsbehandlung durch die

›Geberländer‹ zur Folge: Sie überlassen den LLDCs bevorzugt (nichtzurückzahlbare) Zuschüsse oder räumen ihnen zumindest Sonderbedingungen ein. Außerdem haben sie den meisten LLDCs die ausstehenden Schulden ganz oder teilweise erlassen«.[120] Nachdem die burmesischen Generäle das Land – das eines der reichsten Asiens gewesen war – in ausreichendem Maße ruiniert hatten, beantragten sie 1987 gleich selbst die Statusveränderung zum *least developed country*.[121] Daß die Situation zu »statistischen Manipulationen verführt«[122], wird nicht verwundern, und man kann nur hoffen, daß es bei statistischen Manipulationen bleibt.

Im Sudan hungern Zehntausende – Nahrungsmittelhilfe ist, so scheint es, also dringend geboten: 1990 erhielt das Land 335.000 Tonnen davon, exportierte aber zugleich gewinnbringend 98.000 Tonnen in die EG und weitere Nahrungsmittel in die arabischen Länder. 1992 – nach einer »Rekordernte« (so die Botschaft in Bonn) – liefert das Land »in großem Umfang vor allem Nahrungsmittel in die arabischen Staaten und die EG« und wird 1992 weitere 233.000 Tonnen Nahrungsmittelhilfe aus der EG bekommen.[123] Schon 1986 war es der Welternährungsorganisation aufgefallen, daß der Sudan sofortige Nothilfe beantragte und doch über einen exportierbaren Getreideüberschuß verfügte.[124] Bauer hatte den Sudan und Äthiopien (Anfang der Achtziger) als Beispiel für den Mechanismus angeführt: je schädlicher die Politik, desto größer die Not und desto wirksamer die Hilfe-Appelle.[125]

Wie die Regierenden von Entwicklungsländern mit wirtschafts- und finanzpolitischen Maßnahmen, labyrinthischen Zollregelungen, Import- und Investitionslizenzen, Marktregulierungen (Quoten und Rationierungen), mit dem Betrieb der Gelddruckmaschinen und dreistelligen Inflationsraten, überbewerteter Währung und einer hypertrophen Bürokratie konsequent Entwicklung erschweren oder verhindern und zugleich sich und ihre Klientel dabei bereichern, kann hier nicht im einzelnen dargestellt werden.[126] Zwei Beispiele: Die chaotisch wuchernde staatliche Regulierung der Industrie in Indien hatte dazu geführt, daß einige große Firmen dominierten, die Produktivität zwischen 1966 und 1980 jährlich um ein Prozent sank, technologische Fortschritte nur langsam gemacht wurden, Indiens Anteil an den

Exporten der Entwicklungsländer fiel *und* hohe Gewinne erzielt wurden: 20,8 Prozent des Mehrwerts im Jahre 1982 zum Beispiel, während die Gewinne in Südkorea 1981 bei 3,5 Prozent lagen. Gesamtwirtschaftliche Unterentwicklung und Stagnation gingen einher mit hohen individuellen beziehungsweise Gruppengewinnen. In Ghana erhöhte sich nach der Unabhängigkeit die Zahl der Angestellten des staatlichen Kakao-Monopols (Cocobod) innerhalb von 20 Jahren von 5.000 auf 100.000. Im selben Zeitraum sank die Menge des vermarkteten Kakaos um die Hälfte. Finanziert wurde das Cocobod durch die Kakao-Produzenten.[127]

Die Fortführung entwicklungsfeindlicher Politik angesichts überwältigender Beweise für deren Schädlichkeit ist nicht auf Armut, Informationsmangel, wohlmeinende ideologische Verbohrtheit zurückzuführen, sondern stellt eine wohlinformierte und -überlegte, eine rationale und kompetente Politik der Verfolgung partikularer Interessen dar.[128] Unterentwicklung in all ihren Formen abzuschaffen, hieße auch, sich von Milliardenbeträgen zu trennen. Mit anderen Worten: Es gibt in zahlreichen Entwicklungsländern politisch, wirtschaftlich und militärisch mächtige Eliten, die ein erhebliches Interesse an der Aufrechterhaltung und ausländischen Mitfinanzierung des gegenwärtigen Zustandes der Unterentwicklung haben, ganz unabhängig von ihrer politischen Allianz oder Ideologie. Sie benutzen vor allem die UNO und deren Organisationen, um ihre Drittwelt-Ideologie zu propagieren, die Erste Welt für alles Elend verantwortlich zu machen und schneidig die Einhaltung universaler Werte einzuklagen, die sie in ihren eigenen Ländern *souverän* mißachten.

Es stellt sich hier die Frage nach dem Sinn und den Folgen von Entwicklungshilfe überhaupt.

Die Edlen Seelen gefallen sich darin, sich als die einzigen verläßlichen Freunde und Verbündeten der Armen in der Dritten Welt darzustellen, indem sie in Permanenz die Erhöhung der Entwicklungshilfe fordern beziehungsweise die existierende als schändlich gering abtun. Zweifel am Sinn von Entwicklungshilfe, Hinweise auf die internen Ursachen von Unterentwicklung werden nicht empirisch und methodisch widerlegt, sondern moralisch disqualifiziert. Zuweilen drängt sich der Verdacht auf, daß diese Leute nicht an den Problemen, sondern nur an ihrem Seelenheil interessiert sind. »Es interessiert mich überhaupt nicht, etwas zu sagen, was sich ein halbes Jahr später als richtig erweist. Ich möchte das machen, was ich für richtig halte, auch wenn der Verlauf der Geschichte etwas anderes beweist«, so Christoph Hein.[129] Besser als Jean-François Revel kann man solche bekennende Ignoranz nicht kommentieren: »Wie lange noch werden die Exhibitionisten von Kampagnen gegen den Hunger und sonstige Theologen der Befreiung fortfahren, ihre eigenen politischen, persönlichen und sehr narzißtischen Bedürfnisse mit den Bedürfnissen der Armen in aller Welt zu verwechseln?«[130]

Daß mehr Entwicklungshilfe mehr Entwicklung bedeutet, scheint evident. Ist aber falsch. Gewiß werden mehr Gelder für Nahrungsmittel und Medikamente mehr Verhungernde und Kranke retten können, soweit sie sie erreichen; aber zu verhindern, daß Menschen massenhaft sterben, wird man nicht als Entwicklung bezeichnen wollen. Die findet aber nicht automatisch statt, sobald viel Geld da ist. Dies Geld muß langfristig produktiv investiert werden können, und da liegt das entscheidende Problem, zum einen, weil oft gar kein Interesse an langfristig produktiven Investitionen seitens der über die Gelder verfügenden Politiker oder Beamten und ihrer Klientel besteht, zum anderen und noch wichtiger, weil die ökonomischen, politischen, sozialen und kulturellen Bedingungen dafür nicht gegeben sind.[131]

Die Fähigkeit einer Wirtschaft, Kapital produktiv zu investieren, wird *Absorptionskapazität* genannt. Das Konzept ist kompliziert und, wie üblich, umstritten; vielleicht hat Todaro recht, wenn er darin nur »einen Euphemismus« sieht für die Fähigkeit der Empfängerländer, »die Entwicklungshilfegelder vernünftig und produktiv zu benutzen«.[132] Kapitalsummen, die über die Absorptionskapazität einer Wirtschaft hinausgehen, können deren Entwicklung nicht dienen (sie können natürlich für vieles andere dienen und tun das auch). Anfang 1992 erklärte die japanische Botschaft in Manila, daß die Philippinen offenbar nicht in der Lage seien, die stark erhöhte japanische Entwicklungshilfe von 311 Millionen Dollar (1986) auf 1,25 Milliarden Dollar (1990) zu absorbieren. Von den zuletzt ausbezahlten 495,6 Millionen Dollar seien nur 22 Prozent benutzt worden.[133] Ende der achtziger Jahre verfügte die Weltbank über 2 bis 4 Milliarden Dollar in nicht-ausgezahlter Entwicklungshilfe für Pakistan. In der Provinz Belutschistan wurde 1988, aufgrund der Afghanistan-Krise, Entwicklungshilfe in Höhe von 1.000 Dollar pro Person ausgezahlt. »All die üblichen Restriktionen wurden abgeschwächt, um uns weitaus mehr Entwicklungshilfe zu geben, als wir absorbieren konnten. Wir konnten nicht genug Vorschläge machen, aber die Weltbank und andere Geber waren froh, für Bewässerungsanlagen zu zahlen, die sie nie gesehen haben«, erklärte der Gouverneur der Provinz Christina Lamb.[134]

Kapital ist also nur einer von vielen Faktoren wirtschaftlicher Entwicklung und nicht der wichtigste. Zwei Beispiele: In den siebziger Jahren verfügte der Iran infolge des rapiden Ansteigens der Erdölpreise über gewaltige Kapitalsummen. Die Zuwachsraten des Bruttosozialprodukts waren unerhört hoch: 1974/75 zum Beispiel 42 Prozent, mit einem industriellen Wachstum von 15 Prozent pro Jahr. Aber die Zahlen täuschen; die Investitionen waren meist unprofitabel, die Wirtschaft ineffizient – mangelnde Infrastruktur, Mangel an ausgebildeten und technisch kompetenten Arbeitskräften, das allgegenwärtige Problem ineffizienten Managements und Korruption waren die Gründe dafür.

Dieses Mißverhältnis von verfügbaren Kapitalsummen und wirtschaftlicher Entwicklung läßt sich auch bei den arabischen OPEC-Staaten nachweisen.[135] Während Nigeria zwischen 1960 und 1973 ein jährliches Wachstum des Pro-Kopf-Einkommens von 1,1 Prozent erwirtschaftet hatte, *fiel* es nach dem Ölboom-Jahr 1973 um 2,8 Prozent pro Jahr. Der Ölreichtum wurde weitgehend für den öffentlich-staatlichen Bereich ausgegeben: Die Zahl der dort Beschäftigten verdreifachte sich von 0,5 auf 1,5 Millionen, die Regierungsausgaben verfünffachten sich 1972–1974 und verschlangen fast 80 Prozent der Öleinnahmen; der Staatshaushalt wurde defizitär (in der Höhe von fast einem Viertel der Einnahmen) und durch Schulden finanziert: Auslandskredite und Inflationssteuer. Die Reaktion auf den zweiten Ölboom in den Jahren um 1980 war ganz ähnlich, der Anteil der Konsumtion an den öffentlichen Ausgaben nahm weiter zu.[136] Die Probleme von Booms, egal in welchem Wirtschaftszweig, werden in der

Wirtschaftswissenschaft als *Dutch disease* bezeichnet. »Entwicklungshilfe kann *Dutch-disease*-Wirkungen haben, die denen eines Rohstoffbooms ähneln.«[137]

Auch sehr hohe Kapitalsummen aus *windfall-profits* oder Krediten (wie sie einige Entwicklungsländer in den siebziger Jahren von den rivaten Banken erhielten) führen nicht per se zu Entwicklung. Es gibt vielmehr gute Gründe für die Annahme, daß sie ihr oft eher schaden als nützen. Das mag »die absolute Häresie« sein, aber nachteilige Folgen selbst von Nahrungsmittelhilfe *(food aid, food for work)* sind ausreichend dokumentiert.

Nahrungsmittelhilfe macht einen beachtlichen Teil der Entwicklungshilfe aus (25 Prozent der US-, 40 Prozent der EG-Hilfe) und hat – im Unterschied zu anderen Formen der Entwicklungshilfe – in den letzten 20 Jahren zugenommen. *Food aid* ist populär – was könnte sinnvoller sein, als den Hungernden in der Dritten Welt unseren Überfluß zukommen zu lassen, sagt einem doch der gesunde Menschenverstand, daß Hunger dadurch entsteht, daß nichts zu futtern da ist. *Food aid* ist populär auch bei den Regierungen der Geberländer und der Agrarlobby – sie löst selbstgeschaffene Surplus-Probleme auf Kosten der Steuerzahler und will doch nur das Allerbeste. *Food aid* ist populär bei den Regierungen der Empfängerländer, denn sie löst selbstgeschaffene Mangelprobleme, ohne deren Ursachen und damit politische Macht- und Verteilungsverhältnisse verändern zu müssen. Und niemand wird leugnen wollen, daß *food aid* in etlichen Fällen tatsächlich den Hungernden und Verhungernden geholfen hat. Die zahlreichen und von vielen Seiten erhobenen Einwände scheinen also nicht mehr als neoklassische oder marxistische Theorieübungen zu sein. Dagegen spricht jedoch, daß gerade diejenigen, die sich am intensivsten mit dem Hungerproblem beschäftigt haben (Drèze/Sen, Foster, George), zu den entschiedensten Kritikern von *food aid* gehören. Folgende, durch zahlreiche empirische Untersuchungen gestützte Einwände werden vorgebracht:

- *Food aid* ist zunächst einmal eine sehr kostspielige Form der Hilfe; sehr oft gibt es kostengünstigere und effektivere Formen der Hilfe, und sei es nur die, den Hungernden Geld zu geben, statt mit hohen

Transport- und Verwaltungskosten – die bis zu 89 Prozent der Nahrungsmittelkosten selbst ausmachen können – Nahrungsmittel über die halbe Welt heranzuschaffen.[138]

- *Food aid* kann die Preise der einheimischen Nahrungsmittel senken und damit das Einkommen der Bauern, und zwar bis zu dem Punkt, daß diese die Produktion einstellen und in die Städte ziehen – wo es billige Nahrungsmittel durch *food aid* gibt. (Gewiß sind niedrige Nahrungsmittelpreise durch ihren unmittelbaren Einfluß auf die Löhne ein wichtiger Faktor bei der Stimulierung der Ökonomie, doch müssen sie in einer vorwiegend agrarischen Wirtschaft durch Produktivitätssteigerung erreicht werden, nicht durch Senken der Agrarproduktion und entsprechenden Kaufkraftverlust.)

- *Food aid* kann auch dadurch der lokalen Landwirtschaft schaden, daß sie Konsumgewohnheiten verändert: weg von den beim dortigen Klima und den dortigen Böden am produktivsten anzubauenden Nahrungsmitteln, hin zu importierten.

- *Food aid* verstärkt den für Entwicklungsländer typischen *urban bias,* das heißt die Vernachlässigung und Ausbeutung der Landwirtschaft zugunsten der städtischen Interessengruppen: Militär, Beamte, Arbeiterschaft und Industrie – der Klientel der Politiker, die in erster Linie für Nahrungsmittelmangel und Hunger verantwortlich sind, und unterstützt so im Sinne eines Circulus vitiosus schädliche Politik. Zuweilen unterstützt *food aid* auch direkt die Politik verbrecherischer Regime wie im Sudan oder dem früheren Äthiopien.

- *Food aid* kann die Empfängermentalität in den Entwicklungsländern fördern sowie die Eigeninitiative und die Suche nach Alternativen hemmen. »Es gibt wenige Beispiele dafür, falls überhaupt welche, daß *food aid* heute eine erhebliche und anhaltende positive Wirkung hat«, faßt Riddell seine Erörterung des Themas

> zusammen.[139] *Food aid* kann helfen und hat das in einzelnen Fällen auch getan, aber eine generelle Forderung nach (mehr) *food aid*, wie sie – »Brot für die Welt« – die Edlen Seelen erheben, ist wohl eher mythisch-religiösen Bildern der Barmherzigkeit zuzuschreiben als Einsichten in die wirkliche Welt.

In dem Aufsatz *Foreign Aid: Central Component of World Development?* faßt Bauer seine gewichtigen Einwände gegen Entwicklungshilfe zusammen: Der Begriff »Entwicklungshilfe« ist irreführend; er impliziert, daß Entwicklungs*hilfe* der Bevölkerung in den Empfängerländern zugute kommt, was nicht der Fall ist. Man sollte sie »Regierungsunterstützung« nennen. Der Empfänger offizieller Entwicklungshilfe ist immer eine Regierung, nicht die Armen, Notleidenden oder Verhungernden, die die Entwicklungshilfepropaganda zeigt. Die Identifizierung von Regierung und Bevölkerung ist falsch. Der Glaube, daß Entwicklungshilfe zumindest nicht schaden könne, verkennt die politischen, sozialen und kulturellen Folgen dieser Unterstützungsgelder – sie gehen an Regierungen, die eine Politik verfolgen, die geradewegs ökonomischen Fortschritt verhindert und den Interessen ihrer ärmsten Bürger entgegensteht. Entwicklungshilfe ist kontraproduktiv, indem sie die Macht dieser Regierungen vermehrt, zu einer Politisierung des Lebens und Verteilungskämpfen führt und Energien vom ökonomischen Sektor abzieht. (Vernières formuliert das so: Es ist wichtiger, eine gute Position innerhalb dieser generalisierten Korruption des Verteilungssystems zu haben, als einer produktiven Tätigkeit nachzugehen.) Die seit Jahrzehnten betriebene destruktive Politik dieser Regierungen ist nicht wohlmeinenden Irrtümern zuzuschreiben, sondern dient den Interessen der Herrschenden. Entwicklungshilfe nach dem Kriterium des Pro-Kopf-Einkommens belohnt eine Politik der Verarmung. Entwicklungshilfe verstärkt weitverbreitete soziokulturelle Einstellungen und Verhaltensmuster, die der Entwicklung entgegenstehen. Sie ermutigt Regierungen zu Bettelei und Erpressungen statt zur Erforschung der internen Entwicklungspotentiale. Während Entwicklungshilfe ökonomisch allenfalls von zweitrangiger Bedeutung ist, wirkt sie negativ auf primäre politische und kulturelle Determinanten der Entwicklung. Sie erlaubt die Fortführung extrem schädlicher Politik, verschleiert deren Schädlichkeit vor der Bevölkerung, gibt den Regierungen Respektabilität und hält sie an der Macht. – Soweit Peter Bauer, Prof. emerit. der London School of Economics, der sich mehr als ein halbes Jahrhundert lang mit der Untersuchung der Ökonomie der heutigen Entwicklungsländer beschäftigt hat.

Da Bauers Urteil als einseitig und Ausdruck theoretischer Voreingenommenheit abgetan werden könnte, soll hier auch ein neoklassischer Tendenzen unverdächtiger Fachmann zu Wort kommen, Klaus Thüsing, früher SPD-Dissident, heute beim Deutschen Entwicklungsdienst und Leiter des DED-Büros in Nairobi. »Wenn man sich [...] die Entwicklung Kenias in den mehr als 25 Jahren seit der Unabhängigkeit ansieht, mag man zweifeln, ob die kombinierte Anstrengung der vielen Dutzend (Entwicklungshilfe-) Organisationen das Land wirklich vorangebracht hat [...] Wenn man sich die Lebenslage der Bevölkerungsmehrheit ansieht, ist Kenia heute zweifellos ärmer als vor 25 Jahren [...] Mir ist in den vier Jahren, seit ich hier bin, ein wesentlicher Faktor der europäischen Entwicklungszusammenarbeit in Afrika aufgefallen: Wir haben uns mit korrupten Eliten eingelassen und haben nicht versucht, diese korrupten Eliten zu beseitigen. Das hat historische Ursachen: Nach ihrer Unabhängigkeit sollten diese Länder selbst bestimmen, wer sie führt und welche Regierungsform sie annehmen. Jeder Eingriff galt als neokolonial. Wir haben aber dann auch zugelassen, daß in vielen Ländern Regierungen an die Macht kamen, die nach unseren Rechtsbegriffen geradezu kriminelle Vereinigungen sind, die die Länder zu ihrem Vorteil ausplünderten. Durch die Entwicklungshilfe haben wir diese korrupten Eliten noch gefördert und dabei übersehen, daß für die Mehrzahl der Armen wenig übriggeblieben ist. Das war ein wesentlicher Fehler [...] Da entwickelt sich in einem ganzen Volk eine Bettelmentalität.«[140]

Der Hinweis auf die internen Ursachen von Unterentwicklung und die Kritik der Entwicklungshilfe werden gern dahingehend mißverstanden, man wolle sich so seiner moralischen Verpflichtung zur Hilfe entziehen und die Dritte Welt ihrem Elend überlassen. »Die Ineffizienz bisheriger Entwicklungshilfe und das mittlerweile wohlfeile Argument, Entwicklung scheitere in erster Linie an den unfähigen Eliten der Entwicklungsländer, sind willkommene Belege für eine Argumentation, die darauf hinausläuft, die Länder des Südens ihrem Schicksal zu überlassen.«[141] Daß man die Länder des Südens ihrem Schicksal nicht überlassen dürfe, gehörte zur Grundausstattung imperialistischer Rhetorik – die antikolonialen Befreiungsbewegungen bestanden demgegenüber darauf, gefälligst ihrem eigenen Schicksal überlassen zu werden. Das ist lange her. Nun mag es Leute geben, die den oben erwähnten Schluß ziehen, es ist aber nicht einzusehen, warum die Diskussion auf dem Niveau des kleinsten gemeinsamen Intelligenzquotienten geführt werden soll.

Ein moralischer Grundsatz lautet, daß wir auch dann zur Hilfe verpflichtet sind, wenn der Hilfsbedürftige seine Notsituation selber zu verantworten hat. Einem Ertrinkenden, der durch eigenes Verschulden ins Wasser gefallen ist, werden wir deshalb unsere Hilfe nicht verweigern – ebensowenig wie jemandem, der seinen Wagen volltrunken gegen einen Baum steuerte. Aber es mag eine gute Idee sein, ihm zur Genesung nicht mit einer Flasche Cognac zu gratulieren. Das bringt uns zu einem weiteren erinnernswerten moralischen Grundsatz: Die Hilfe, die wir leisten, muß wirkliche Hilfe sein, das heißt die Mittel müssen den angestrebten Zweck der Linderung oder Beseitigung der Not erreichen. Unsere Verpflichtung zur Hilfe schließt also die Korrektur fehlerhafter und die Unterlassung unzweckgemäßer oder gar direkt schädlicher Hilfe ein – wie umgekehrt gilt, daß der Zweck nicht dadurch aufgehoben wird, daß die Mittel inadäquat sind.

Ich gehe davon aus, daß wir zur Hilfe für die Dritte Welt verpflichtet sind, ohne dies hier zu begründen. Roger C. Riddell, der ein kluges Buch darüber geschrieben hat, stellte überrascht fest, daß die Befürworter von Entwicklungshilfe in den letzten 30 Jahren weder eine tiefergehende Begründung dafür vorgebracht haben noch eine adäquate Kritik abweichender Einstellungen, und auch die Literatur zur Entwicklungshilfe zeige »eine fast vollständige Abwesenheit einer systematischen und umfassenden Verteidigung der moralischen Begründung von Entwicklungshilfe«.[142] Die Tatsache, daß die Kritik an der Entwicklungshilfe »schon zu einem Gemeinplatz« in der »entwicklungspolitischen Diskussion, zumal in der Dritte-Welt-Bewegung« geworden ist,[143] daß falsche Argumente und unzulässige Verallgemeinerungen gegen die Entwicklungshilfe vorgetragen werden, sollte einen nicht daran hindern, die richtigen Argumente und zulässigen Verallgemeinerungen gegen sie vorzutragen.

Eine angemessene Beurteilung des Erfolgs oder Mißerfolgs von Entwicklungshilfe ist sehr schwierig,[144] allgemein akzeptierte und angewandte Kriterien und Verfahren der Bewertung gibt es noch nicht, und so ist es auch nicht verwunderlich, daß die Ergebnisse differieren,[145] von überwiegend positiv bis überwiegend oder ganz negativ. Aber auch die entschiedensten Befürworter von Entwicklungshilfe, und sie betonen vor allem deren positive *Möglichkeiten,* fordern weder eine globale Erhöhung der Entwicklungshilfe, noch sehen sie darin allein eine hinreichende Bedingung von Entwicklung.[146] Weitgehende Übereinstimmung besteht auch darin, daß Entwicklungshilfe gerade dort, wo sie am nötigsten zu sein scheint, oft am wenigsten bewirkt,[147] zum Beispiel in Schwarzafrika. Das Argument, daß nur 20 Prozent der Entwicklungsinvestitionen in den landwirtschaftlichen Sektor gingen, obwohl 65 Prozent der Bevölkerung der Dritten Welt und 80 Prozent der absolut Armen von der Landwirtschaft leben,[148] eine Erhöhung der Entwicklungshilfe also gerade hier positive Wirkung haben müßte, wird von neueren Untersuchungen nicht bestätigt. »Subsahara-Afrika ist die Region, die das stärkste Argument für eine Erhöhung der Entwicklungshilfe liefert«, hatte Riddell noch 1987 geschrieben – die bislang umfangreichste Studie über die Entwicklungshilfe für die Landwirtschaft dieser Region in den letzten 20 Jahren stellt 1991 im Vorwort, den Tenor der meisten Einzelbeiträge wiederholend, fest, daß »Entwicklungshilfe Teil des Problems ist. Der Umfang der Entwicklungshilfe für Afrika ist viel zu groß in Relation zu den Absorptionskapazitäten des Kontinents.«[149] Auch Heimpel/Schultz finden es »schwierig, nicht zu diesem Schluß« – daß nämlich Afrika »overaided« sei – »zu kommen«.[150]

Im Gegensatz zu Riddells Auffassung könnte man vielmehr zu dem Schluß kommen, daß diese Region das stärkste Argument gegen Entwicklungshilfe liefere, insofern sie etwa ein Drittel aller Entwicklungshilfegelder auf sich gezogen hat (bei einem Anteil der Bevölkerung der Dritten Welt von 12 Prozent), mit den höchsten Pro-Kopf-Raten und Anteilen der Entwicklungshilfe am Staatshaushalt, und zugleich die geringste oder sogar negative wirtschaftliche Entwicklung aufweist. Ein eklatantes Beispiel dafür ist Somalia mit seinem krassen Mißverhältnis von Entwicklungshilfe, die weltweit zu den höchsten gehörte, und wirtschaftlichem Ruin, Korruption und Verschuldung.[151] Auch der Senegal, eines der am reichlichsten mit Entwicklungshilfe bedachten Länder, weist eine deprimierende Entwicklungsbilanz auf: das Pro-Kopf-Einkommen war 1989 so hoch wie 1960; 60 Prozent der öffentlichen Ausgaben gehen in den Verwaltungsapparat.[152] Ganz ähnlich ist die Situation in Tansania, dessen Expräsident Nyerere wohl der Weltmeister im Anschaffen von Entwicklungshilfe *und* dem Ausstoßen von Drittwelttiraden gegen die Geberländer war – aber ob Mali oder Malawi, Niger oder Nigeria, die Entwicklungsbilanz der Region ist insgesamt negativ, und die meisten Länder sind heute ärmer als vor der Unabhängigkeit. In vielen Fällen (mir fallen sofort der Sudan, Äthiopien, Tansania ein) finanzierte Entwicklungshilfe eine evident entwicklungs- und menschenfeindliche Politik.[153]

Eines der gängigsten Einschüchterungs- und Beschämungsmittel der entwicklungspolitischen Diskussion ist die Berechnung der Entwicklungshilfe als Prozentzahl des Bruttosozialprodukts.[154] 0,3 Prozent, 0,4 Prozent, 0,7 Prozent ... so lächerlich wenig nur vermag den Menschen in der Ersten Welt der Anblick von Hunger, Elend, Tod abzuringen. (Daß derselbe Anblick den dafür verantwortlichen Eliten der Dritten Welt erheblich gleichgültiger ist, scheint niemanden *betroffen* zu machen.) Die japanische Regierung gibt traditionellerweise ihren Verteidigungshaushalt als Prozentsatz vom Bruttosozialprodukt an: etwa ein Prozent. Das wird – zu Recht – als Augenwischerei kritisiert; in absoluten Zahlen bedeutet dieses eine Prozent, daß Japan die sechst- bis achtgrößten Militärausgaben der Welt hat. Die Ausgaben eines Staates für Entwicklungshilfe nicht als Anteil am Staatshaushalt oder in absoluten Zahlen anzugeben, sondern in Prozentzahlen des Bruttosozialprodukts – so als gäbe man die Entfernung Frankfurt-München als Prozentzahl der Entfernung der Erde vom Mond an –, dafür gibt es keinen anderen Grund als den, ihre Höhe herunterzuspielen.

Mit derartigen präzisen Prozentzahlen – 0,7 oder 1,0 – wird andererseits unterstellt, daß sie fundierte Angaben über die Kapitalbedürfnisse der Entwicklungsländer darstellen. Diese Zahlen waren Anfang der Sechziger von der UNO »vollkommen willkürlich« festgesetzt worden, und auch heute noch sind sie – so auch ein Verteidiger der Entwicklungshilfe wie Riddell – »völlig willkürlich«,[155] nur eine pseudo-präzise Umschreibung für »wir wollen *mehr*«. Berechnet man jedoch den Anteil der Entwicklungshilfe am Bruttosozial- beziehungsweise Bruttoinlandsprodukt, den Staatshaushalten oder den Importausgaben der *Empfängerländer,* wird klar, daß dies beträchtliche Summen sein können. Für die *least developed countries* macht Entwicklungshilfe etwa 9 Prozent ihres Bruttosozialprodukts aus, 3 Prozent für andere *low income countries,* für die ärmsten Subsahara-Länder bis zu 20 Prozent des Bruttosozialprodukts und 40 Prozent der Importe.[156] Der Anteil der Entwicklungshilfe an den Regierungsausgaben betrug 1970–1987 für Malawi 44 Prozent und im Senegal 42 Prozent; Tansania 34 Prozent, Kenia 23 Prozent, Kamerun 21 Prozent. Ende der Achtziger stieg der Anteil für Tansania und Malawi bis auf 70 Prozent.[157] Für Schwarzafrika insgesamt machte Entwicklungshilfe Anfang der Achtziger 17,4 Prozent der öffentlichen Ausgaben aus, pro Kopf zwischen 6,1 und 110,0 Dollar.[158] Nach Cassen deckt Entwicklungshilfe 40 Prozent der Importe dieser Region und für deren *Low-income*-Länder 50 Prozent der Investitionen, für die ölimportierenden Länder mittleren Einkommens noch 24 Prozent. In Mali werden 90 Prozent aller Investitionen durch Projekt-Entwicklungshilfe finanziert. Öffentliche Ausgaben wurden Anfang der Achtziger zu 80 Prozent in Mali mit Entwicklungshilfe bestritten, im Sudan zu 53 Prozent, Tansania 36 Prozent, Kenia 25 Prozent.[159]

All das hat wenig genützt, bestenfalls eine noch schnellere Unterentwicklung verhindert, und auch ein gut informierter und zurechnungsfähiger Beobachter könnte auf den Gedanken kommen, daß die Entwicklungshilfe selbst einer der Gründe für die progredierende Unterentwicklung ist. »Was relativ geringe Summen für die Geberländer sind, können gewaltige Summen für die Empfängerregierungen sein … um so mehr, als sie in ausländischer Währung sind. Tansania zum Beispiel ›verdient‹ doppelt soviel durch Entwicklungshilfe wie durch seine Exporte. Warum soll man Exporternten in einem heißen Klima anbauen, um dann nur einen Bruchteil ihres Werts ausgezahlt zu bekommen, wenn man nach Daressalam gehen, in einem Büro mit Klimaanlage sitzen und seine Hände durch bürokratische Intrigen auf Unsummen von Dollar legen kann? Das ist übrigens auch einer der Gründe für die Feuergefährlichkeit afrikanischer Finanzministerien: Ihre Unterlagen müssen periodisch zerstört werden. Und Entwicklungshilfe hat, vom Gesichtspunkt der Bürokratie aus, die erfreuliche Konsequenz, daß sie, je schlechter die Lage, desto nötiger ist. Entwicklungshilfe und ihre angeblichen intellektuellen und moralischen Rechtfertigungen haben einen zutiefst zerstörerischen Einfluß auf das Wirtschaftsleben Afrikas ausgeübt. Kulturelle Faktoren spielen eine gewaltige, wenngleich ungenügend anerkannte Rolle in der wirtschaftlichen Entwicklung. Entwicklungshilfe schafft eine Kultur der Erwartung und Ansprüche statt einer Kultur der Leistung und Belohnung. Entwicklungstheorien westlicher Universitäten, die den Blick auf die Verteilung des Reichtums der Welt statt auf dessen Schaffung lenken, haben dazu beigetragen, Millionen zu verarmen. Entwicklungshilfe für Afrika ist deshalb, außer aus humanitären Gründen bei Hungersnöten, nicht nur unwirksam, sie ist kontraproduktiv und zutiefst schlecht. Es gibt keine Entschuldigung für die fortdauernde Existenz dieser Schlechtigkeit.«[160]

Der Hinweis auf die internen politischen, sozialen und kulturellen Hemmnisse der Entwicklung sieht sich mit prompter Zuverlässigkeit des Ethnozentrismus, Rassismus und anderer unappetitlicher Dinge angeklagt. Zu Unrecht. Daß prinzipiell Menschen aller Kulturen zu wirtschaftlicher Entwicklung fähig sind, beweist der Erfolg nicht nur der asiatischen NICs, sondern auch so unterschiedlicher Länder wie Costa Rica, Mauritius oder Botswana,[161] der Erfolg initiativer und unternehmerischer Bürger vieler Entwicklungsländer unter widrigsten Umständen[162] sowie der Erfolg von Emigranten aus den Entwicklungsländern in den Industrieländern.

Auch wenn man das Postulat, daß alle Kulturen den gleichen Wert und gleiches Recht auf Respekt und Anerkennung haben, akzeptiert, so folgt doch daraus nicht, daß alle Kulturen in gleicher Weise wirtschaftliche Entwicklung hemmen oder fördern. Gewiß hat jedes Land das Recht, selber zu bestimmen, ob und wie es sich ökonomisch entwickeln will. Ein Recht darauf, von anderen Ländern ausgehalten zu werden, hat es nicht. Die quasi religiöse und oft vehement nationalistische Verklärung der eigenen Kultur zur unantastbaren »kulturellen Identität« hat eine Menge Schaden angerichtet, und der Hinweis auf die kulturelle Identität und deren Bedrohung durch den »Kulturimperialismus« der Industrieländer ist – neben dem Souveränitätsvorbehalt – eine der beliebtesten Notbremsen, wenn Veränderungen gefordert werden.[163] Unterstellt wird oft fälschlicherweise, die Entwicklung der Industrieländer habe sich gleichsam notwendig und organisch aus deren Kulturen ergeben, ohne wesentliche kulturelle Veränderungen, Krisen und radikale Brüche. Anders aber ist Entwicklung nicht zu haben – auch die künftige der Industrieländer nicht. Der kurrente religiöse und kulturelle Fundamentalismus will das nicht wahrhaben.

»Die Länder des Südens haben nur eine Chance, wenn wir uns ändern, wenn wir partnerschaftsfähig werden.« So beendet Eppler seinen oben zitierten *Zeit*-Artikel. Müßte es nicht vielmehr heißen »wenn *sie* sich ändern«?

Die Abschaffung von Armut und Elend in der Dritten Welt stellen sich die Edlen Seelen meist im Bild des *Teilens* vor (St. Martin): Der Reiche gibt dem Armen und stellt so einen Zustand gerechter, das heißt gleicher Güterverteilung her. Die Weltwirtschaft wird dabei als ein Nullsummenspiel gesehen: Was der eine kriegt, muß dem anderen genommen werden und umgekehrt. Deshalb scheint auch das Argument der Ausbeutung angesichts der offensichtlichen Ungleichheit des Reichtums so plausibel. In ihrer Beschreibung der vorindustriellen Gesellschaft verweist Crone auf die dort herrschende »Ansicht, daß Reichtum eine feste Größe war, die nur auf Kosten anderer zu gewinnen sei: Man konnte nicht reicher werden, ohne daß andere ärmer wurden.«[164] Bei der Vorstellung des *Human Development Report* des United Nations Development Programme wurde im April 1992 gedroht, »die armen Länder könnten es nicht hinnehmen, daß die Industrieländer ein dauerndes Anrecht auf 85 Prozent des Welt-Einkommens haben«,[165] so als ob dieses Welt-Einkommen eine von der Produktion unabhängige gegebene Größe wäre und das Problem der Entwicklung darin bestünde, von einem immer schon gebackenen Kuchen ein möglichst großes beziehungsweise »gerechtes« Stück zu erkämpfen. (Aber, das sei hier schon verraten, die Weltwirtschaft ist kein Nullsummenspiel.) Anders gesagt: Für die Edlen Seelen ist die Abschaffung von Armut und Elend identisch mit der Herstellung materieller Gleichheit zwischen Erster und Dritter Welt. Beide sind aber nicht notwendig identische Entwicklungen. Man kann sich unschwer vorstellen, daß Gleichheit hergestellt wird – aber auf dem Niveau der armen Länder der Dritten Welt, das heißt mit einer Verallgemeinerung von Hunger und Elend, nicht mit deren Abschaffung. Umgekehrt läßt sich, ohne ins Abstruse zu geraten, annehmen, daß die Dritte Welt das gegenwärtige Niveau der Ersten erreicht, diese aber währenddessen noch reicher geworden ist, die Ungleichheit also erhalten bliebe oder gar noch größer wäre. Es besteht also die Möglichkeit, daß die zwei dem Drittwelt-Diskurs zugrundeliegenden unterschiedlichen Postulate, das der Abschaffung von Armut und Elend und das der gleichen Güterverteilung (beziehungsweise des gleichen wirtschaftlichen Entwicklungsstandes), kollidieren. Und damit besteht auch die Möglichkeit, daß ein Insistieren auf Gleichheit der Realisierung des anderen Ziels, Abschaffung von Armut und Elend, abträglich ist.

Der Harvard-Ökonom Robert Reich fragte eine große Zahl von Amerikanern aus verschiedenen sozialen Gruppen, welche Zukunft besser für die USA wäre: eine, in der die US-Wirtschaft im nächsten Jahrzehnt um 25 Prozent wächst und die japanische um 75 Prozent, oder eine mit Zuwachsraten von jeweils 10 und 10,3 Prozent? In allen Gruppen (mit Ausnahme der Wirtschaftswissenschaftler) sprach sich eine Mehrheit für die zweite Option aus, die sogenannte *Beggar-thy-neighbor*-Option.[166] Übertragen wir nun die Frage auf die Relation Erste und Dritte Welt, und berücksichtigen wir dabei noch das Postulat der Gleichheit, also zum Beispiel: Welche Zukunft ist besser für die Dritte Welt, eine, in der ihre Wirtschaft im nächsten Jahrzehnt um 25 Prozent wächst und die der Ersten Welt um 75 Prozent, oder eine, in der ihre Wirtschaft um 10 Prozent wächst, die der Ersten Welt aber um 50 Prozent abnimmt? Je nachdem, welchem Postulat wir Priorität geben, würden wir uns für die eine oder die andere Entwicklung entscheiden müssen. Es ist klar, daß die zweite Variante im Verhältnis zur ersten die *Beggar-*

thy-neighbor-Option darstellt, auch wenn man sie, wie es vermutlich die Edlen Seelen tun würden, als *Beggar-thyself*-Option vertritt. Gesetzt den Fall, wir stünden vor einer solchen Alternative, wie sollten wir uns entscheiden?

Das Postulat der materiellen Gleichheit aller hat sehr alte mythische Wurzeln (wenngleich die Erweiterung des Kreises der Anspruchsberechtigten auf wildfremde Leute in der ganzen Welt eher neueren Datums ist) und war eine große mobilisierende Kraft vieler millenaristischer, messianischer und anderer religiöser und politischer Bewegungen. Der heutige Fundamentalismus wird zum Teil ebenfalls davon mitgetragen, wobei die Gleichheitsforderung oft im Zusammenhang mit Ursprungsmythen auftritt: das Urchristentum, die islamische Gesellschaft zu Lebzeiten des Propheten als Ideale der Gleichheit und Gerechtigkeit, die es wiederherzustellen gilt. Da es historisch meist nicht darum ging, unterschiedliche Level von Reichtum gleichzumachen, sondern krasse Differenzen von Armut und Reichtum, konnte das Postulat der Gleichheit leicht mit dem der Abschaffung von Armut identifiziert werden.

Wenn die These von der Ausbeutung der Dritten durch die Erste Welt nicht stimmt, also ein größerer Reichtum der Ersten Welt nicht die Ursache größerer Armut der Dritten Welt ist, dann könnte ein Insistieren auf dem Gleichheitspostulat der Abschaffung von Armut und Elend im Wege stehen. Nach Zahlen der UNCTAD (United Nations Commission for Trade and Develoment) von 1981 bewirkt ein jährliches Wachstum des Bruttosozialprodukts der Industrieländer von 3 Prozent eine entsprechende Wachstumsrate der Entwicklungsländer von 4,5 Prozent, umgekehrt ein Rückgang der Wachstumsraten der Industrieländer von 2 Prozent einen entsprechenden Rückgang in den Entwicklungsländern von 3 Prozent. »Eine Politik der Förderung steten Wachstums in den OECD-Ländern wird die Export- und Wachstumsaussichten der Entwicklungsländer erhöhen […] die Wachstumsraten der Industrieländer und der Entwicklungsländer folgen einander ziemlich genau.«[167] Wenn es andererseits stimmt, daß eine Abkopplung von der Weltwirtschaft keine stärkere Entwicklung nach sich zieht, sondern weniger, dann kann man annehmen, daß eine Zunahme des Reichtums der Industrieländer eine Verringerung der Armut der Entwicklungsländer zur Folge hat. Wer also an einer Verringerung von Armut und Elend in der Dritten Welt interessiert ist, muß deshalb nicht eine Verringerung des Reichtums der Ersten Welt fordern. Eine Verringerung der Armut durch eine Vergrößerung unseres Reichtums mag eine moralisch mißliche Formel sein, ökonomisch macht sie auf alle Fälle mehr Sinn als die von der Verringerung der Armut durch eine Verringerung unseres Reichtums.[168]

AUSBEUTUNG DURCH VERSCHULDUNG

Die Verschuldung der Dritten Welt stellt gegenwärtig wohl das populärste Beispiel für die Ausbeutung der Dritten Welt durch die Erste dar; jährliche »Nettotransfers« von 30 oder 40 Milliarden Dollar aus den armen in die reichen Länder – was könnte Ausbeutung sinnfälliger demonstrieren? Daß die Schuldenkrise eines der wichtigsten Probleme vieler Entwicklungsländer und der Weltwirtschaft insgesamt ist und viele Entwicklungsländer seit etwa 1983 mehr Schuldendienstzahlungen leisten, als sie an neuen Krediten erhalten, wird meines Wissens von niemandem bestritten. Der Rest ist umstritten, und wer einmal in diesem Zahlen-Ameisenhaufen gestochert hat, wird sich darüber nicht wundern.

Die weitverbreitete Vorstellung, die Schuldenkrise habe ihren Grund in der Armut der Dritten Welt (also etwa in der Unfähigkeit der ärmsten Länder, Kredite für Nahrungsmittel und andere überlebensnotwendige Güter zurückzuzahlen), ist allenfalls bedingt richtig. Zwar finden sich einige der ärmsten Länder wie die Subsahara-Staaten auf der Liste der hochverschuldeten Länder, aber diese haben doch nur einen Anteil von 11 Prozent an der Gesamtverschuldung der Dritten Welt (und sie sind nur zu 17 Prozent bei privaten Banken verschuldet, was das Hauptproblem darstellt), erhalten aber über ein Drittel aller Entwicklungshilfe. Der Schuldendienst auf die Gesamtverschuldung der Region von 164 Milliarden Dollar macht jährlich zirka 7 Prozent aus.[169] Auch im Fall der Schuldenkrise zeigt sich, wie problematisch der Begriff »Dritte Welt« oder »Süden« ist beziehungsweise wie heterogen die darunter gefaßten Länder sind. Die Entwicklungsländer sind nach Höhe, Art und Ursache der Schulden sehr unterschiedlich von dieser Krise betroffen, und gerade einige der reichsten Entwicklungsländer sind am höchsten verschuldet.

Der Anlaß für die Verschuldung waren denn auch nicht Armut und Geldmangel, sondern ein Überfluß an Geld. 1973 gelang es der OPEC, die Ölpreise in die Höhe zu treiben und damit eine der größten Umverteilungen von Reichtum in der Weltgeschichte auszulösen. Diese Petrodollars und der Dollar-Überhang auf dem Eurodollar-Markt sowie die inflationäre Geldpolitik überall auf der Welt ließen in den siebziger Jahren die Geldreserven der großen westlichen Privatbanken anschwellen. Durch die von der Ölkrise ausgelöste Rezession in den Industrieländern fielen die traditionellen Kreditnehmer dieser Banken aus, und zugleich ermunterte das Beispiel der OPEC viele Entwicklungsländer zur Absage an die Multis und ausländische Investoren: autonome, durch Schulden finanzierte Industrialisierung war das Programm. Die ölimportierenden Entwicklungsländer bezahlten die OPEC-Preiserhöhungen von 1973 bis 1982 mit 260 Milliarden Dollar (335 Milliarden, wenn man Zinszahlungen hinzurechnet), mehr als die Hälfte ihrer 482 Milliarden Dollar Gesamtschulden, so daß die westlichen Banken also der OPEC Markt und Preise sichern halfen.[170]

So begannen die Banker der Industrieländer in die Dritte Welt auszuschwärmen, um ihre Gelder profitlich anzulegen – allerdings durchaus nicht in alle Entwicklungsländer, sondern in die kreditwürdigsten, das heißt die relativ entwickeltsten und rohstoffreichsten wie Mexiko und Brasilien, Argentinien und Nigeria (wobei also auch Ölexporteure mit *windfall-profits* sich verschuldeten!). Immer mehr Banken beteiligten sich, immer mehr Länder galten als kreditwürdig (zum Beispiel Zaire), und die Kredite wurden größer und riskanter. Wenn die Frage, warum die Banken derart riskante Kredite vergaben, sich einigermaßen erklären läßt durch die schiere Not, das viele Geld gewinnbringend loszuwerden, Raffgier (je riskanter ein Kredit, desto höher die Zinsen), Lemmingseffekt und historisches Desinteresse (»nations never go bankrupt« erklärte einer der führenden US-Banker), so fällt die Antwort auf die Frage, warum die verschuldeten Länder diese Kredite zurückzuzahlen versuchen oder zumindest so tun, erheblich schwerer. Denn die Schulden der Entwicklungsländer sind zum größten Teil Schulden von Staaten: *Sovereign debt*. Es nützt da nichts, die Gerichte zu bemühen[171] oder dem Säumigen zur Mahnung einige rüstige junge Männer ins Haus zu schicken; auch der im 19. Jahrhundert noch erfolgreiche Einsatz von Kanonenbooten verbietet sich heute. Wie Lindert gezeigt hat, gibt es zudem für das Schuldnerland einen Anreiz, seinen Schuldendienst dann einzustellen, wenn die Zahlungen dafür größer werden als die neuen Kredite, die es erhält.

Die Geschichte des Verhältnisses von Banken und Staaten seit der Renaissance ist voller Spannungen; es kam wiederholt zu – auch internationalen – Schuldenkrisen, und etliche Länder haben schon mehrfach den Offenbarungseid geleistet (zum Beispiel Argentinien sechsmal, Guatemala zwölfmal …). Ein Staat kann also weder zum Schuldendienst gezwungen werden, noch schadet ihm nach bisherigen historischen Erfahrungen eine Insolvenzerklärung langfristig bei späteren Kreditvergaben. Entgegen dem oft entworfenen Bild von den verschuldeten Entwicklungsländern als armen, machtlosen Opfern, die der geballten Macht und den Pressionen von Großbanken, internationalen Organisationen und Regierungen ausgesetzt sind, ist also auf die durchaus nicht so ungünstige Verhandlungsbasis der verschuldeten Länder hinzuweisen. Um das Gläubiger-Druckmittel der Suspendierung von Handelskrediten für den Import zu umgehen, erhöhten die Schuldnerländer der Dritten Welt ihre Devisenreserven 1984 um 22 Milliarden Dollar; die 7 größten Schuldner sammelten zwischen 1982 und 1984 16 Milliarden Dollar dafür an.[172] Die Position der Schuldnerländer ist um so günstiger, je verschuldeter sie sind. Und die abrupte und unverhüllte Insolvenzerklärung eines hochverschuldeten Landes – wie sie Mexiko androhte – kann eine Weltfinanzkrise auslösen. Gründe genug, zumindest die hochverschuldeten Entwicklungsländer pfleglich zu behandeln. Die These, daß Länder wie Brasilien und Mexiko nicht etwa in die Schuldenkrise geschlittert, sondern planvoll und entschlossen in sie hineinmarschiert seien, ist nicht unplausibel,[173] zumal wenn man bedenkt, daß die Leute, die von den Krediten profitieren und diejenigen, zu deren Lasten die Rückzahlung dieser Kredite geht, nicht unbedingt dieselben sein müssen.

Bei Ausbruch der Schuldenkrise 1982 betrug die Gesamtverschuldung der Entwicklungsländer 753 Milliarden Dollar, 1987 bereits über eine Billion und gegenwärtig sind es über 1,3 Billionen (inklusive der osteuropäischen Schulden). Darin sind aber auch die Schulden von sogenannten unproblematischen (21 Prozent) und mäßig verschuldeten Ländern (26 Prozent; Zahlen von 1988) enthalten; die Summierung *aller* Entwicklungsländer-Schulden gibt also ein verzerrtes Bild, insofern sie Schulden enthält, die ohne »Schuldenkrise« gar nicht als problematisch wahrgenommen worden wären. Denn Schulden zu haben ist auch für ein Entwicklungsland nicht notwendig ein Problem. Die Vorstellung, daß Kredite zu kommerziellen Bedingungen (für die regelmäßig Schuldendienstzahlungen geleistet werden müssen, so daß irgendwann einmal deren Höhe die des ursprünglich gewährten Kredits übersteigt) schon an sich gegen die Interessen der Entwicklungsländer sind und letztendlich zu Ausbeutung und Verarmung führen, ist nicht richtig. Obwohl sich der internationale Kreditverkehr *(sovereign debt)* in wichtigen Punkten vom nationalen unterscheidet, gibt es doch wesentliche Gemeinsamkeiten – unter anderem die, daß ein produktiv investierter Kredit in der Regel mehr einbringt, als er kostet. Schuldner wie Gläubiger sind nach erfolgreichem Abschluß des Kreditgeschäfts reicher als vorher – das beweist (und ermöglicht) etwa der unbeirrt fortwesende, real existierende Kapitalismus. Damit dieses für beide Seiten erfreuliche Resultat sich auch bei Auslandskrediten einstellt, sind folgende Voraussetzungen unerläßlich: Auslandskredite dürfen nicht der Konsumtion, sondern müssen der Investition dienen, und diese müssen höhere Profite erbringen als die realen Zinsen; weiterhin – und hier liegt die entscheidende Differenz zu Inlandskrediten – müssen die Investitionen direkt oder indirekt der Steigerung der Exporte und/oder der Verringerung der Importe zugute kommen, um die für die Zahlung der Auslandsschulden nötigen Devisen zu verdienen.[174] Diese Devisen muß die Regierung vom Exportsektor kaufen und die dafür nötigen zusätzlichen Geldsummen durch höhere Steuereinnahmen erhalten, nicht durch Haushaltsdefizite, die mittels inflationärer Geldschöpfung gedeckt werden, wie dies in so vielen lateinamerikanischen Ländern geschah.[175] Dabei »hängt die Fähigkeit, einen ausreichend hohen Exportüberschuß zu schaffen, von den Operationen aller Sektoren gemeinsam ab, nicht einfach nur vom Gebrauch des ausländischen Kapitals allein, […] ein durch Auslandskredite finanziertes Projekt muß nicht selbst einen direkten Beitrag zur Handelsbilanz leisten«.[176]

Sind die oben genannten Bedingungen erfüllt, ist es auch möglich, daß ein Entwicklungsland schließlich negative Kapitalflüsse hat, also zu einem »reifen Schuldner« wird, mit anderen Worten mehr Schuldendienst leistet, als es an neuen Krediten erhält, ohne daß dies zu Problemen oder gar Verarmung führt.[177] Auch Auslandskredite zu kommerziellen Bedingungen können mithin die wirtschaftliche Entwicklung eines Landes über das Maß dessen hinaus fördern, was mit einheimischem Kapital (Ersparnissen) finanzierbar ist[178] – das ist theoretisch wie empirisch wiederholt bewiesen worden. Indonesien ist ein armes Entwicklungsland mit hohen Schulden mal über, mal unter der kritischen Grenze zum *severely indebted low income country* –, das die ausländischen Gelder im allgemeinen produktiv investiert hat und trotz hoher Schuldenlasten überdurchschnittliche Zuwachsraten aufweisen kann. Malaysia ist, in Relation zum Bruttoinlandsprodukt, etwa ebenso hoch verschuldet wie Mexiko[179], ohne daß dies seine beeindruckende Entwicklung behindert hätte. Noch überzeugender sind die Beispiele Südkoreas und Taiwans: War Taiwan noch 1981 der neuntgrößte Dritte-Welt-Schuldner, wurde es 1987, nachdem es innerhalb weniger Jahre diese Schulden abbezahlt hatte, zum Netto-Gläubiger-Land. Die Pro-Kopf-Verschuldung Südkoreas war 1981 die höchste aller Entwicklungsländer,[180] aber es erlebte keine Schuldenkrise, obgleich das Pro-Kopf-Einkommen damals nicht höher lag als das der großen lateinamerikanischen Schuldnerländer. 1986 hatte das Land eine höhere Relation von Schuldendienst zu Bruttoinlandsprodukt (7,6 Prozent) als Mexiko (7,2 Prozent), Venezuela (6,5 Prozent) oder Brasilien (3,1 Prozent)[181] und ist noch heute erheblich verschuldet,[182] ohne daß dies die rasante wirtschaftliche Entwicklung und den zunehmenden Wohlstand seiner Bürger oder pünktliche Schuldendienstzahlungen verhindert hätte. Es gibt also zahlreiche Schuldnerländer der Dritten Welt, »für die der Rückgriff auf Auslandskredite nicht in eine Krise geführt hat [...] und bei deren wirtschaftlichem Entwicklungsprozeß ausländisches Kapital eine bedeutende Rolle spielt«.[183]

Und die anderen? Die anderen benutzten die Kredite »natürlich zum großen Teil keineswegs zur Finanzierung von Investitionen«, sondern für »Konsumtion und Kapitalflucht«.[184] Im *World Development Report* der Weltbank heißt es dazu: »Die Schuldenkrise beweist die Kosten des Mißbrauchs von Kapitaltransfers.«[185] Für *diese* Entwicklungsländer sind die Schulden(dienstzahlungen) zu einem erheblichen Problem geworden: Sie sind hochverschuldet *(severely indebted)* nach den Kriterien von Weltbank und Internationalem Währungsfonds, wenn die Gesamtschulden mehr als 100 Prozent der Exporteinnahmen ausmachen (beziehungsweise 275 Prozent bei den *middle income countries)*[186] und mehr als 50 Prozent des Bruttoinlandsprodukts, wenn der fällige Schuldendienst 30 Prozent der Exporteinnahmen und die fälligen Zinsen 20 Prozent übersteigen. Sind diese Grenzdaten in mindestens drei Punkten überschritten, wird das Land als SIMIC *(severely indebted middle income country)* oder SILIC *(severely indebted low income country)* klassifiziert. Gegenwärtig fallen 20 Entwicklungsländer unter die Kategorie SIMIC (davon 12 lateinamerikanische und 3 afrikanische) und 26 unter die SILIC-Kategorie (davon 24 afrikanische). Ein Drittel der Schulden der Entwicklungsländer entfällt auf Lateinamerika: 10 Prozent der Gesamtbevölkerung der Entwicklungsländer. Diese 46 »hochverschuldeten« Länder machen weniger als ein Drittel aller Schuldnerländer aus[187] und weitaus weniger als ein Drittel der Bevölkerung der Dritten Welt: Nach Angaben des *World Development Report* beträgt die Bevölkerungszahl der hochverschuldeten Entwicklungsländer 554,3 Millionen, die der Entwicklungsländer niedrigen und mittleren Einkommens insgesamt 4 052,8 Millionen. Und nur etwa die Hälfte der Gesamtschulden der Entwicklungsländer sind Problemschulden.[188]

Die Schulden*krise* als Problem aller Länder und aller Menschen der Dritten Welt und in der Höhe der Gesamtverschuldung aller Schuldnerländer (1990: 1,34 Billionen Dollar laut Weltbank, 1,45 Billionen laut OECD) zu diskutieren, scheint mir unangemessen. Die Daten für die Länder des Debtor Reporting System der Weltbank (der am detailliertesten dokumentierten Gruppe: 107 der 152 Länder, mit einem Schuldenanteil von 90 Prozent) zeigen, daß die Entwicklungsländer insgesamt nicht »hochverschuldet« sind (nur die Zahlen für das Verhältnis Gesamtschulden/Exporteinnahmen liegen weit über der 100-Prozent-Marke); Gesamtschulden/Bruttoinlandsprodukt 43,8 Prozent; Schuldendienst/Exporteinnahmen 21,1 Prozent; Zinsen/Exporteinnahmen 9,8 Prozent; auch für die SIMICs und die SILICs insgesamt liegen 1990 die Zahlen für das Verhältnis Schuldendienst und Zinszahlungen zum Exporteinkommen unter den Grenzwerten.[189]

Bei Ausbruch der Schuldenkrise lagen – im historischen Vergleich – keine außergewöhnlichen Verschuldungszahlen vor;[190] sie entsprachen denen der früheren Entwicklungsländer Kanada, Australien, USA vor etwa 100 Jahren. Brasilien oder Chile sind heute nach dem Kriterium des Pro-Kopf-Einkommens so reich wie die USA um 1920.[191] Die Verschuldung Kanadas betrug Anfang dieses Jahrhunderts im Verhältnis zu den Exporten 8:1, im Fall Brasiliens und Mexikos war das Verhältnis zu Beginn der achtziger Jahre 3:1.[192] Der Verschuldungsgrad für sich genommen hätte also zu Beginn der achtziger Jahre keineswegs zu einer Krise führen müssen, wären da nicht die externen Auslöser gewesen (Weltwirtschaftsrezession, Ansteigen der Zinsraten, Fall der Rohstoffpreise) sowie die folgende abrupte Reduzierung der privaten Kredite. Vor allem aber hatten die *interne* Verwendung der Kredite in den Schuldnerländern und deren Wirtschafts- und Steuerpolitik nicht die Grundlagen für einen problemlosen Schuldendienst geschaffen.

Sowohl vor wie nach der von ihnen ausgelösten Schuldenkrise erhielten die lateinamerikanischen Schuldnerländer den Hauptanteil der privaten Kredite: 1980 betrug der Anteil der Schulden gegenüber privaten Gläubigern 82,3 Prozent, 1989 71,3 Prozent – in beiden Jahren weit über dem Durchschnitt aller anderen Entwicklungsländer. Die Banken nutzten in den siebziger und achtziger Jahren also keineswegs eine Notsituation armer Länder aus, um sie in die *Schuldknechtschaft* zu zwingen: deren Wirtschaften expandierten (3,5 Prozent und mehr pro Jahr), die Exporte boomten, die Rohstoffpreise stiegen bei günstigen Terms of Trade, die Zinssätze waren bis 1978 niedrig, und die fälligen Schuldendienstzahlungen konnten aus neuen Krediten geleistet werden, so daß bis keine negativen Nettotransfers stattfanden – und auch danach nicht kontinuierlich. Die notorischen Hauptschuldnerländer Argentinien, Brasilien und Mexiko brachten es 1985 zusammen mit Chile und Venezuela auf fast ein Drittel der Gesamtschulden aller Entwicklungsländer. Das Zentrum des Schuldenproblems lag damit bei einigen der reichsten Entwicklungsländer: betrug das Bruttosozialprodukt pro Kopf in Chile 1.700 Dollar, Brasilien 1.720, Mexiko 2.040,

Argentinien 2.230 und Venezuela 3.410 (Südkorea: 2.110). Man vergleiche diese Zahlen mit den entsprechenden für die VR China: 310 Dollar, Indien 260, Bangladesch 130. Die 36 ärmsten Länder Asiens und Afrikas hatten ein Bruttosozialprodukt pro Kopf von durchschnittlich 260 Dollar.

Aber 1982 erklärte Mexiko, daß es den vertraglichen Schuldendienst nicht mehr leisten könne, und das Fest war zu Ende. Die Schuldenkrise begann. »Die Schuldenkrise 1982 kam ironischerweise am Ende einer Periode, in der die mexikanische Wirtschaft eine außergewöhnliche Chance zu hohem und stabilem Wachstum gehabt hatte. Während der Jahre 1977 bis 1982 waren die Terms of Trade sehr günstig für Mexiko, und das Land war durch die Entdeckung enormen Ölreichtums begünstigt. Die Lopez-Portillo-Regierung verspielte diese Vorteile leichtfertig durch eine anhaltende und außergewöhnliche Erhöhung öffentlicher Ausgaben [...] Die übermäßig schnelle Ansammlung von Auslandsschulden durch die Lopez-Portillo-Regierung hätte der Wirtschaft keine dauernden Schäden zugefügt, wenn die Gelder zur Finanzierung effizienter Investitionen benutzt worden wären. Das war leider nicht der Fall [...] zwischen 38 und 53 Prozent der in dem fraglichen Zeitraum angesammelten Schulden dienten der Finanzierung von Kapitalflucht. Ein erheblicher Teil des Rests diente höherer Konsumtion und Investition im öffentlichen Sektor.«[193] Die beiden Autoren bezweifeln, daß eine wesentliche Erweiterung produktiver Kapazitäten stattgefunden hat. Die Kreditaufnahme von 59,7 Milliarden Dollar der Lopez-Portillo-Jahre habe »bemerkenswert wenig« bewirkt.

Im August 1982 legt Silva Herzog, Mexikos Finanzminister, seinem amerikanischen Kollegen Donald Regan die Situation Mexikos dar. Regans Kommentar: »Sie haben da wirklich ein Problem.« Darauf Silva Herzog: »Nein, Mr. Secretary, *wir* haben da ein Problem.«[194] Regan schloß sich dem Argument seines Kollegen an, und es begann die erste von zahlreichen Umschuldungsverhandlungen in den folgenden Jahren. Bei Sampson findet sich die Maxime, die der brasilianische Wirtschaftswissenschaftler Celso Ming 1980 – wohl auch mit einem Auge auf sein eigenes Land – formuliert hatte: »Wenn ich eine Million Dollar Schulden habe, bin ich verloren. Aber wenn ich 50 Milliarden Dollar

Schulden habe, sind die Banker verloren.« Mexiko hatte über 80 Milliarden Schulden, und die Regierung der USA kümmerte sich darum, daß die Banker nicht verloren waren, was außerdem eine internationale Finanzkrise hätte auslösen können.

Die Umschuldung im Fall Mexikos wurde dann zum Modell für die meisten Umschuldungen (für etwa 50 Länder bis 1990 in über 120 Fällen gegenüber öffentlichen und in etwa derselben Höhe gegenüber privaten Gläubigern). Zwischen Januar 1980 und September 1988 wurden fast 500 Milliarden Dollar umgeschuldet, etwa die Hälfte der Gesamtschulden. Die neuen Kredite der Banken enthalten ein »Element der Liberalität«, das heißt die Banken gewähren – wie die öffentlichen Kreditgeber – den Entwicklungsländern Kredite zu günstigeren als den Marktbedingungen.[195] Es ist also keineswegs so, daß die Gläubigerbanken der Ersten Welt »gnadenlos« Zins und Zinseszins einfordern könnten – dazu haben sie eben gar keine ausreichend starke Verhandlungsposition. Der Internationale Währungsfonds (IWF) und die Regierungen der Gläubigerländer (»Paris Club«) agieren dabei wie eine Weltzentralbank und zwingen gleichzeitig die privaten Banken, die sich für die Schuldenverhandlungen im »London Club« zusammengefunden haben, zu erneuten Krediten. Wenn sich die Auslandsschulden der Entwicklungsländer von 1982 bis heute fast verdoppelten, so zeigt das unter anderem, daß auch weiterhin private und öffentliche Kredite in stattlicher Höhe aus der Ersten in die Dritte Welt geflossen sind.

Es ist nicht zu leugnen, daß die Banken besser weggekommen sind, als sie es auf Grund ihrer unbedachten Kreditpolitik verdient hätten: einige derbe Kopfnüsse der unsichtbaren Hand wären sicher angebracht gewesen. Die Verluste der Banken wurden 1990 immerhin auf über 100 Milliarden Dollar geschätzt und die Kredite an die Entwicklungsländer als »der größte Fehler der kommerziellen Banken in der Geschichte«. Die Banken haben vor allem in den siebziger Jahren sehr gut verdient und sind heute nicht mehr in riskanter Weise exponiert. Die Schulden der Entwicklungsländer bei den privaten Banken verwandeln sich zunehmend in »weiche« Schulden gegenüber multilateralen und anderen öffentlichen Gläubigern: eine Art Sozialisierung der privaten Schulden »auf Kosten« der Industrieländer. Susan George schätzt, daß die

Steuerzahler der Ersten Welt den Banken 44 bis 50 Milliarden Dollar zur Sicherung ihrer Kredite für die Dritte Welt bereitstellen.[196]

Mit den Begriffen »Ressourcentransfer« oder »negativer Nettotransfer« wird bei der Diskussion der Schuldenkrise vor allem in den Medien ein Sachverhalt als skandalös kritisiert, der zunächst einmal als eher normal zu qualifizieren ist: daß nämlich jemand – oder auch ein Land – seinen bei der Kreditaufnahme eingegangenen vertraglichen Verpflichtungen (Amortisation und Zinsen) nachkommt – zumindest teilweise, denn mehr wird mittlerweile in den meisten Fällen ohnehin nicht erwartet. Den Edlen Seelen freilich ist das nicht geheuer: »Zins und Zinseszins« werden wahlweise »gnadenlos«, »eiskalt« oder »knallhart« von den Banken eingetrieben. Die aus mittelalterlichen Zeiten stammende Ansicht von der Sündhaftigkeit solchen Tuns ist in bäuerlichen und kleinbürgerlichen Kreisen zäh bewahrt worden und spielt heute noch in der populistischen, antisemitischen und Drittwelt-Propaganda eine Rolle.

Lopez Portillo, Präsident Mexikos bis Dezember 1982, der sich mittlerweile nach Rom abgesetzt hat mit, wie aus gut unterrichteten Kreisen verlautet, über einer Milliarde Dollar,[197] hielt kurz nach Ausbruch der Schuldenkrise eine Rede vor dem mexikanischen Parlament – die westlichen Banken und den IWF im Visier: »Die finanzielle Pest richtet weltweit immer größeres Unheil an. Wie im Mittelalter verheert sie ein Land nach dem anderen. Sie wird durch Ratten übertragen, und ihre Konsequenzen sind Arbeitslosigkeit und Armut, industrieller Bankrott und spekulative Bereicherung. Das Heilmittel der Medizinmänner besteht darin, dem Patienten die Nahrung zu entziehen und ihn zur Ruhe zu zwingen. Wer protestiert, wird verstoßen, und wer überlebt, bezeugt seinen Wert vor den Doktoren eines obsoleten und blinden hegemonialen Egoismus.«[198] Hoffen wir, daß Portillo nun in Rom ist, um Buße zu tun – wegen spekulativer Bereicherung und Egoismus. Sein Nachfolger, Miguel de la Madrid, versprach sofort bei seinem Amtsantritt »moralische Erneuerung« und forderte die Nation auf, den »Gürtel enger zu schnallen«. Kaum war das gesagt, wurde in den USA enthüllt, daß er allein im Jahre 1983 mindestens 162 Millionen Dollar auf sein Schweizer Bankkonto transferiert hatte (die *New York Times* bestätigte die Geschichte später).[199] – In Mexiko wie in vielen anderen Entwicklungsländern benutzen die korrupten Eliten die von ihnen mitverschuldete Armut, um auf die Erste Welt einzuteufeln, sie für alles Elend verantwortlich zu machen und moralisch einzuschüchtern.

Die Entwicklungsländer insgesamt haben in den siebziger Jahren und bis 1982 keinen negativen Nettotransfer gehabt, das heißt die neuen Kredite waren immer höher als die Zahlungen für den Schuldendienst. 1982 oder 1983 oder 1984 (je nach Autor) beginnen die (Netto-)Kapitaltransfers von den Industrie- in die Entwicklungsländer sich umzukehren, die Entwicklungsländer überweisen nun mehr Kapital in die Industrieländer, als sie von dort erhalten, wobei die Zahlenangaben schwanken zwischen 50, 40, 30 Milliarden im Jahr und weniger. 1989 war, nach einigen Autoren, das Jahr mit dem höchsten negativen Nettotransfer von 51 Milliarden; davon waren aber nur 32 von hochverschuldeten Ländern, die restlichen 9 und 10 von mäßig verschuldeten beziehungsweise Ländern ohne Problemschulden. Zur Beurteilung dieser negativen Nettotransfers ist es sinnvoll, die rein schuldenbezogenen Kapitalflüsse zwischen Industrieländern und Entwicklungsländern von den Gesamtkapitalflüssen (also inklusive Entwicklungshilfe, ausländische Investitionen usw.) zu unterscheiden; denn es ist häufig der Fall, daß ein Land zwar einen schuldenbezogenen negativen *Nettotransfer,* insgesamt aber einen positiven *Nettoressourcentransfer*[200] aufweist.

In dem Jahrzehnt 1980 bis 1990 leisteten die Schuldnerländer der Dritten Welt Schuldendienstzahlungen für ihre langfristigen Kredite (das heißt mit einer Laufzeit von über einem Jahr) von über 1,0 Billionen, und zugleich stieg die langfristige Schuldenlast auf zirka 1,0 Billionen durch sich anhäufende Rückstände beim Schuldendienst und da ein großer Teil der Rückzahlungen über neue Kredite vorgenommen wurde, das heißt über »Papier-›Umschuldungen‹, bei denen sich die Gläubiger im Grunde kurzfristig selber bezahlen und die Schuldenlast weiter ansteigt«.[201] Von 1970 bis 1989 wuchsen die Auslandsschulden der Entwicklungsländer von 68,4 Milliarden auf 1.283,0 Milliarden, eine Zunahme um 1.846 Prozent; die Schuldendienstzahlungen stiegen von 11 Milliarden auf 159 Milliarden (1.400 Prozent).[202] Todaro erstellt nach Weltbank-Angaben folgende Tabelle der Nettotransfers (bei langfristigen Krediten, in Klammern die Schuldendienstzahlungen/brutto):[203]

1981: −35,2 Milliarden (89,1)
1982: +17,8 Milliarden (98,7)
1983: +7,1 Milliarden (92,1)
1984: −7,3 Milliarden (99,7)
1985: −20,8 Milliarden (109,5)
1986: −30,7 Milliarden (116,4)
1987: −29,0 Milliarden (119,0).

Nur die (Brutto-)Schuldendienstzahlungen der Entwicklungsländer anzuführen, bedeutet also eine Übertreibung der realen Belastung der Schuldnerländer. Der *Human Development Report* 1992 gibt folgende Zahlen für die Nettotransfers (langfristige Kredite) von 1972 bis 1990: für die 11 Jahre von 1972 bis 1982 ergibt sich ein jährlicher durchschnittlicher Nettotransfer von 21,0 Milliarden, also etwa 230 Milliarden; für die 8 Jahre von 1983 bis 1990 ein negativer Nettotransfer von jährlich −21,5 Milliarden, also etwa −170 Milliarden. Ein Überblick über die letzten 20 Jahre ergibt also hier keine Kapitalflüsse, die den Wohlstand der Industrieländer begründen helfen könnten.[204]

Betrachtet man die Nettoressourcentransfers, zeigt sich eine weitere Verringerung der aktuellen Belastung.[205] Für die 107 Länder des Debtor Reporting System, also zirka 90 Prozent der Schulden, betragen sie 1984 (das erste Jahr mit negativem Transfer) −0,9 Milliarden, 1985: −7,4, 1986: −9,9, 1987: −16,7, 1988: −9,4, 1989: −1,0; der Nettoressourcentransfer in Prozent des Bruttoinlandsprodukts beträgt dabei durchschnittlich 0,37 Prozent im Jahr.[206] Todaro gibt ein Sinken der Pro-Kopf-Konsumtion für die 17 höchstverschuldeten Länder für die Jahre 1980 bis 1987 von 1,6 Prozent an.[207] Differenziert man nach Regionen, zeigt sich jedoch, daß der negative Ressourcentransfer nicht in den ärmsten Regionen der Dritten Welt (Subsahara-Afrika und Südasien) stattfand, sondern vor allem in Lateinamerika und Europa/Mittelmeerraum; im Fall Lateinamerikas findet mittlerweile wieder ein positiver Nettoressourcentransfer statt. Für alle fünf Regionen ergibt sich für den Zeitraum 1980 bis 1989, nimmt man die bei Sangmeister[208] angeführten Zahlen als Durchschnittszahlen, ein Nettoressourcentransfer von Null – negative

Transfers in einigen Regionen wurden durch positive in anderen Regionen ausgeglichen. Anderen Berechnungen zufolge hat sich der Ressourcentransfer von Nord nach Süd in den achtziger Jahren zwar verschlechtert, es fanden jedoch keine globalen *negativen* Ressourcentransfers statt: »Während im Jahresdurchschnitt 1980 bis 1984 noch 32,7 Milliarden US-Dollar netto transferiert wurden, hatte sich im Zeitraum 1985 bis 1989 der entsprechende Betrag auf 9,7 Milliarden US-Dollar jährlich verschlechtert«. Auch der Bericht zur Vierten UN-Entwicklungsdekade (1990) beklagt »rückläufige«, nicht negative »Ressourcenströme«.[209]

Die Wachstumsraten des Bruttoinlandsprodukts betragen im selben Zeitraum (1980 bis 1989) für die Entwicklungsländer insgesamt 4,4 Prozent im Jahresdurchschnitt, für Afrika (Subsahara) jedoch nur ein Prozent und Lateinamerika 1,6 Prozent; die Pro-Kopf-Zahlen sind für diese Regionen negativ: −2,2 und −0,6 Prozent (Entwicklungsländer insgesamt: 2,3 Prozent).[210] Dafür ist die Schuldenkrise vermutlich mitverantwortlich – einen hinreichenden Grund für die desolate wirtschaftliche Lage so vieler Entwicklungsländer bietet sie nicht. »[...] die wirklichen Gründe für Armut und Entbehrung liegen tief in der nationalen Politik der Entwicklungsländer. Verbesserungen der äußeren Bedingungen können von großer Hilfe sein, aber sie können Reformen im Innern nicht ersetzen«, heißt es im *Human Development Report*.[211]

Wer den negativen Nettotransfer beklagt, vergißt meist zu fragen, was eigentlich aus den Hunderten von Milliarden Dollar geworden ist, die vorher als positiver Transfer in die Entwicklungsländer geflossen sind. Ein »grotesker Tatbestand« ist für Hans J. Petersen der negative Transfer angesichts der »entwicklungspolitischen Grundforderung, den wirtschaftlichen Fortschritt der Dritten Welt [...] nachhaltig durch kräftige Finanzhilfen zu unterstützen«.[212] Daß diese kräftigen Finanzhilfen 10 Jahre lang gewährt worden waren, ohne daß es *dadurch* zu nennenswerten wirtschaftlichen Fortschritten in den meisten hochverschuldeten Ländern gekommen ist, macht Petersen nicht irre – Grundforderung ist Grundforderung. Findet also eine Ausplünderung der Dritten Welt durch die negativen Nettotransfers statt? Solange die Tatsache, daß die Erste Welt insgesamt mehr gegeben hat und gibt, als sie zurückbekommt, keine Ausplünderung darstellt und Zinszahlungen ebenfalls nicht, kann man die Frage negativ beantworten. »Ausplünderung« charakterisiert den Sachverhalt etwa ebenso erhellend wie die Feststellung, daß Eigentum Diebstahl ist. Und die Annahme, Entwicklungsländer hätten so viele Schulden, weil sie so arm sind, ist ebenso unzureichend wie die, Entwicklungsländer seien so arm, weil sie ihre Schulden bezahlen müssen.

Interessant bleibt aber weiterhin die Frage, was eigentlich aus all dem Geld geworden ist, das nun als Schuldenlast von 1,3 Billionen auf die Entwicklungsländer drückt. Ich beschränke mich dabei wieder auf die lateinamerikanischen Länder. Als Hauptgrund der Verschuldung sieht Rüdiger Dornbusch »die außergewöhnlich miserable makroökonomische Politik in praktisch jedem lateinamerikanischen Land«.[213] Zu nennen wären etwa die chronischen und hohen Haushaltsdefizite, eine überbewertete Währung, eine export- und vor allem landwirtschaftsfeindliche Wirtschaftspolitik, steigende Inflations- und fallende Sparraten. Die hohen Haushaltsdefizite verweisen auf eines der zentralen Probleme der fraglichen Länder: ihre verfehlte oder gar nicht erst existierende Steuerpolitik. Die Regierungen konnten oder wollten die wirtschaftlichen Eliten nicht besteuern; oft verhinderten mächtige Gruppen mit hohen Einkommen und Reichtum die notwendigen Steuervorlagen oder -reformen. »Man fragt sich, warum die Regierungen eigentlich alles können außer Steuerreformen.«[214] Die Haltung linker wie rechter bolivianischer Regierungen fassen Morales und Sachs so zusammen: »Let the foreigners pay!« So finanzierte ein Großteil der Schulden eine aufgeblähte und nicht sehr effiziente Bürokratie sowie den öffentlichen Sektor insgesamt, wobei die Staatsbetriebe besonders negativ zu Buche schlugen. Soweit die Gelder überhaupt produktiv investiert wurden, gingen sie oft in große Prestigeobjekte, die zudem die beste und bequemste Gelegenheit zur Selbstbedienung für die einheimischen Kleptokraten boten.

Die Ausweitung des *staatlichen* Bereichs in den siebziger Jahren – bei ineffizienter Verwaltung und machtloser Justiz – erfolgte eben in der Verfolgung *privater* Interessen des kleptokratischen Patronagesystems der betreffenden Länder, egal ob unter einer Militärjunta oder einer demokratischen Regierung.[215] Das zeigt auch die Übernahme der privaten Auslandsschulden durch den Staat ab 1982: In einem Land nach dem anderen übernahmen die Regierungen die privaten Schulden oder erleichterten den privaten Firmen die Schuldenzahlungen. »Diese ›Sozialisierung‹ der privaten Schulden führte zu einem erheblichen Anwachsen der öffentlichen Auslandsschulden des jeweiligen Landes.« (In Argentinien betrug 1980 der Anteil des öffentlichen Sektors an den Auslandsschulden etwa 50 Prozent, 1985 aber 82 Prozent.)[216]

Zum Problem der *Kapitalflucht* gibt es unter den Fachleuten keine vollständige Einigkeit hinsichtlich der sie bedingenden Faktoren, ihrer Mechanismen und Bewertung, Einigkeit aber besteht darin, daß ein großer Teil der eingeflossenen privaten und öffentlichen Kredite Kapitalflucht finanzierte, das heißt wieder im Ausland landete, sei es in der Form von privaten wie staatlichen Bankguthaben, sei es in Immobilien oder Anteilen an westlichen Unternehmen. 1981, ein Jahr vor Ausbruch der Krise, erhielt Mexiko 20 Milliarden Dollar von den Banken – fast die Hälfte davon verschwand noch im selben Jahr im Ausland. Einige Wochen bevor das Land dann seine Zahlungsunfähigkeit erklärte, organisierte Silva Herzog einen Notkredit von 900 Millionen – er verschwand innerhalb einer Woche qua Kapitalflucht. Sachs spricht von einer »enormen Kapitalflucht« in den Jahren 1980/81: Im Verhältnis zur Neuverschuldung gingen in Argentinien 84 Prozent nach außen, in Mexiko 44, in Venezuela 167 Prozent. 1987 erklärte Peru sich außerstande, einige Millionen Dollar Schuldendienst zu leisten: die Regierung verfügte zur gleichen Zeit im Ausland über Reserven von etwa 1,5 Milliarden Dollar. Die lateinamerikanischen Guthaben allein in den USA wurden in den achtziger Jahren auf etwa 300 Milliarden Dollar geschätzt, das heißt exklusive derjenigen auf den Cayman-Inseln, in der Schweiz, Luxemburg … Die Auslandsguthaben jedweder Form der lateinamerikanischen Länder dürften ihre Auslandsschulden erheblich übertreffen.

Als sei das Problem in seinen realen Dimensionen nicht schon schlimm genug, wird es oft von berufsmäßigen Wachrüttlern und unbequemen Mahnern übertrieben dargestellt. So berichtet der *Spiegel*[211] in einem Artikel zum Umweltgipfel in Rio de Janeiro (1992): »Jahr für Jahr strömt inzwischen dreimal soviel Geld von Süd nach Nord, wie in umgekehrter Richtung als Entwicklungshilfe gezahlt wird«. Eine Graphik gibt für 1981 bis 1990 die durchschnittliche Entwicklungshilfe mit 55 Milliarden an und stellt ihr »Schuldendienst/Gewinntransfer transnationaler Konzerne/Kapitalflucht« in Höhe von 175 Milliarden gegenüber. Dadurch muß (und soll wohl auch) der Eindruck entstehen, es flössen jährlich zirka 120 Milliarden netto aus den Entwicklungsländern in die Industrieländer. Aber dem Schuldendienst sind die Neukredite gegenüberzustellen – jährlich zwischen 70 und 90 Prozent des Schuldendienstes[218] –, den Gewinntransfers die Investitionen, die in der zweiten Hälfte der Achtziger erheblich höher sind, und im Fall der Kapitalflucht ist zu berücksichtigen, daß diese Gelder ja keine Geschenke an die Industrieländer sind, sondern weiter einen Anspruch der Entwicklungsländer an die Industrieländer darstellen – die jährlichen Gewinne zum Beispiel der Mexikaner auf ihre US-Guthaben machen etwa drei Viertel ihrer Zinsen für die Auslandsschulden aus.[219]

In einem *Zeit*-Dossier[220] von Christian Wernicke zum Thema wird auf Seite 15 kritisiert, »daß die armen Länder pro Jahr mittlerweile knapp 50 Milliarden Dollar mehr an den reichen Norden überweisen, als sie an neuen Krediten und Entwicklungshilfe erhalten« – auf Seite 16 finden sich dann zwei Tabellen zu den Problemschuldenländern (SIMICs und SILICs), woraus hervorgeht, daß deren Nettozahlungen zusammen 1985: −13,6 Milliarden, 1989: −9,8 Milliarden und 1990: +2,6 Milliarden betragen haben (die armen Länder niedrigen Einkommens hatten durchweg positive Nettozahlungen in den angegebenen Jahren). Und nach der Präsentierung der Theorien Hafez Sabets, wonach der Norden dem Süden 50.000 Milliarden schulde, hat sich der Autor derart warmgeschrieben, daß nun die »jährlichen Süd-Verluste« bei »500 Milliarden« liegen.[221] Bis Ende 1987 hatten 9 lateinamerikanische und 3 afrikanische Länder ihre Zinszahlungen ganz oder teilweise eingestellt.[222] 1989 konstatiert Susan George, daß Lateinamerika nur zirka 50 Prozent seiner vertraglichen Schuldendienstverpflichtungen erfülle: der Forderung der UNCTAD nach 30 Prozent Schuldenerlaß nachzukommen, würde tatsächlich eine Verschlechterung der Situation für die Schuldnerländer bedeuten. Die armen hochverschuldeten Länder *(severely indebted low income countries)* erfüllten bislang weniger als die Hälfte ihrer Verpflichtungen – das gilt auch für den gesamten afrikanischen Kontinent.[223] Das ist sicher noch zuviel angesichts der wirtschaftlichen Situation der meisten Länder, aber doch andererseits nicht gerade ein Fest für die Gläubiger.

Der Zusammenhang zwischen Schuldenlast und Verarmung ist keineswegs so eindeutig oder notwendig, wie oft behauptet wird. In den meisten Fällen wird keine kausale Beziehung der beiden Seiten nachgewiesen, sondern ein Appell *(post hoc ergo propter hoc)* an den gesunden Menschenverstand gerichtet. So fielen etwa 1976/77 in Argentinien die Reallöhne in der Industrie um 50 Prozent, die Nahrungsmittelpreise stiegen, Sozialhilfeleistungen wurden abgebaut und 10 Prozent der Industriearbeiter entlassen. In diesen Jahren konnte von einer Schuldenkrise keine Rede sein, und die Nettotransfers waren positiv. 1983 dagegen, nach dem Ausbruch der Schuldenkrise, stiegen die Reallöhne in Argentinien um fast 25 Prozent und stiegen 1984 weiter. In beiden Fällen erklären die gleichzeitigen Auslandskredite oder die Verschuldung wenig bis gar nichts.

Für die asiatische Region, die 1991 Lateinamerika als Hauptschuldner ablöste (die Zahl der hochverschuldeten Problemländer ist jedoch niedrig) und wo die Armut im letzten Jahrzehnt zunahm (64 Prozent der »absolut Armen« leben in Asien), läßt sich keine eindeutige Relation von Verschuldung und Armut herstellen: In China nahmen die Schulden rapide zu und die Armut ab; auf den Philippinen war die Schuldensituation unverändert, die Armut nahm zu, in Malaysia und Indonesien nahm sie ab; in Indien, das sich in den Achtzigern erheblich verschuldete (vor allem für Militärausgaben), wuchs das Bruttosozialprodukt erheblich, die Durchschnittslöhne aber fielen, und die Zahl der Armen stieg. Daß die berüchtigten Anpassungsprogramme nicht zu größerer Verarmung führen müssen – und daß die Kosten verzögerter oder unterlassener Anpassung höher sein können als die solcher Programme –, zeigt die Untersuchung von Bourguignon und Morris.[224] In Lateinamerika würde bereits eine höhere Besteuerung um 2 Prozent des reichsten Fünftels der Bevölkerung ausreichende Mittel für den Kampf gegen die Armut bereitstellen.[225]

Lateinamerika hat 21 Dollarmilliardäre, Mexiko 8 (Frankreich 9), Brasilien 5 (soviel wie Großbritannien), Chile und Kolumbien je 3 (wie Schweden).[226] Brasilien, ein Entwicklungsland mit dem zehntgrößten

Bruttoinlandsprodukt der Welt, das sich Wernicke als Beispiel für Verarmung durch Schulden ausgesucht hat, weist für die achtziger Jahre ein durchschnittliches positives Wachstum von etwa 3 Prozent auf (Pro-Kopf-Rate etwa ein Prozent; 1988 sparte Brasilien 28 Prozent seines Einkommens).[227] Eine weitere Verelendung großer Teile der Bevölkerung hat das nicht verhindert: Brasilien ist das Entwicklungsland mit der maximalen Einkommensungleichheit. Auch in den Boomjahren des brasilianischen Wirtschaftswunders 1960–80 hatten die Zahl der Armen und die Armut stetig zugenommen. Als eindringlichstes Beispiel für die schuldenbedingte Armut stellt Wernicke den »Zwergenmenschen« vor: »Schon kreiert die Armut ihre eigene Rasse.« Ein Foto zeigt einen mindestens 20 Jahre alten Mann, der also schon vor der Schuldenkrise und den negativen Nettotransfers diese (in der Kindheit erfolgende) Wachstumsverkümmerung erlitten hat – so wie etwa 20 Prozent der Brasilianer zwischen 20 und 25 Jahren. Verkümmertes Wachstum ist eine mögliche Folge von andauernder Mangelernährung in der Kindheit,[228] seit es Menschen gibt, Mangel und ungerechte Verteilung des gesellschaftlichen Reichtums. Die Schuldenkrise gibt es erst seit 1982.

»Militärische Konflikte, nicht Armut oder unzureichende Agrarproduktion, waren der bei weitem wichtigste Grund in den letzten Jahren für Hungersnöte in den Entwicklungsländern.« Von den Ernährungsnotstandsgebieten Afrikas sind fast die Hälfte von kriegerischen Auseinandersetzungen heimgesucht: Angola, Liberia, Mosambique, Somalia, der Sudan …[229] Wozu noch folgendes anzumerken ist: »Empirische Untersuchungen zeigten, daß der Ost-West-Gegensatz im Kriegsgeschehen der Dritten Welt kein vorrangiger Faktor gewesen ist […] Das populäre Bild der ›Stellvertreterkriege‹ entsprach nicht der Realität der meisten Kriege in der Dritten Welt.«[230]

Trotz der ungünstigen Weltwirtschaftslage hat sich die Situation in Lateinamerika 1990 bis 1992 stetig verbessert; bereits 1990 floß wieder mehr Kapital (16,4 Milliarden) in die Region als heraus.[231] »Lateinamerika hat die Depression überwunden«, erklärte Anfang 1992 die für Lateinamerika zuständige UNO-Regionalkommission CEPAL. Das Wirtschaftswachstum beträgt 3 Prozent, der Nettokapitalfluß ist weiterhin positiv.[232] Im November 1992 erklärte die Bank for International

Settlements, daß die lateinamerikanischen Länder wieder kreditwürdig seien und stellte eine positive makroökonomische Entwicklung fest; die Zinsraten seien gesunken, was die Schuldenlast vermindere (dazu hatten auch die Dollar-Abwertung 1985 und der Fall des Dollars nach dem Crash vom Oktober 1987 beitragen); die deutliche wirtschaftliche Expansion führte auch zu einem Wachstum des Pro-Kopf-Einkommens.[233]

Chiles Schulden waren Ende 1992 auf 16 Milliarden gefallen (und das Land war damit nicht länger als »hochverschuldet« klassifiziert), ohne daß die Kosten der Anpassung – wie sonst üblich – ausschließlich den unteren Schichten aufgebürdet wurden. Die Wirtschaft wächst stetig; die ausländischen Investitionen beliefen sich in den letzten beiden Jahren auf jeweils über eine Milliarde.[234]

Venezuela verzeichnete 1991 das höchste Wachstum seit 1964: 9,2 Prozent; die Arbeitslosigkeit sank unter 9 Prozent, das Pro-Kopf-Einkommen lag bei 3.200 Dollar – bei fortdauernder Armut vieler und enormer Ungleichheit.[235]

Nach dem mexikanischen »Wirtschaftswunder« der letzten drei Jahre (mit Wachstumsraten von 3,8 Prozent)[236] ist nun auch allerorten von einem argentinischen Wunder die Rede. »Radikale Wirtschaftsreformen sorgen für einen Boom ohne Beispiel in Südamerika«, schreibt der *Spiegel*[237], die Inflation ist auf ein Prozent gesunken, die Arbeitslosigkeit liegt bei 5,3 Prozent; aus einem Haushaltsdefizit von 8 Milliarden wurde ein Plus von 800 Millionen; das Wachstum betrug 1991 4,5 Prozent und wird für 1992 auf 5 bis 6 Prozent geschätzt. In einem Schuldenabkommen mit einer Gruppe privater Banken wurden 8,05 Milliarden (von insgesamt 62 Milliarden) erlassen.[238] Anfang Dezember 1992 dann kam es zu einem umfassenden Abkommen mit den Privatbanken. Argentinien hatte seit Ausbruch der Schuldenkrise nur sporadisch seine kommerziellen Auslandsschulden bedient. 28 Milliarden Dollar wurden umgeschuldet; das Abkommen erläßt dem Land 35 Prozent der Schuldensumme und ebensoviel an Zinsen über die nächsten 30 Jahre. Ähnliche Abkommen – nach dem Brady-Plan – waren mit Brasilien, Mexiko, Venezuela und Costa Rica geschlossen worden.[239] Ende Februar 1993 erklärten dann Argentinien und der Vorsitzende des Bank Advisory Committee für Argentinien (13 Banken, die Hunderte von Gläubigerbanken in der ganzen Welt vertreten) das »Ende der Schuldenkrise Argentiniens« und die »völlige Wiederherstellung normaler Beziehungen mit der internationalen Finanzwelt«. 20 Milliarden der 23 Milliarden mittel- und langfristiger Schulden bei den privaten Banken werden durch Obligationen abgelöst.[240]

Nach dem Schuldenabkommen vom März 1990, das den jährlichen Schuldendienst Mexikos um 4 Milliarden im Jahr reduzieren sollte, erklärte Präsident Salinas im Juni 1992, daß die Auslandsschulden um 7,2 Milliarden reduziert wurden, das heißt um 8,9 Prozent auf 73,6 Milliarden. Mexikos Schulden werden von 74 Prozent des Bruttoinlandsprodukts (Dezember 1988) auf geschätzte 29 Prozent Ende 1992 fallen. In den 4 Jahren der Präsidentschaft Salinas zog Mexiko 24,9 Milliarden Dollar ausländische Investitionen ins Land, allein 1991 7,6 Milliarden, davon 3 Milliarden aus Fluchtkapital. Der Staatshaushalt war ausgeglichen und das jährliche Wachstum betrug seinerzeit 3,0 Prozent, aber die Arbeitslosigkeit war hoch und die Einkommensungleichheit weiterhin groß: 15 Prozent der Bevölkerung verfügten über 70 Prozent des gesellschaftlichen Reichtums.[241]

1988 hatte Brasilien, nach mehreren Schuldenmoratorien, ein erstes Abkommen geschlossen, das nach Huhne »relativ großzügig« war; Anfang 1992 erhielt das Land einen IWF-Kredit von 2,1 Milliarden Dollar, was den Weg freimachte für ein Abkommen mit den offiziellen Gläubigern des Paris Club (Februar 1992). Im Juli dieses Jahres einigte sich Brasilien – mit 115 Milliarden Dollar der größte Schuldner der Dritten Welt – mit 19 Banken, die 300 private Gläubiger repräsentierten. 35 Prozent der Schulden wurden erlassen und die Zinssätze auf bis zu 30 Jahre festgelegt. »Kein anderes Land hat so günstige Bedingungen erhalten wie wir«, erklärte Präsident Collor de Mello.[242]

Ende 1992 erließ die US-Regierung 465 Millionen der in 15 Jahren akkumulierten 614,8 Millionen Dollar Schulden El Salvadors; geringere Summen wurden gleichzeitig Kolumbien, Chile und Uruguay erlassen.[243]

»Die lateinamerikanische Schuldenkrise ist keine Krise mehr«, erklärte Paul Volcker, ehemaliger Chef der US-Zentralbank. Die vorsichtigere Einschätzung der OECD in ihrem jährlichen Schuldenbericht

(1992), »die Krise hat nachgelassen«, dürfte wohl zutreffender sein.[244]

Die trotz widriger externer Bedingungen und Schuldenlast positive wirtschaftliche Entwicklung der letzten Jahre in Lateinamerika zeigt, daß für deren Ausbleiben in erster Linie die Politik dieser Entwicklungsländer selbst verantwortlich zu machen ist, nicht die Industrieländer oder die Schuldenkrise.

Während also im Fall der *severely indebted middle income countries* eine deutliche Verbesserung festzustellen ist, hat sich die Situation der *severely indebted low income countries* eher noch verschlechtert. (Den meisten der ärmsten 42 Länder der sogenannten Vierten Welt, den *least developed countries,* wurden jedoch die Schulden »ganz oder teilweise erlassen«.)[245] Eine zukunftsweisende Entschuldung hat die Debt Reduction Facility der Weltbank zugunsten Nigers und Mosambiks durchgeführt: Die beiden Länder konnten ihre Schulden zu 18 beziehungsweise 10 Prozent des Nominalwerts kaufen, wobei etliche europäische Länder diesen Rückkauf finanziell unterstützten. Die für die SILICs konzipierten Toronto-Terms wurden bislang kaum angewandt, knapp 10 Prozent der dafür in Frage kommenden Schulden von 64 Milliarden wurden erlassen. Ein Grund für den mangelnden Erfolg dieses Programms mag auch darin liegen, daß der gegenwärtig real geleistete Schuldendienst weit unter den Toronto-Terms liegt, diese also für die Schuldner von geringer Anziehungskraft sind.[246] Die ärmsten Länder, zumal Afrikas, erhielten jedoch ab Mitte 1993 über drei Jahre IDA-Kredite der Weltbank (Laufzeit 40 Jahre, ein Prozent Zinsen pro Jahr). Diese Summe ist der Weltbank von 34 Geberländern, vor allem von den reichen Ländern, aber auch anderen wie Südkorea und Mexiko, im Dezember 1992 zur Verfügung gestellt worden.[247]

Wie oben bereits erwähnt, sind und waren die Nettoressourcentransfers in diese Länder insgesamt positiv. Am Elend Afrikas mögen sich viele bereichern – die Industrieländer insgesamt tun das nicht.

Kriege wird niemand als wohlstandsfördernde Maßnahmen empfehlen, auch wenn es viele Kriegsgewinnler gibt. Die Schuldenkrise kennt viele Kriegsgewinnler – auf beiden Seiten.[248] Daß, wie Fischer schreibt,[249] der Großteil der Last – neben den Steuerzahlern der Gläubigerländer und den Aktionären der Banken – von den Lohnempfängern der Schuldnerländer getragen wurde, nicht von denjenigen, die sich an den Auslandskrediten bereichert haben, ist in der Tat empörend – die Schuld der Gläubigerländer ist das nicht. Und beide Seiten haben dabei, gesamtwirtschaftlich gesehen, verloren. Die Schuldenkrise hat die deflationäre Tendenz der Weltwirtschaft verstärkt, die verschuldeten Länder der Dritten Welt haben einen höheren Anteil an den Kriegskosten entrichtet, schreiben Lever und Huhne, »aber niemand hat dadurch gewonnen«, beide Seiten sind, wenn auch in sehr unterschiedlichem Maße, ärmer geworden: »fast jeder Teilnehmer an diesem traurigen Melodram des internationalen Finanzsystems verliert dadurch«.[250] Auch George, eine der schärfsten Kritikerinnen der Industrieländer, kommt 1989 zu dem Schluß, daß »im Grunde genommen jeder, im Norden wie im Süden, durch die gegenwärtigen Strategien des Schuldenmanagements verliert«.[251] In den Worten Huhnes, 1990: »es ist nicht ersichtlich, wer eigentlich wirklich von der sich hinziehenden Abwicklung der Schuldenkrise profitiert.«[252]

In dieser Hinsicht gleicht die gegenwärtige internationale Schuldenkrise früheren: in dem Paradox, daß die Rückzahlung von Auslandskrediten auch die Gläubiger ärmer macht. Während bei innerstaatlichen Krediten – und in der Regel auch bei Auslandskrediten – die Schuldendienstzahlungen ohne Zweifel dem Gläubiger nützen, ist das bei einer internationalen Schuldenkrise nicht notwendig so: Die für die Schuldenzahlungen in Devisen nötigen immer größeren Handelsüberschüsse (weniger Importe, mehr Exporte) der Schuldnerländer können letztlich nur durch Handelsdefizite (mehr Importe, weniger Exporte) der Gläubigerländer erlangt werden.[253] Der Handel zwischen den betreffenden Ländern kann dann tatsächlich zu einem Nullsummenspiel werden.[254] Das geht oft mit Überproduktion und Preisverfall einher, was nicht nur den Schuldner-, sondern auch den Gläubigerländern schaden kann (so in den achtziger Jahren im Agrarbereich, aber auch im Industriesektor, zum Beispiel bei Stahl). In den USA – und auf die USA und deren Handel mit den großen lateinamerikanischen Schuldnerländern trifft das Gesagte in erster Linie zu – sollen so schon bis 1983 Hunderttausende, in den späten achtziger Jahren 500.000 Arbeitsplätze verlorengegangen sein, nach Berechnungen der UNCTAD bis Ende 1984 2 bis 3 Millionen in den Industrieländern insgesamt.[255] Diesen Mechanismus hatte Keynes schon für die Kriegsreparationen aufgezeigt: Sie machten die Sieger ärmer.[256]

Brasilien war der größte Schuldner unter den Ländern der Dritten Welt: 118 Milliarden Dollar (Februar 1992). 60 Prozent der Bevölkerung von 150 Millionen, also etwa 90 Millionen Menschen leben, nach den Kriterien der UNO, unter der Armutsgrenze; die Regierung bezeichnet 70 Prozent als »arm«. 5 Millionen Kinder sind mangelhaft ernährt, 5 Millionen – nach anderen Angaben 7 Millionen – Kinder leben auf der Straße. Die Zahl der Analphabeten beträgt 20 Millionen – es gibt viel zuwenig Lehrer (und Ärzte). 20 Prozent der Brasilianer zwischen 20 und 25 Jahren sollen zwergwüchsig sein – die Weltgesundheitsorganisation (WHO) reiht eine Million brasilianischer Kinder in diese Kategorie ein. Brasilianische Ärzte erklärten im März 1992, daß die Bevölkerung zu den am schlimmsten an Krankheiten leidenden der Dritten Welt gehöre: eine Million Malariafälle, 8 Millionen leiden an der Chagas-Krankheit. Alle 30 Minuten erkrankt ein Mensch an Tuberkulose, 400.000 Leprakranke, 10 Millionen leiden an schweren Darmerkrankungen.[257]

Verbietet es sich angesichts solcher Zahlen nicht, von Schuldenrückzahlung auch nur zu reden? Aber die Milliarden, die in das Land geflossen sind, haben das Elend der Armen nicht vermindert – es besteht nicht der geringste Grund zu der Annahme, daß die nicht zurückgezahlten Schulden diesem Zwecke dienen würden.

Brasilien ist eines der reichsten Länder der Dritten Welt, seine wirtschaftliche Entwicklung in der zweiten Hälfte dieses Jahrhunderts ist beeindruckend. Die jährlichen Wachstumsraten des Bruttoinlandsprodukts betrugen 1965 bis 1989 durchschnittlich 6,8 Prozent, das Exportwachstum im gleichen Zeitraum 7,0 Prozent; für den Zeitraum zwischen 1980 und 1992 wurden durchschnittliche jährliche Wachstumsraten zwischen 3 und 7 Prozent angegeben, die Industrieproduktion stieg um 7,9, die Exporte um 6,8 Prozent. Das sind Zahlen, die kaum geringer, zeitweise sogar höher sind als die der asiatischen NICs. 1980 wurde Brasilien die zehntgrößte Wirtschaftsmacht der Welt und ist heute das achtgrößte Industrieland.[258] Das Bruttosozialprodukt betrug 1987 326 Milliarden Dollar, 2.305 Dollar pro Kopf; zum Vergleich: Indiens Bruttosozialprodukt betrug im selben Jahr 224 Milliarden Dollar, 284 Dollar pro Kopf, Indonesien 70 Milliarden Dollar – 409 Dollar pro Kopf.[259]

Brasilien ist ein extremes Beispiel für Wachstum mit zunehmender Verarmung. Das Einkommen ist sowohl regional wie sozial sehr ungleich verteilt, Brasilien wird generell als das Land mit der höchsten Einkommensungleichheit der Welt angeführt.[260] Schon in den sechziger, den »Wirtschaftswunder«-Jahren verringerte sich der Anteil der ärmsten 40 Prozent der Bevölkerung am Nationaleinkommen von 10 auf 8 Prozent (1970), der Anteil der reichsten 5 Prozent wuchs von 29 auf 38 Prozent.[261] 1992 war das Jahreseinkommen des reichsten Fünftels der Bevölkerung mit durchschnittlich 6.761 Dollar sechsundzwanzigmal so hoch wie das des ärmsten Fünftels (26:1); in den USA lag das Verhältnis bei 9:1, in der Bundesrepublik 6:1. Obwohl Brasilien 1985 ein zehnmal so hohes Pro-Kopf-Bruttosozialprodukt hatte wie Burma, war die Kindersterblichkeitsrate (unter 5 Jahren) in beiden Ländern gleich. Die Lebenserwartung im Nordosten Brasiliens ist so hoch wie in Äthiopien.[262] Die Bodenreform, deren Verschleppung einer der wesentlichen Gründe für die Armut ist, wird weiter verschleppt; die Macht der Großgrundbesitzer ist ungebrochen, ausgedehnte Ländereien werden gar nicht bewirtschaftet. Die Ursachen des Hungers in Brasilien sind nicht, wie oft behauptet wird, Rinderzucht oder Sojabohnenanbau für die Erste Welt statt Nahrungsmittelproduktion für die Hungernden. Es gab in Lateinamerika eine Nahrungsmittelproduktion von 110,8 Prozent des Bedarfsdeckungsgrades; der Nahrungsenergieverbrauch in Kilokalorien betrug 1986 pro Kopf in Indien 2.238 und in China 2.630 – in den lateinamerikanischen Ländern inklusive der Karibik waren es 2.701.[263] Das Problem ist also nicht, was die Großgrundbesitzer anbauen, sondern die nicht durchgeführte Bodenreform und die extrem ungleiche Verteilung des Reichtums.

Nach einem Bericht der Brasilianischen Bischofskonferenz gab es fast 9.000 nachgewiesene Fälle von Sklaverei in den ländlichen Regionen Brasiliens. Die Sklaverei, 1888 abgeschafft, wurde nach Aussagen eines Priesters mit der Erschließung des Amazonasgebiets durch Geschäftsleute aus São Paulo neubelebt. Bislang wurden 55 Sklaven, die zu fliehen versuchten, ermordet. Die Regierung kümmere sich nicht um das Problem, und viele Politiker seien selbst Großgrundbesitzer. Der brasilianische Priester Ricardo Rezende Figueiro erhielt im Oktober 1992 einen Preis von Anti Slavery International. Rezendes Pastoral Land Commission hatte 1991 5.000 Fälle von Sklavenarbeit in Brasilien dokumentiert.

Der inzwischen wegen Korruption seines Amtes enthobene (»Ich bin ein Opfer ...«, war sein reflexartiger Kommentar) Präsident Fernando Collor de Mello beklagte die »krankhafte Selbstsucht« der Reichen. »Von 60 Millionen Beschäftigten zahlen nur 3 Millionen regelmäßig Steuern; 80 Prozent aller Unternehmensabgaben stammen aus nur 7.000 der 3 Millionen registrierten Betriebe. Würden alle Brasilianer brav ihre Steuern zahlen, kämen 33 Prozent des Nationalproduktes zusammen – in Wirklichkeit sind es nur 10.« Die katholische Kirche Brasiliens kritisierte Ende 1991 die unter dem Schutz der üblichen Straflosigkeit und Komplizität wachsende und immer weiter um sich greifende Korruption und die »skandalös hohen« Einkommen von Beamten und Geschäftsleuten. 50 Prozent der Beamten sind redundant. Die brasilianische Demokratie soll das Land monatlich 1,1 Milliarden Dollar kosten, was nicht überrascht, erhalten doch allein die Parlamentarier im Nordosten, der ärmsten Region, 11.000 Dollar im Monat (plus weitere Vergünstigungen), mehr als ein US-Kongreßabgeordneter; generell beziehen Brasiliens Volksvertreter höhere Einkommen als die in Europa.[264]

Verwahrloste Kinder und Sklaverei sind kein Spezifikum Brasiliens. Wie der Bericht der ILO (International Labour Organization) vom Juni 1992 klarstellt, ist die Lage vieler Kinder in vielen Ländern der Dritten Welt sehr schlimm; Kinderarbeit unter schrecklichen Bedingungen ist dort weitverbreitet. 11 Prozent der Arbeitskräfte waren 1992 in einigen asiatischen Ländern Kinder unter 14 Jahren (allein in Indien 44 Millionen; ungefähr die Hälfte der Kinder in Pakistans Teppichindustrie starben, bevor sie 12 wurden). In einigen Ländern ist *bonded labour* (eine Form der Sklaverei) gesetzlich erlaubt, wobei zum Beispiel Kinder die Schulden ihrer Eltern abarbeiten – eine Million in Indien. Kinder mit einer 48-Stunden-Woche in Indonesien oder einer 60-Stunden-Woche in Simbabwe werden erwähnt – insgesamt schätzt der ILO-Bericht die Zahl der arbeitenden Kinder auf Hunderte von Millionen.[265]

Bonded labour ist übrigens weitverbreitet in Pakistan und Indien. 28 Jahre nach der Unabhängigkeit wurde in Indien *bonded labour* gesetzlich verboten, ohne weitgreifende praktische Folgen. Naipaul zitiert 1976 einen indischen Kommentar: »Das System ist so alt wie das Leben selbst [...] Auf dem Lande hat die Praxis der Sklaverei eine (solche) Verfeinerung erreicht, daß die Opfer selbst dazu gebracht werden, es als ihre moralische Pflicht anzusehen, Sklaven zu bleiben.« In Saudi-Arabien wurde die Sklaverei offiziell 1962, in Mauretanien 1980 abgeschafft, auch dort offenbar ohne wesentliche praktische Folgen.[266] In Kuwait und Saudi-Arabien kaschieren zum Beispiel falsche Heiratsverträge die Versklavung von Arbeitskräften aus Indien, Pakistan, Westafrika und anderen Ländern. Auch im Sudan ist die Sklaverei wieder à la mode. In der Ausgabe vom 4. Mai 1992 berichtete *Newsweek* über die Sklaverei in der Welt und schätzte sie auf 100 Millionen (Anti Slavery International schätzt die Zahl auf 200 Millionen) – als häufigste Form wird *bonded labour* genannt, wenn ganze Familien gezwungen sind, Schulden abzuzahlen zu Löhnen, die ihren Lebensunterhalt nicht decken.[267]

Es ist zwar unsinnig, aber offenbar kann man nicht fehlgehen, wenn man all das als Folge des Imperialismus, Neokolonialismus, des IWF (des »Herodes des 20. Jahrhunderts«, wie ein Schweizer Traktätchen schreibt) oder der multinationalen Konzerne betrachtet und eine Erhöhung der Entwicklungshilfe sowie sofortigen Erlaß aller Schulden fordert.

»Sie können sich nicht vorstellen«, klagte der brasilianische Senator Villela, »was es für uns bedeutet, wenn ein Repräsentant des IWF zu uns nach Brasilien kommt. Das ist ein Affront für unseren Stolz und unsere Souveränität.«[268] Senator Villela ist stolz, Brasilianer zu sein. Er wird Ihnen sicher gern erklären, wie die Erste Welt die Dritte Welt ausbeutet, daß es eine Schande ist.

1983 schrieb der brasilianische Journalist Pedreira sarkastisch über die Rede des Präsidenten Figueiredo vor der UNO: »Der Präsident spricht sich und seine Minister von aller Schuld frei. Wer und was sind schuld? Die Winde des Geschicks, die internationale Wirtschaft, das ungerechte Verhältnis von Mächtigen und Schwachen, Reichen und Armen – nicht hier in Brasilien, sondern dort draußen, im Verkehr unter den Nationen. Die Schuldigen sind deshalb außerhalb der Reichweite der Regierung, die über keine Mittel verfügt, irgend etwas an der Situation zu ändern [...] Im Gegenteil, hier in Brasilien sind wir alle unschuldig, wir tragen keine Verantwortung für unser Schicksal.«[269]

Korruption im politischen und öffentlichen Bereich ist wohl ein universelles Phänomen; sie ist weder eine Spezialität der Dritten Welt noch per se Ursache von Armut (sonst müßten die Japaner oder Bayern alle am Bettelstab gehen). Aber Korruption ist generell eine Verschwendung von Ressourcen, und das können sich die Länder der Dritten Welt weniger leisten als die der Ersten. Vor allem jedoch stellt die *strukturelle* Korruption der kleptokratischen Patronagesysteme der Dritten Welt, wobei staatliche Machtpositionen einen *unmittelbaren* Zugriff auf den gesellschaftlichen Reichtum ermöglichen, ein wichtiges Hindernis der Entwicklung dar. Sie analysieren und abschaffen zu helfen ist deshalb eine wichtige Aufgabe von Entwicklungshilfe.

Korruption interessiert hier nicht als ein Problem individueller Moral (obwohl sie das immer auch ist – es gibt keine generelle Korruption ohne korrupte Individuen), sondern als ein politisches, ökonomisches und soziales Problem.[270] Angesichts der großen Bedeutung der Korruption für die Unterentwicklung in der Dritten Welt, den »Prozeß der nationalen Selbstausplünderung«,[271] scheint es mir falsch (und herablassend), sie schmunzelnd der lokalen Folklore zuzurechnen, als eine Form der Einkommensverteilung zu rechtfertigen[272] oder als »bloß anekdotisch« vom Tisch zu wischen. Korruption ist ökonomisch schädlich, weil sie nicht nur die produktiven Aktivitäten behindert und verteuert, sondern auch materielle und Humanressourcen von den produktiven Sektoren in den ertragreicheren – und meist unproduktiven – staatlichen und öffentlichen Bereich zieht; man könnte das als eine Art permanenter *Dutch disease* bezeichnen: gesellschaftliche Ressourcen werden auf einen Sektor konzentriert, und zwar sowohl zum Nachteil der anderen Sektoren als auch dem der Wohlfahrt des Ganzen. »Suchet zuerst das politische Königreich, und alles wird euch hinzugegeben werden«, hatte Nkrumah verkündet – und so geschah es.[273] Korruption ist sozial und politisch schädlich, weil sie das für *nation-building* soziale Kohäsion notwendige Gefühl eines gemeinsamen

Zweckes und der Gleichheit aller vor dem Gesetz zerstört und damit die Verantwortung und Loyalität gegenüber dem gesellschaftlichen Ganzen, so daß die partikularen Interessen nicht mehr mit dem Allgemeinwohl vermittelt werden – bis zur völligen Auflösung der Gesellschaft in einander bekriegende Ethnien, Clans, Militärcliquen und mafiose Banden. Korruption schwächt die Funktionsfähigkeit von Regierung und Administration, die mit endlosen Gesetzen, Regulierungen, Erlassen und Verzögerungen ein endloses Labyrinth schaffen, das nur durch Gesetzesbrüche und Regelverletzungen zu umgehen ist, die damit ein rares und lebensnotwendiges Gut darstellen, das sich gewinnbringend verkaufen läßt. So erklärt sich auch der auffällige Widerspruch in vielen Entwicklungsländern von hypertropher Bürokratie und mangelnder administrativer Ausbildung und Kompetenz, Planwirtschaft und fehlender planerischer Fähigkeiten, Sozialismus und vormoderner Gesellschaft, in der die Trennung von öffentlichem und Privathaushalt noch nicht durchgeführt wurde.[274] Während »Sozialismus« den Edlen Seelen Gleichheit und soziale Gerechtigkeit signalisiert und Solidarität mobilisiert, bedeutet er für die Drittwelt-Eliten vor allem Staat, Verstaatlichung und staatliche Intervention, das heißt einen unmittelbaren Zugriff auf den gesellschaftlichen Reichtum. Das ist vermutlich auch einer der Gründe für die hohe Zahl von Kleinstaaten in der Dritten Welt (80 mit einer Bevölkerung unter 10 Millionen, 55 mit einer Bevölkerung unter einer Million) und die erstaunliche Tatsache, daß die vielbeklagten »willkürlichen kolonialen Grenzziehungen« nicht revidiert, sondern mit nachgerade religiöser Ehrfurcht respektiert und allenfalls vermehrt wurden. Je mehr Staat und je mehr Staaten, desto mehr Pfründe. Die Korruption kann den Staat so paralysieren, daß schließlich zentrale und traditionell in den Souveränitätsbereich des Nationalstaates fallende Funktionen Ausländern zur Verwaltung übergeben werden müssen, wie es in Indonesien, den Philippinen und Bolivien bei bestimmten Zollämtern der Fall ist.[275]

Daß der gegenwärtige Prozeß der Demokratisierung in so vielen Entwicklungsländern da Abhilfe schafft, ist gewiß zu hoffen – sehr wahrscheinlich ist es nicht. Christina Lamb hat in ihrem großartigen Buch über das Pakistan Benazir Bhuttos gezeigt, daß es dadurch noch viel schlimmer werden kann, daß die populistische Demokratie à la Corazón Aquino und Benazir Bhutto den Prozeß der Selbstausplünderung nicht beendet, sondern nur die Teilnehmerzahl erhöht und die Dringlichkeit, noch vor der nächsten Wahl seinen Schnitt zu machen; »das Engagement für die Demokratie ist dann nur ein anderes Mittel, seinen Anteil an der Beute zu sichern.«[276]

Leben wir also auf Kosten der Dritten Welt? Nein – die für diese Ansicht vorgebrachten Argumente: Rohstoffpreise und Terms of Trade, Multis und Schuldendienst, können sie nicht ausreichend belegen. Die Gründe für Stagnation und Unterentwicklung in so vielen Entwicklungsländern sind wesentlich interner Art, nicht externer. Was auch immer die Industrieländer getan oder zu tun versäumt haben, nicht sie sind in erster Linie verantwortlich für die Misere der Entwicklungsländer, sondern diese selbst – wie die Entwicklungsländer auch umgekehrt ihre Entwicklung, ihre Fortschritte und ihren beginnenden Wohlstand sich selber verdanken, nicht den Industrieländern.

Die ungleiche Verteilung des Reichtums auf der Welt kann nicht unmittelbar als eine ungerechte, das heißt ausbeuterische behauptet werden, sondern resultiert aus der ungleichen Produktion dieses Reichtums. Die ungleiche Produktion des Reichtums beruht auf der hohen Produktivität der Arbeit in den Industrieländern, deren hohem Stand von Ausbildung, Wissenschaft und Technologie, einer funktionierenden Administration, dem sozialen und demokratischen Rechtsstaat und anderem mehr, nicht aber auf der Ausbeutung der Dritten Welt.

Die Ansicht, daß wir auf Kosten der Dritten Welt leben, verdankt ihre weite Verbreitung (und daß sie weit verbreitet ist, zeigen nicht nur die Dritte-Welt-Publikationen, sondern auch die Massenmedien Woche für Woche) und Wirksamkeit nicht ihrer Übereinstimmung mit den Fakten, sondern tiefverwurzelten Schuldgefühlen und moralischer Einschüchterung sowie einem Meinungsklima politisch-moralischer Korrektheit. Nicht etwa, daß *moralisch* argumentiert wird, ist Gegenstand meiner Kritik, sondern daß nicht moralisch *argumentiert* wird und daß eine vermeintliche moralische Überlegenheit jedes historische und politökonomische Sachargument schnurstracks zum Schweigen verurteilt. Die

These von der Ausbeutung der Dritten durch die Erste Welt ist nicht nur falsch, sie hat – allen wohlmeinenden Intentionen zum Trotz – auch negative praktische Folgen, insofern sie eine schädliche, entwicklungshemmende Politik in den Entwicklungsländern ebenso bestärkt wie eine schädliche, entwicklungshemmende Politik der Industrieländer gegenüber den Entwicklungsländern. Und indem von der Dritten Welt nur in einem Tone zu sprechen erlaubt ist, wie er am Bett eines todkranken Kindes sich schickte, befördert man eine ebenso herablassende wie ängstlich-beflissene Art der öffentlichen Diskussion zum Thema Dritte Welt.

Unserer Verpflichtung zur Hilfe für die Dritte Welt kommen wir nicht dadurch um so gewissenhafter nach, je ausdrücklicher wir uns der Ausbeutung anklagen und zum Abschaum der Erde erklären, sondern indem wir uns präzise Kenntnisse über die komplexe Wirklichkeit der Dritten Welt und des Verhältnisses von Erster und Dritter Welt verschaffen und *danach* entwicklungspolitisch und humanitär handeln.

Bernard Lewis, der große Erforscher der islamischen Kulturen, beendet sein Werk über *Race and Slavery in the Middle East* mit den folgenden Worten: »Die Bürde des weißen Mannes im Sinne Kiplings – die Verantwortung des Weißen für die Völker, über die er herrschte – ist schon seit langem abgeworfen und von anderen übernommen worden. Aber es gibt Menschen, die darauf bestehen, sie zu behalten – diesmal nicht als eine Bürde der Macht, sondern der Schuld, ein Insistieren auf der Verantwortung für die Welt und ihre Übel, das so arrogant und ungerechtfertigt ist wie die Ansprüche unserer imperialistischen Vorfahren.«[277]

NACHWORT VON RUPERT NEUDECK

Bei der Lektüre dieses Buches kam in mir ein Gefühl zwischen Bestätigung und Beschämung auf: Ich erinnerte mich an einen Zeitungsartikel in der *Frankfurter Rundschau* vom Juli 1992. Der Chef der deutschen Entwicklungshilfe in Kenia, Klaus Thüsing, schrieb dort: »Mir ist in den vier Jahren, seit ich hier bin, ein wesentlicher Faktor der europäischen Entwicklungszusammenarbeit in Afrika aufgefallen: Wir haben uns mit korrupten Eliten eingelassen und haben nicht versucht, diese korrupten Eliten zu beseitigen.«

Es gibt Schlüsselerlebnisse. Ich erinnere mich daran, daß mir Ugander während des Bürgerkrieges, nach einer Blut- und Gewaltorgie, der nach Schätzungen der Menschenrechtsorganisationen eine Million Menschen zum Opfer fielen, sagten: »Unter den Briten ist es uns besser gegangen.« Damals, 1983, empfand ich das als obszön. Die ungebildeten Ugander, die Baganda und die Kawka konnten das nicht besser wissen. Um Gottes willen darf man so etwas aber nicht nach Europa berichten.

Und heute? Die Situation hat sich dramatisch zugespitzt. Die Welt taumelt einem Abgrund zu, wir geraten immer mehr in Verlegenheit, wenn wir gefragt werden, wie humanitäre Hilfe aufrechterhalten werden soll. Die Hilfe wollen wir nicht verweigern, aber was ist es für eine absurde Situation, wenn sich eine Hilfsorganisation in einem Land wie Somalia erst bewaffnen muß, damit sie helfen kann?

Wir stehen entwicklungspolitisch betrachtet an einem Wendepunkt: Mit Geldmitteln ist nichts mehr zu erreichen, und an die großartigen Thesen glaubt auch kein Mensch mehr. Die UNO muß sich einer Totalreform stellen, oder sie wird untergehen.

Damit einhergehend muß sich eine Änderung der staatlichen Entwicklungspolitik ergeben. Wir müssen uns von der vertrauten Gewohnheit lösen, lieber Geld zu geben, als selbst mit Ideen und Tatkraft an den bestehenden Verhältnissen etwas ändern zu wollen.

Ich habe dieses Buch von Kohlhammer mit großem Interesse und mit gemischten Gefühlen gelesen: Es ist ein großer Wurf, und es ist fällig. Und trotzdem hat mich einiges geärgert, weil die Praxis zu wenig Eingang gefunden hat.

Ein Beispiel: Kohlhammer versucht zu zeigen, daß die Nettoressourcentransfers in die ärmsten Länder Afrikas insgesamt positiv waren, und er schließt daraus: »Am Elend Afrikas mögen sich viele bereichern – die Industrieländer insgesamt tun das nicht!«

Ich würde diese These zergliedern. Woran sich die Industrieländer eben dennoch bereichern, sind die Waffenverkäufe und die Giftmüllexporte.

Als es seinerzeit einen Seelenverkäufer gab, der entdeckt wurde und der mit seiner dreckigen Fracht nach Europa zurückkehren mußte, wurde deutlich, daß das nur die Spitze eines Eisberges ist. Ich fragte damals bei einem vertraulichen Gespräch Bundesumweltminister Klaus Töpfer, von wie vielen Schiffen, die nicht entdeckt werden, wir ausgehen müßten. Der Minister gab zu: Es handelt sich um etliche. Aber das ist wie mit den waffentragenden Schiffen. Sie werden nur dann gestoppt, wenn Regierungen zufällig auf eine gewisse Sauerei aufmerksam gemacht worden sind – und nicht mehr anders können. Zwei oder wohl vier Länder Afrikas sind an dieser Hypertrophie der Waffen- und Munitionsversorgung und Belieferung regelrecht kaputtgegangen.

Zum einen Somalia. Die somalische Tragödie hat viel weniger mit dem Kolonialismus, dem US- oder UdSSR-Imperialismus zu tun (auch nicht mit dem »Herodes des 20. Jahrhunderts«, IWF, sondern mit den Waffenlieferanten, die das Land überrüstet haben. Das wird dem Leser übertrieben klingen, er wird es sich nicht vorstellen können; und dennoch ist es wahr. Somalia ist vollgestopft mit Waffen. Das einzige Produktionsmittel für die Somali-Youngsters ist in dieser Situation nur noch die Kalaschnikow.

Das zweite Land, das ich mit eigenen Augen gesehen habe, in das ebenfalls so hypertroph und übertrieben alle Waffensysteme aus Ost und West plus Südafrika hineingepumpt werden, ist Angola. Dort hat die somalische Krankheit das Land und die Angolaner noch nicht total durchgerüttelt wie im Fieberrausch. Denn immerhin hat Angola den kleinen Vorteil, in der nördlichen Enklave Cabinda Öl zu haben. Weshalb die USA schon den Offenbarungseid geleistet haben: Sie wollten ihren alten Verbündeten Jonas Savimbi warnen, der aber gehorchte nicht. Weil ihn nie die Demokratie oder die Menschenrechte kümmerten, sondern nur die eigene Macht.

Im Süden des Landes, in der Provinz Kunene, wo Cap Anamur versucht, Panzerminen zu knacken, dort liegen so viele Munitionslager und Depots unbewacht und nicht gewartet in freier Wildbahn herum, daß sogar die humanitären Minenräumer von Cap Anamur gebeten wurden, sich den Zustand dieser Depots anzuschauen.

Ich will damit sagen: Die Rechnung – die Industrieländer insgesamt bereichern und versündigen sich nicht an den Ländern Afrikas, Lateinamerikas – ist eine Milchmädchenrechnung. Sie stimmt zu großen Teilen, sie ist zu ebenso großen Teilen falsch. Die Tricks, mit denen Waffenexporte für eine hochprofitable Industrie weitergeführt werden, sind unendlich vielfältig. Und unsere Regierungen machen das mit. Hauptargument sind immer die Arbeitsplätze.

Im Gepäck des deutschen Bundeskanzlers Kohl bei seiner Reise nach Djakarta, Indonesien, waren 39 Kriegsschiffe und drei U-Boote. Die Menschenrechtslage war zwar, wie von der Bonner Regierung zugegeben wurde, besorgniserregend. Die portugiesische Regierung hatte vorsorglich sogar ihren Botschafter in Bonn eine regelrechte Protestnote übergeben lassen, die »im europäischen Umgangston einmalig« war. Die Portugiesen wiesen den Bundeskanzler in dieser Note auf eine Empfehlung des EG-Parlaments hin, »vom Verkauf von Kriegsmaterial an Indonesien abzusehen«. Die Note erinnert Bonn an die »Bedeutung, die die Verteidigung der Menschenrechte insgesamt in der Außenpolitik beider Länder einnimmt«.

Macht nichts: Kohl hat die Mitbringsel dennoch verscherbelt. Auf ausdrücklichen Wunsch aus Bonn wurden die Kriegsgeräte jedoch aus dem Budget des indonesischen Technologie-Ministers Habibi bezahlt.

Denn, so die Antwort auf die Protestnote der Portugiesen: Die Bundesregierung hätte ihre rüstungspolitischen Bedenken zurückgestellt, weil die Schiffe, die dem Stabschef der indonesischen Marine übergeben wurden, zum Küstenschutz gegen Piraten und Drogenhändler eingesetzt würden.

Kurz: Es gibt eine unendliche Kette von Zerstörungsaktionen durch Rüstungslieferungen. Dabei müßten es alle Beteiligten besser wissen: wie furchtbar eine Überrüstung in einem nichtentwickelten Land auf die einheimischen, nomadischen Strukturen wirkt. Und es wird sich furchtbar rächen: denn die heuchlerisch zur Bekämpfung von »Piraten« übergebenen Waffen werden pünktlich und postwendend zur Bekämpfung und Vernichtung von Minderheiten eingesetzt.

Warum ich nach der Lektüre von Gunnar Myrdal, Brigitte Erler, Erhard Eppler, Willy Brandt, Ulrich Menzel und nun auch Siegfried Kohlhammer auf diesen Beispielen beharre? Weil in diesen durch Waffen kaputtgemachten Ländern alle Theorien zu Ende sind. Weder die Modernisierungs- noch die Dependenztheorie, weder die Entwicklungskeynesianer noch die Neoklassiker, weder die linken Revisionisten noch die Weltsystemtheoretiker können im Rahmen ihrer großen Theorien etwas davon erklären.

Diese Länder gibt es als Staaten gar nicht mehr. Somalia ist ein Volk ohne Staat. Liberia (von dem wir Gott sei Dank weniger erfahren zur Schonung unserer Tagesschau-Nerven) ebenso. Angola wird in eine ähnliche Lage kommen.

Mobutu, der kapitalistische Freund des Westens, Frankreichs, Belgiens und der Schweiz, bekommt jetzt – mutig, mutig! – Einreiseverbot für Frankreich. Er soll sich buchstäblich nicht an der Riviera – wo er mehrere Schlösser besitzt – die Zähne richten lassen, sondern er soll sein eigenes Land in Ordnung bringen. Paris vergißt dabei, daß für Mobutu schon längst sein Schloß an der Riviera sein »castle« und Land war, nicht das von ihm ausgesaugte und ausgeblutete Land Zaire.

Was tun? Menschen die Treue halten. Beharrlich vor Ort arbeiten, im humanitären und entwicklungspolitischen Auftrag. Die Regierungen kritisieren, die den vollen Ernst nicht sehen können und wollen. Es ist mir bei Somalia klargeworden: Unsere Regierungen können nur kameralistisch denken im diplomatischen Austausch.

Ich habe in den letzten vierzehn Jahren gelernt, daß unser Optimismus betrogen wurde, weil wir hofften, eine »wirtschaftliche Zusammenarbeit« sei möglich. Der betrogene Optimismus hat uns trotzdem nicht davon abgehalten, nach neuen Möglichkeiten für eine Veränderung der Entwicklungspolitik zu suchen.

Vaclav Havel hat dazu gesagt: »Hoffnung ist eben nicht Optimismus. Es ist nicht die Überzeugung, daß etwas gut ausgeht, sondern die Gewißheit, daß etwas Sinn hat – ohne Rücksicht darauf, wie es ausgeht!«

Ja, aber ist das nicht schon eine religiös begründete Gewißheit und Hoffnung? Wer durch Afrika und Lateinamerika gereist ist, wird sagen: Das einzige, was wir im Austausch mit den Habenichts- und Schwellenländern lernen konnten, ist die Tatsache, daß Religion und Geschichte kein Humbug sind. Wenn Länder ganz am Boden lagen, nichts mehr Bestand hatte, dann gab es bei den Somalis, Ovimbundu, Sudanesen,

Ugandern, Indianern am Amazonas, am Chaco und Choco immer noch die Religion. Und das ist ein durch keine große Theorie aufzulösender Faktor. Es ist ein Seufzer der bedrängten Kreatur.

Hinzu kommt eine weitere Erkenntnis für die Arbeit in der Zukunft: Große Ehrlichkeit und das Ablegen liebgewonnener Theorien und Weltbilder sind notwendig. Das Buch von Siegfried Kohlhammer ist dazu ein neuer Ansporn.

2019: EIN VIERTELJAHRHUNDERT SPÄTER

Dass wir auf Kosten der Dritten Welt leben, dass unser Reichtum auf der Armut und Ausbeutung der Dritten Welt beruht – das ist auch weiterhin eine von vielen geteilte Grundannahme über die Welt, in der wir leben, und dieser Glaube ist eben deshalb so zählebig, weil er als eine Art A priori nicht überprüft wird und andrerseits dem Gläubigen einen moralischen Bonus verschafft, zum *virtue signalling* dient, zur Tugendbekundung und zur Demonstration superiorer Einsicht und Weltkenntnis gegenüber einer ja durchaus kontraintuitiven Aussage.

Von der CSU bis zur Partei Die Linke, von »Bumi« Gerd Müller bis Gregor Gysi, von den edlen Seelen der Drittwelt-NGOs bis zu den bekennenden meinungsstarken Kirchenmännern, Schriftstellern und Theatermachern (die meiner vorsichtigen Schätzung nach zu 90 Prozent wirklich keine Ahnung haben, wenn es um Wirtschaft, Wirtschaftsgeschichte etc. geht) bekennen alle lautstark: Wir leben auf Kosten der Dritten Welt! Was ihre gute Laune augenscheinlich nicht im Geringsten beeinträchtigt.

Andrerseits finden sich heute in fast allen großen Zeitungen kenntnisreiche Artikel, in denen die »Auf Kosten …«-These kritisiert und abgelehnt und generell ein sachkundiger, kritischer und unsentimentaler Umgang mit den Problemen der Dritten Welt gepflegt wird. Das gleiche gilt für den Büchermarkt. Hier hat sich die Situation ebenfalls deutlich gebessert. Als ein Beispiel sei Volker Seitz' großartiges Buch *Afrika wird armregiert* genannt.[278]

In der *NZZ* vom 3.5.2018 publiziert Martin Rhonheimer einen Artikel mit dem Titel »Im Kopf sind wir alle Marxisten« und der Unterzeile »Linksliberale, Kirchenführer, selbst Bürgerliche verwenden marxistische Denk-Topoi am laufenden Band, ohne es zu merken«. Zu diesen Topoi gehöre auch »Wir in den reichen Ländern leben doch alle auf Kosten der armen Länder.« Bei Seitz heißt es dazu: »Dabei ist die klassische linke Erklärung ›Sie sind arm, weil wir so reich sind‹ weniger plausibel denn je.«[279]

JAHRHUNDERTE DER AUSBEUTUNG

Im November 2018 fand an vielen Orten (vor allem Theatern) in Europa das *European Balcony Project* statt, die Verlesung eines Manifests des Schriftstellers Robert Menasse (ja, das ist der mit den Zitaten aus der Rede Walter Hallsteins in Auschwitz), des Theatermachers Milo Rau und der Politologin Ulrike Guérot. Darin heißt es unter anderem: »Wir sind uns bewusst, dass der Reichtum Europas auf Jahrhunderten der Ausbeutung anderer Kontinente und der Unterdrückung anderer Kulturen beruht.« Auf meine Frage, worauf sich diese Aussage stütze, wurde ich von der Website des Projekts auf Materialien verwiesen, worin es heißt: »Mit diesem Absatz nehmen wir Bezug auf die umfangreichen Ergebnisse der Postcolonial Studies [...].« Aber die Postcolonial Studies, eine Variante der Kulturwissenschaften, haben meines Wissens mit ihren Gesinnungsübungen und -exhibitionen nichts zu wirtschaftswissenschaftlichen und -historischen Fragen beigetragen; Edward Saids[280] *Orientalism* gilt als einer ihrer *founding texts*. »Mit ›postcolonial studies‹ wird ein nur lose definiertes interdisziplinäres Feld von Perspektiven, Theorien und Methoden bezeichnet, das sich mit der Analyse der nichtmateriellen Dimensionen kolonialer Herrschaft befasst [...].«[281] Von den Postcolonial Studies ist also eine Antwort auf meine Frage nicht zu erwarten. Anders gesagt, die drei Autoren des Manifests wissen nicht, wovon sie reden, wenn sie von »Jahrhunderten der Ausbeutung« reden.

In den genannten Materialien heißt es dann weiter: »Dieses Manifest ist als ein europäisches Versöhnungsangebot zu lesen, mit dem Europa fünfhundert Jahre white supremacy beenden möchte.« Fünfhundert Jahre, das ist ein ziemlich großer Zeitraum, nun ja, nur die Lumpen sind bescheiden. Seltsam aber, dass das Versöhnungsangebot von den Tätern (Ausbeutung, Unterdrückung) kommt – und fragwürdig auch, warum sich Finnland oder Polen, Kroatien oder Luxemburg diesen Kolonial-Schuh anziehen sollen und in kollektive europäische Schuldhaft genommen werden. »Wir müssen Afrika modernisieren, das Klima retten und den Flüchtlingen helfen, um nur einiges zu nennen«, schreibt Ulrike Guérot in ihrem Buch *Der neue Bürgerkrieg*.[282] Sie und Menasse beschreiben sich als »Träumer«, die »die wahren Realisten«

seien. (Schuld-)Größenwahn und Realitätsstörung fallen *mir* dazu ein. Das ist ein fruchtbarer Boden für die These vom Leben auf Kosten der Dritten Welt.

Als ein Problem der Entwicklungspolitik gilt für Easterly, dass die Wähler und ihre Abgeordneten in den reichen Ländern »love the Big Plans, the promises of easy solutions, the utopian dreams [...]«. Er kritisiert »the messianic urge of the West to solve all of the rest's problems«.[283] Oder in den Worten des Kenianers James Shikwati: »Dem verheerenden europäischen Drang, Gutes zu tun, lässt sich bisweilen leider nicht mit Vernunft begegnen [...].«[284]

Afrika modernisieren will auch das BMZ und sein Minister, Gerd Müller von der CSU. »Wir müssen Afrika als *gleichberechtigten* Partner behandeln. Wir brauchen ein *europäisches* Entwicklungskonzept für Afrika, und wir brauchen jemanden, der diese Aufgabe *in Brüssel* koordiniert und umsetzt.« (Hervorhebungen von mir, S.K.) Und auch er bekennt, dass wir schwere Schuld auf uns geladen haben: »Viel zu lange hat Europa den afrikanischen Kontinent mit ausgebeutet. Wir Europäer haben wertvolle Ressourcen zu Niedrigstpreisen bekommen und den Arbeitskräften Sklavenlöhne gezahlt. Auch auf dieser Ausbeutung gründen wir in Europa unseren Wohlstand. [...] Die Menschen haben nichts von ihren Ressourcen, mit denen wir unseren Konsumhunger stillen. Es gibt kein Handy ohne Rohstoffe.«[285]

Da ist der Minister von der CSU einer Meinung mit Gregor Gysi von der Partei Die Linke: »Wir leben auf Kosten der Dritten Welt und wundern uns, wenn das Elend anklopft.«

WIE WIR AFRIKA AUSBEUTEN UND DEUTSCHE INVESTITIONEN IN AFRIKA

Afrika als der ärmste Kontinent mit der größten Zahl an Hungernden und LDCs (least developed countries/am wenigsten entwickelten Länder) wird gemeinhin als Objekt der westlichen Ausbeutung genannt; das ist insofern misslich, als Afrikas Anteil am Welt-BIP 2014:

3,1 Prozent = 2.472 Milliarden Dollar beträgt. (Europa: 25,5 Prozent) Deutschland: 3.852 Milliarden Dollar – nach Angaben der UNCTAD. Das deutsche Bruttoinlandsprodukt ist also erheblich größer als das des gesamten afrikanischen Kontinents. (Das BIP misst den Wert der im Inland *hergestellten* Waren und Dienstleistungen.) »Es ist in erster Linie ein Produktionsmaß«, so Gablers Wirtschaftslexikon, kein Ausbeutungs-, Plünderungs- etc. -maß.) Und misslich auch deshalb, weil Afrikas Anteil am Welthandel nur zwischen 2 Prozent und 3 Prozent beträgt.

Warum wird nicht China als Kostgänger der Dritten Welt genannt, ein Land, das zur Zeit der Entkolonialisierung Afrikas ärmer war als die meisten afrikanischen Länder und das heute die zweitgrößte Wirtschaftsmacht und größte Handelsmacht der Welt ist? Und warum gilt China, einer der größten Investoren und Handelspartner Afrikas, nicht als Ausbeuter, als auf Kosten Afrikas lebend? Mit anderen Worten: Beutet das Entwicklungsland China nicht die afrikanischen Entwicklungsländer aus? Und wenn nein, warum nicht?

2017 startete das BMZ einen »Marshallplan mit Afrika«. Der Name verdankt sich dem Umstand, dass der Marshallplan für das kriegszerstörte Europa ein großer Erfolg war; die Entwicklungshilfe ist mittlerweile heftig umstritten, also nennt man sie »Marshallplan«, auch wenn Entwicklung etwas anderes als Wiederaufbau ist. »Der in Washington lehrende ghanaische Wirtschaftswissenschaftler George Ayittey hat ausgerechnet, dass seit 1960 die Summe von sechs Marshallplänen nach Afrika gepumpt wurde – ›ohne erkennbares Ergebnis‹.«[286] In dem betreffenden Text des BMZ (Kapitel 1) heißt es: »Und auch heute gründet der Wohlstand der Industrieländer teilweise auf der ungeregelten [wäre eine geregelte besser?] Ausbeutung von Menschen und Ressourcen des afrikanischen Kontinents.«

Angesichts der »Sklavenlöhne« und »Niedrigstpreise« von Ressourcen würde man eine Stampede deutscher Unternehmer und Ausbeuter nach Afrika erwarten. Aber »Deutsche Konzerne sind in Afrika noch zögerlich«, schreibt Philip Plickert in der *FAZ* vom 11.12.2016. »Insgesamt hat die deutsche Wirtschaft auf der ganzen Welt fast eine Billion

Direktinvestitionen platziert – doch nur ein Prozent davon – gut 9 Milliarden Euro – in Afrika [...].« Und zwei Drittel dieser Investitionen gingen nach Südafrika, das bekanntlich starke Gewerkschaften und Löhne über den subsaharischen »Sklavenlöhnen« hat.

Die Deutsche Bundesbank informierte 2017 über »Inländische Direktinvestitionen im Ausland« (in Millionen Euro):

Alle Länder insgesamt	111.797
Europa	89.436
die 28 EU-Länder	81.168
Asien	8.348
China	3.432
Hongkong	1.208
Afrika insgesamt	570
Nordafrika	142
andere afrikanische Länder	428
	(Nigeria 14, Südafrika 302)

Die Deutsche Industrie- und Handelskammer informierte über »Auslandsinvestitionen nach Zielregionen in Prozent; Mehrfachnennung möglich«. (Zahlen zu 2018, in Klammern 2017):

Eurozone	63 (60)
China	39 (37)
Nordamerika	35 (37)
Asien/Pazifik (ohne China)	26 (25)
sonstige EU, Schweiz, Norwegen	23 (23)
Ost-/Südosteuropa (ohne EU), Russland, Türkei	18 (19)
Süd- und Mittelamerika	15 (15)
Afrika, Nah- und Mittelost	10 (10)

Das heißt, Afrika ist nicht einmal wichtig genug, um gesondert aufgeführt zu werden.

Unter dem passenden Titel »Angela Merkels afrikanischer Größenwahn« schreibt Ferdinand Knauß anlässlich der Pläne der Bundesregierung, die afrikanische Migration nach Deutschland durch Schaffung von Arbeitsplätzen in deutschen Direktinvestitionen auf dem Kontinent zu reduzieren, in der *Wirtschaftswoche* vom 9.7.2017: »Der saldierte Bestand aller deutschen Direktinvestitionen in allen afrikanischen Ländern (inklusive der nordafrikanischen) hat zwischen 2012 und 2015 (aktuellste Zahlen) sogar leicht abgenommen: Von 7,889 Milliarden auf 7,243 Milliarden Euro. Selbst in kleinen EU-Ländern wie Ungarn investieren deutsche Unternehmen deutlich mehr als auf dem gesamten afrikanischen Kontinent. In Spanien sind deutsche Investoren viermal so aktiv wie in Afrika. [...] Weit über die Hälfte der Afrika-Investitionen betreffen die Republik Südafrika [...] Danach folgt Ägypten und die anderen arabischsprachigen Länder Nordafrikas. Selbst große und halbwegs stabile subsaharische Länder wie Kenia sind nur mit Klecker-Beträgen von weniger als 100 Millionen Euro präsent. Die meisten afrikanischen Länder tauchen in der Statistik der Bundesbank überhaupt nicht auf, weil deutsche Unternehmen in ihnen praktisch gar nicht investieren. [...].«

Die deutschen Importe aus Afrika verringerten sich von 2014: 20 Milliarden auf 2016: 16,6 Milliarden Euro – auch dabei sei Südafrika »einsamer Spitzenreiter, gefolgt von den Maghreb-Staaten«. Die Gesamtsumme der Importe in die BRD betrug laut bpb (Bundeszentrale für politische Bildung) vom 7.7.2017 im Jahre 2015 insgesamt 949,2 Milliarden Euro (laut Statista – de.statista.com/...importe-nach-deutschland – betrug der Wert der deutschen Importe 2018: 1.089,60 Milliarden Euro, 2017: 1.031,01, 2015: 949,25). Die Importe aus Afrika machten also weniger als 2 Prozent aus.

So stieß die Aufforderung der Bundesregierung zu Investitionen bei den deutschen Unternehmern trotz einer Förderungssumme von 500 Millionen Euro auf geringes Interesse: Nicht ein Unternehmen zeigte sich interessiert. Das »Fünf-Punkte-Programm» des Bundesverbandes der deutschen Industrie erklärte zu Merkels Afrika-Plänen, dass dafür eine »Veränderung der politischen und sozialen Rahmenbedingungen notwendig (ist). Viele Investitionshemmnisse [...] sind vorwiegend politischer Natur und können weder finanziell, noch technisch gelöst werden.«[287] Im *Marshallplan mit Afrika* des BMZ heißt es in Abschnitt 4,03: »Afrika entgehen jedes Jahr 2 Prozent an Wirtschaftswachstum durch fehlende oder unzureichende Infrastruktur. Dies gilt sowohl für Transportinfrastruktur als auch für die Energie- und Wasserversorgung. In Afrika produzierte Güter verteuern sich nach Schätzungen der Vereinten Nationen auf dem Weltmarkt um bis zu 40 Prozent.« Man vergleiche dagegen Chinas entschlossenen Aufbau der Infrastruktur.

Sklavenlöhne und Niedrigstpreise sind offenbar kein entscheidender Grund für eine Auslandsinvestition. Wenn unser Reichtum auch auf den Gewinnen von Direktinvestitionen deutscher Unternehmen in Afrika beruhen soll, kann er nicht groß sein.

Während es im Text des BMZ heißt: »Nur 6 Prozent des Kakaopreises kommt bei ihnen [Afrikas Kakaobauern] an«, beklagt Müller, dass vom Einkaufspreis einer Tafel Schokolade von 59 Cent »nur zwei Cent im Anbauland« blieben, also ca. 3 bis 4 Prozent. Aber das ist eben das, was einem deutschen Getreide-Bauern vom Endpreis von Brot- oder Brötchen bleibt.[288] Nun geht es etwa den Kakao-Bauern Ghanas in der Tat wirtschaftlich erheblich schlechter als den deutschen Bauern, aber mit solchen uns anklagenden und beschämen sollenden Milchschokolade-Rechnungen sind die Gründe dafür nicht adäquat erfasst.

CHRISTOPH RANSMAYR NIMMT KEIN BLATT VOR DEN MUND

Auch Christoph Ransmayr vertritt in seiner Preisrede zur Verleihung des Würth-Preises für Europäische Literatur 2018 (*FAZ* vom 25.6.2018) die »Auf Kosten ... «-These. Überall in Afrika stoße man auf »Quellgebiete des europäischen Reichtums«. Dieser sei möglich geworden nur durch das »Elend« der anderen überall auf der Welt. Unser Wohlstand sei »auf fremden Rücken gewonnen« worden, die Flüchtlinge nach Europa kämen aus »geplünderten Rohstoffgebieten«. Daneben finden sich die üblichen Phrasen und ignoranten Gemeinplätze von den »sogenannten Entwicklungshilfen« als »lächerlichen Almosen«, »die in Wahrheit über raffinierte Finanzierungsinstrumente zumeist doch wieder auf europäische Konten zurückfließen«; »der Reichtum dieser Welt (müsste) endlich und tatsächlich gestreut werden« – als ginge es nicht darum, Reichtum zu schaffen (das beruht auf dem archaischen Bild vom Reichtum als je schon gebackenem Kuchen, der nun *gerecht* zu verteilen sei;[289] die »Mitleidlosigkeit der Mehrzahl« der Bewohner Europas bis zu »gentechnisch verunstaltetem Saatgut«. Sein Schriftstellerkollege Paul Theroux (der sich anders als Tourist Ransmayr tatsächlich als Lehrer in Afrika engagiert hatte) erklärte einmal: »Es scheint Afrikas Los zu sein, als Bühne für hohle Phrasen und theatralische Gesten herhalten zu müssen.«[290]

Aber Ransmayr geht noch entschieden weiter in seiner Anklage: Die Europäer, die Weißen überhaupt werden von ihm nicht nur der jahrhundertelangen und bis heute andauernden wirtschaftlichen Ausbeutung angeklagt. Vielmehr sei ihr Auftreten in Übersee immer auch eine Geschichte von Sklaverei und Völkermord gewesen.

Die Europäer, die Weißen werden mit hyperbolischer Rhetorik zu einer genozidären Geißel des Menschengeschlechts gemacht, und alle Übel Afrikas – vom genozidären Massenmord bis zur Wilderei – verdanken sich ihnen. Die empirische Sorglosigkeit und Schlamperei, mit der Ransmayr dabei vorgeht, scheint mir symptomatisch für die Argumentationsweise derjenigen, die die These vertreten, wir lebten auf Kosten der Dritten Welt.

DIE MITLEIDLOSIGKEIT DER EUROPÄER

Was im Zusammenhang mit der Entwicklungshilfe[291] die majoritäre Mitleidlosigkeit der Europäer betrifft, einige Zahlen aus Deutschland: Laut einer vom 30.8. bis 4.9.2018 durchgeführten Umfrage der *Welthungerhilfe* halten »insgesamt 84 % der Deutschen es für sehr wichtig (35 %) oder wichtig (49 %), dass Deutschland Entwicklungshilfe leistet«.

Ein mitleidloses und freches »Gar nicht wichtig« war nur von 1 Prozent der Befragten zu hören. 39 Prozent wollen gar eine Erhöhung der Entwicklungshilfe, und ein »besonderes Engagement für Afrika wird von knapp drei Vierteln der Befragten befürwortet«. 15 bis 20 Prozent der jährlichen Milliardenbeträge für die Entwicklungsländer kommen von privaten Organisationen wie NGOs, also von Privatleuten.

Bei einer ähnlichen Umfrage von Oxfam erklärten »71 Prozent der Befragten, sie befürworteten eine Verdoppelung der Entwicklungshilfe«.[292]

Während diese Zahlen gegen die Mitleidlosigkeit der Befragten sprechen, stellen sie ihrer ökonomischen und entwicklungspolitischen Informiertheit nicht unbedingt ein gutes Zeugnis aus. Dazu später mehr.

ENTWICKLUNGSHILFE – LÄCHERLICHE ALMOSEN?

Was nun die »lächerlichen Almosen« betrifft – also, ich weiß nicht: Mehr als 2 Billionen Dollar (das sind zweitausend Milliarden, laut Easterly waren es von 1969–2010 2,3 Billionen Dollar.[293]) flossen in den letzten 50 Jahren als Entwicklungshilfe von den reichen in die armen Länder, heißt es bei Dambisa Moyo – und das war 2009. Ca. 130 Milliarden Dollar war in den folgenden Jahren die jährliche Durchschnittssumme offizieller Entwicklungshilfe (sodass wir mittlerweile bei 3 Billionen angekommen sein müssten), wobei Afrika »the biggest recipient by far« war (2009 ca. 1 Billion Dollar): »This is nearly $ 1.000 for every man, woman and child on the planet today.« Afrikas Entwicklungshilfe mache etwa 15 Prozent des BIP des Kontinents aus – der Anteil an vielen Staatshaushalten ist höher, zeitweilig wurden etwa in Gambia oder Äthiopien 97 Prozent des Staatshaushalts mit ihr finanziert.[294]

»The typical African country received more than 15 % of its income from foreign donors in the 1990s […]«, schreibt Easterly. Er verweist auf das Beispiel Kamerun mit »41 % of government revenue from foreign aid«.[295]

Die deutsche Entwicklungshilfe hat sich seit 2012 mehr als verdoppelt. Im Jahr 2017 waren es 22 Milliarden Euro. Deutschland zahlt Entwicklungshilfe aber auch über die EU-Kommission. Die EU und ihre Mitgliedsländer kamen 2017 mitleidlos für 57 % der gesamten weltweiten Entwicklungshilfe auf: 75,5 von 130 Milliarden Euro.[296] Dass Bundeskanzlerin Merkel bei ihrer Neujahrsansprache am 31.12.2018 höhere Ausgaben für Entwicklungshilfe ankündigte, wird niemanden überrascht und viele erfreut haben.

Entwicklungshilfe wird als *grant* gewährt (nicht zurückzahlbarer Kredit, vulgo *Geschenk, milde Gabe*). Schon 1996 bestand die offizielle Entwicklungshilfe zu mehr als 90 Prozent aus *grants*.[297] Die Entwicklungshilfe der EU-Kommission besteht ausschließlich aus *grants*.[298] Oder als *loan* (Darlehen, Kredit), entweder bilateral von einer Regierung an die andere, oder multilateral: von einer internationalen Institution (z.B. Weltbank oder UN-Institutionen) an die Regierung des Entwicklungslandes, wobei natürlich die Gelder für Weltbank etc. von den Steuerzahlern der Industrieländer kommen. Diese Kredite sind zweifach vorteilhaft für die Entwicklungsländer: Erstens sie bekommen überhaupt einen Kredit, den sie auf den Finanzmärkten nicht oder nur unter sehr viel ungünstigeren Bedingungen bekommen könnten. Zweitens zu sehr günstigen Bedingungen, was Zins und Zeit der Rückzahlung betrifft. »Raffinierte Zahlungsinstrumente« treten dabei nicht auf. Tatsache ist, dass die Entwicklungsländer dazu neigen, ihre Kredite/Schulden nicht zurückzuzahlen. Die Reaktion darauf ist immer öfter *debt forgiveness* (Schuldenerlass): Von »the ever escalating degree of debt forgiveness« spricht Easterly. »Calling a loan to the poorest countries a ›loan‹ has become ever more fictional.«[299] Das hatte schon in den 1980er Jahren begonnen; im August 1982 erklärte Mexiko, dass es seine Schuldendienstzahlungen nicht mehr leisten könne. »Other countries soon followed suit. In Africa alone, some eleven countries – Angola, Cameroon, Congo, Ivory Coast, Gabon, The Gambie, Mozambique, Niger, Nigeria, Tanzania, and Zambia – defaulted on their obligations.«[300]

Reduzierung der Schulden und Erleichterung der Schuldenrückzahlungen werden von der *Heavily Indebted Poor Countries (HIPC) Initiative* seit 1996 von IMF, World Bank und anderen Kreditgebern (u.a. Paris

Club) durchgeführt; daneben gab es von 2005 bis 2015 die *Multilateral Debt Relief Initiative (MDRI)*, initiiert von den G8-Ländern bei ihrem Gipfeltreffen in Gleneagles (wo sie beschlossen »to give 100 percent debt cancellation [worth forty billion dollars] to eighteen low-income contries« – 14 darunter waren afrikanische. Von 1996 bis 2005 hatte die HIPC-Initiative 27 Ländern 54 Milliarden Dollar *debt relief* zukommen lassen, »a reduction by about two thirds of their outstanding debt«.[301]

Ein Bericht des IMF teilt 2015 mit: »The total cost of debt relief to creditors under the HIPC Initiative is currently estimated to be US$ 76,9 billion, while the costs to the four multilateral creditors providing relief under the MDRI is estimated at US$ 42,4 billion in end-2015 present value terms.«[302]

»Die gelegentlich geäußerte Kritik, Entwicklungsländer erhielten netto gar keine Entwicklungshilfe, da die Rückzahlungen von Schulden größer als die geleistete Hilfe sei, ist jedoch falsch. Das zeigen Zahlen, die die OECD veröffentlicht, Zahlen, die vom Entwicklungsprogramm der Vereinten Nationen (UNDP) veröffentlicht werden, und mehrere Untersuchungen unabhängiger Wissenschaftler. In allen Jahren seit 1960 sind die Netto-Flüsse von Entwicklungshilfegeldern (Hilfsgelder abzüglich Schuldenrückzahlung) positiv.«[303]

ILLEGALE FINANZSTRÖME, DIE NEUESTE RATIONALISIERUNG

Der neueste Versuch, das Gegenteil zu behaupten, d.h. die Entwicklungsländer als Gläubiger der Ersten Welt darzustellen – »Africa is a net creditor to the world«, heißt *IFF (Illicit Financial Flows,* zu Deutsch: *Illegale Finanzströme, unlautere und unrechtmäßige Finanzflüsse)*. Wikipedia definiert sie als »a form of illegal capital flight that occurs when money is illegally earned, transferred, or spent«. Sie sind nicht zuletzt durch die *Panama Papers* weithin bekannt geworden. Dieser Begriff wurde ausdrücklich deshalb geprägt, um den Begriff *capital flight (Kapitalflucht)* abzulösen, womit die Verantwortung für dieses Phänomen einseitig den Entwicklungsländern zugeschoben werde. Im *African Economic Outlook 2012* der African Development Bank (2012) heißt es noch: »The people benefiting from capital flight are those who have the power to unlawfully appropriate and transfer resources abroad. Almost all the people engaging in capital flight in Africa are among the 10 percent richest segment of the population […], it is the wealthy who benefit as they have access to foreign investments that average citizens do not.«[304] Das mag eine Binsenwahrheit sein, klingt aber nicht gut. IFF soll verdeutlichen, dass es dabei nicht um eine einseitige Verantwortung gehe, Die Länder, in denen diese Geldströme landen und die davon profitieren, seien mitschuldige Komplizen. *Global Financial Integrity* (GFI) in Washington ist mit ihrem Gründer und Vorsitzenden Raymond W. Baker der Hauptförderer dieser Bewegung. Baker, Experte beim Thema illegale Finanzströme, sieht darin das wichtigste Problem für die Armen dieser Welt. Das wichtigste vielleicht nicht, aber bei einem weltweiten Umfang von über einer Billion sicher wichtig (nach Schätzungen des GFI; wie schwierig eine genaue Schätzung dieser *illicit flows* naturgemäß ist, wird allgemein betont). Und so wird es denn auch von IMF (*The IMF and the Fight Against Illicit Financial Flows*) und Weltbank und UNO-Organisationen, G20 und anderen untersucht und behandelt. OECD: »Every year huge sums of money are transferred out of developing countries illegally […] while such practices occur in all countries – and are damaging everywhere – the social and economic impact on developing countries is more severe […].«[305]

Laut der Studie »Illicit Financial Flows from Developing Countries: 2003–2012« stammt ein Großteil der unlauteren Finanzflüsse aus fortgeschritteneren Entwicklungs- und Schwellenländern wie China, Russland, Indien und Mexiko. (Es handelt sich dabei nicht nur um veruntreute öffentliche Gelder oder Steuervermeidung, sondern auch um Drogenhandel, Gelder für terroristische Organisationen, für Fluchthelfer etc.) Im Verhältnis zur Wirtschaftsgröße sei aber Subsahara-Afrika am meisten betroffen: Die IFF machten dort 4,5 Prozent des BIP aus (im Jahr 2012). Im Durchschnitt aller Entwicklungsländer machten die Schwarzgeldtransfers ins Ausland rund 3,6 Prozent des BIP aus.

Der *Marshallplan mit Afrika* des BMZ informiert, dass aufgrund von Versäumnissen »internationaler Konzerne […] bei der Einhaltung von

Umwelt- und Sozialstandards vor Ort und der Erfüllung von Compliance-Vorgaben« Afrika in den letzten 50 Jahren einen Verlust von »über einer Billion Dollar für nachhaltige Entwicklung« erlitten habe. 60 Prozent der 50 Milliarden Dollar an illegalen Finanzströmen im Jahr entstünden »durch aggressive Steuervermeidung internationaler Konzerne«. Ein Beispiel dafür bietet V. Seitz: »Als das kanadische Bergbau-Unternehmen First Quantum seine Steuern von 60 Millionen Dollar für das geförderte Kupfer in der DR Kongo 2009 bezahlen wollte, wurde der Firma bedeutet, vier Millionen dem Direktor der Steuerbehörde zu übergeben, sechs Millionen an den Staat zu zahlen – und den Rest zu behalten (aipc-African Investigativ Publishing Collective: The Plunder Route to Panama, aufgerufen am 28.10.2017).«[306]

Das BMZ verweist auf den *Report of the High Level Panel on Illicit Financial Flows from Africa* (2015). Raymond W. Baker ist Mitglied dieses Panels, das die afrikanische Sicht auf das Problem bietet. Endlich sind die internationalen Konzerne (früher traten sie als *Multis: Multinationale Konzerne* auf)[307] wieder einmal die Hauptbösewichter. Der genannte Verlust von mehr als einer Billion Dollar erinnert mich auch an die 500 Milliarden »Kosten der globalen Märkte für die Entwicklungsländer«, die die Entwicklungsländer einst den Industrieländern als Verluste vorhielten, wovon 250 Milliarden auf »eingeschränkten Zugang zum Arbeitsmarkt« der Industrieländer entfielen. Heute wird anlässlich der IFF das alte Lied der Opfer und Ohnmächtigen gesungen: »Wir sind für nichts verantwortlich, und ihr seid an allem schuld.«[308]

Am erhellendsten fand ich den Bericht des Schweizer Bundesrates vom 23.9.2015 (www.newsd.admin.ch/newsd/message/attachments/45657pdf), »Schweizerische Eidgenossenschaft, unlautere und unrechtmäßige Finanzflüsse aus Entwicklungsländern«. Dort heißt es in Abschnitt 2.1.2 Schätzungen des Volumens der IFF seien »äußerst schwierig«, und es folgt eine ausführliche Darlegung der Gründe dafür. Bei den Zahlen der GFI handle es sich »um Abflüsse in Richtung entwickelter Länder sowie anderer Schwellen-und Entwicklungsländer. Zwischen 2004 und 2013 soll der *Ab*fluss insgesamt rund USD 7.848 Mia. betragen haben. Dem stehen allerdings über denselben Zeitraum – wiederum gemäss GFI und demselben umstritte-nen Messansatz – USD 16.455 Mia. an geschätzten IFF gegenüber, die den Schwellen- und Entwicklungsländern *zu*geflossen seien (wiederum aus entwickelten Ländern und anderen Schwellen- und Entwicklungsländern).« (Mit anderen Worten, es fand in diesem Zeitraum ein *positiver* Zufluss in Höhe von 8.607 Mrd. Dollar statt.) Es herrsche jedoch Konsens darüber, »dass es sich auf globaler Ebene um bedeutende Summen handelt«. Es wird davon ausgegangen, dass IFF aus Entwicklungsländern namentlich die öffentliche Entwicklungshilfe (2015: 131,6 Mrd. Dollar) übersteigen. Alle UNO-Staaten seien verpflichtet zur Umsetzung der Agenda 2030 für eine nachhaltige Entwicklung, wozu auch die Bekämpfung der IFF gehöre.[309]

DIE KORRUPTESTE REGION DER WELT

Ransmayr hat also recht, wenn er sagt, dass – abgesehen von Schuldenrückzahlungen – ein erheblicher Teil der Entwicklungshilfegelder auf europäische oder die Konten anderer Länder (zurück-)fließt. Aber das liegt nicht an »raffinierten Finanzierungsinstrumenten« (jüdischen womöglich), sondern an eher schlichtem Diebstahl, an banaler Korruption. »[...] corruption analysts estimate at least US$ 10 billion – nearly half of Africa's foreign aid receipts – depart Africa every year«, schreibt Moyo 2009.[310] Bartholomäus Grill schreibt am 29.10.2009 in *ZEIT ONLINE* über »Afrikas gierige Herrscher«: »Die Kapitalflucht aus Afrika beträgt jährlich rund 30 Milliarden Euro. Das ist mehr als die gesamte Entwicklungshilfe, die auf den Kontinent fließt.«

»By 1990, 38 percent of [Africa's] private wealth was held abroad. This was a greater proportion than in any other region. It was even higher than in the Middle East, where oil wealth and deserts, unsurprisingly, tend to encourage investment abroad. Africa integrated into the global financial economy, but in the wrong direction: the most capital-scarce region in the world exported its capital.«[311]

Nun gibt es Korruption nicht nur in Afrika, aber andere Länder mit massiver Korruption wie China, Thailand, Indonesien haben gleichwohl hohe Wachstumsraten. Moyo sieht den Grund dafür auch in der Tatsache, dass die gestohlenen, veruntreuten Gelder Afrikas meist den Kontinent verlassen, während sie anderswo meist im Lande blieben und so weniger Schaden angerichtet werde.[312] »Die von Tony Blair initiierte ›Commission for Africa‹ [2005] hat ausgerechnet, dass sich 40 Prozent der afrikanischen privaten Vermögen außerhalb Afrikas befinden. In Asien sind dies je nach Region zwischen drei und sechs Prozent.«[313]

Den entspannten Umgang vieler afrikanischer Länder mit der Veruntreuung von Geldern zeigt eine Nachricht von *SPIEGEL ONLINE* vom 29.1.2019, »Extreme Korruption in Mosambik. Wenn 500 Millionen Dollar einfach verschwinden«. Ein »krasses Beispiel von Korruption« bot Mosambik, das für Thunfisch-Trawler Kredite über 2 Milliarden Dollar aufgenommen hatte. Eine halbe Milliarde ging verloren. Mosambik erklärte, dass es weder die 2 Milliarden Dollar in Krediten noch die Staatsanleihen (700 Millionen) zurückzahlen werde. So leben wir auf Kosten der Dritten Welt.

Afrika ist laut *Transparency International* die korrupteste Weltregion, obwohl es bei einigen Ländern (Senegal z.B.) Verbesserungen gab.[314] Korruption wirkt sich negativ auf das wirtschaftliche Wachstum aus. [315] »So how badly does corruption actually affect growth? […] Using the Transparency International CPI (Corruption Perceptions Index), Graf Lambsdorff found that a one-point improvement in a country's corruption score was correlated with an increase in productivity of 4 percent of GDP. This implies that were Tanzania (placed at 3.2 out of 10 on the 2007 Transparency International index) to improve its corruption score to the level of the UK (ranked 8.4 out of 10), its GDP could be more than 20 percent higher, and net annual per capita inflows would increase by 3 percent of GDP.

Joel Kurtzman found that every one-point increase in a country's opacity index (the degree to which a country lacks clear, accurate and easily discernible practices governing business, investment and government) correlated to a lower per capita income by US$ 986 and a 1 percent decrease in net foreign direct investment as a share of GDP.«[316]

Korruption wird den afrikanischen Ländern nicht von den Industrieländern aufgezwungen (die deutlich weniger korrupt sind); Korruption wurde nicht von den Kolonialherren eingeführt. Für die Korruption in Afrika sind die Afrikaner selbst verantwortlich, auch wenn etwa Moyo argumentiert, dass die leichte Verfügbarkeit der hohen Entwicklungshilfesummen für die Korruption (mit)verantwortlich sei. Leicht verfügbar für die Regierenden sind auch die Steuergelder (und sie werden ebenfalls oft unterschlagen und gestohlen). Sind Steuern deshalb für die Korruption verantwortlich?

KRITIK AN DER ENTWICKLUNGSHILFE – IN AFRIKA UND ANDERSWO

Kritik an Entwicklungshilfe ist im letzten Vierteljahrhundert immer lauter, konkreter und zahlreicher geworden – und nicht nur bei mitleidlosen Europäern und weißen neoliberalen Marktfundamentalisten, sondern gerade auch in Afrika, wohin proportional die meisten Entwicklungshilfegelder fließen. »Afrikanische Kritiker haben sich in großer Zahl gegen die gegenwärtige Praxis der europäischen und auch deutschen Entwicklungshilfe ausgesprochen«, schreibt Wolf Poulet in der *FAZ* (vom 29.1.2017 »Ein Marshall-Plan löst Afrikas Probleme nicht«): Neben dem Kenianer James Shikwati, »einem der bekanntesten« unter ihnen, nennt er die hier oft zitierte Sambierin Dambisa Moyo mit ihrem »Dead Aid: Warum Entwicklungshilfe nicht funktioniert und was Afrika besser machen kann«. Unter dem Titel »Warum Afrika dank Entwicklungshilfe im Elend verharrt«, der den Tenor der Kritiker und Kritikerinnen gut zusammenfasst, heißt es bei Thilo Thielke in *SPIEGEL ONLINE* vom 11.6.2007: »Lang ist die Liste der Afrikaner«, die ein Ende des »Unsinns« Entwicklungshilfe forderten. »Sie reicht vom nigerianischen Literaturnobelpreisträger Wole Soyinka, zum ugandischen Journalisten Andrew Mwenda oder dem kenianischen Wirtschaftsfachmann James Shikwati.« Zu nennen ist hier auch die Senegalesin Ken Bugul[317] (s. etwa ihren Artikel »Stoppt die Entwicklungshilfe« in der *NZZ* vom 1.9.2017) oder der Ugander Andrew Mwenda sowie Axelle Kabou (»Weder arm noch ohnmächtig«). Gemeinsam sind ihnen folgende

Kritikpunkte: Ohne Good Governance kann Entwicklungshilfe nichts bewirken. Diese Good Governance wird durch sie aber gerade verhindert, indem sie die Machtstrukturen stabilisiert und die diktatorischen Herrscher und die Korruption stärkt, die wesentliche Gründe von Unterentwicklung und Armut sind. Sie schwächt die Motivation, eine verantwortliche Wirtschaftspolitik zu betreiben.

Am radikalsten wohl hat Moyo diese Kritik konzipiert und formuliert. Entwicklungshilfe hat ihr zufolge Entwicklung verhindert. Sie sei nicht nur nutzlos, sondern positiv schädlich. »Millions in Africa are poorer today because of aid; misery and poverty have not ended but have increased. Aid has been, and continues to be, an unmitigated political, economic, and humanitarian disaster for most parts of the developing world. […] aid is not benign – it's malignant. No longer part of the potential solution, it's part of the problem – in fact aid *is* the problem.« Moyo zitiert Schätzungen, wonach von den »US$ 525 billion that the World Bank has lent to developing countries since 1946, at least 25 percent (US$ 130 billion) have been misused. Vast sums of aid not only foster corruption – they breed it.« Und was geschah mit den 75 Prozent, die nicht missbraucht wurden? »A World Bank study found that as much as 85 percent of aid flows were used for purposes other than that for which they were initially intended, very often diverted to unproductive, if not grotesque ventures.«[318] Collier und seine Mitarbeiter schätzen, dass etwa 40 Prozent von Afrikas Militärausgaben »is inadvertently financed by aid. […] The militaries of the bottom billion are running an extortion racket and our aid programs are the victim.«[319]

An die Auszahlung der Gelder geknüpfte Bedingungen (*conditionalities*) seien offen missachtet worden, ohne dass dies Einfluss auf weitere Zahlungen gehabt hätte. Auf Seiten der Geberländer konstatiert Moyo einen »insatiable need to lend«. Dem entspricht, dass »Africa is addicted to aid.« In Afrika fand der drogenabhängige Drogenhändler Westen seinen »perfect client to deal with«. Endlich scheint der wahre Schuldige und Verantwortliche für Armut und Elend identifiziert: die Geldgeber aus dem Westen. Bad governance ist Folge von Entwicklungshilfe: »aid-dependency, which has hindered good governance for so long.« Und diese »world of good governance […] will naturally emerge in the absence of the glut of aid«.[320] Moyo ist zweifellos eine kluge, sehr gut informierte Expertin, aber hier scheint sie den Kontakt zur Realität verloren zu haben.

»One of the most depressing aspects of the whole aid fiasco is that donors, policymakers, governments, academicians, economists and development specialists know, in their heart of hearts, that aid doesn't work, hasn't worked and won't work. [...] Study after study, after study (many of them the donors' own) have shown that [...] aid has no appreciable impact on development.« Ein auch nur flüchtiger Blick auf die Daten lasse erkennen, dass das Wachstum der Entwicklungshilfe mit einer Verringerung von Afrikas Wachstum einhergehe, begleitet von einer entsprechenden Zunahme der Armut. »Over the past thirty years, the most aid-dependent countries have exhibited growth rates averaging *minus* 0.2 percent per annum.«[321] Man betrachte dazu die Tabelle 9 bei Easterly. Sie vergleicht die »ten best and worst per capita growth rates 1980–2002«: Der Durchschnitt des per capita growth bei den zehn Besten betrug 3,8 Prozent – von Südkorea (5,9) bis Malaysia (3,1). Der Anteil der Entwicklungshilfe am BIP betrug im Durchschnitt 0,23 Prozent, von Taiwan 0,00 bis Mauritius 2,17. Die unter einem IWF-Programm verbrachte Zeit während dieser 22 Jahre betrug im Durchschnitt 4 Prozent, von 0 im Falle Taiwan und Singapur bis 36 Prozent im Fall Südkorea. Bei den zehn schlechtesten Pro Kopf-Wachstumsraten betrug der Durchschnitt –1,9 Prozent: –5,8 Prozent Sierra Leone, –1,6 Prozent Nigeria. Der Anteil der Entwicklungshilfe am BIP lag im Durchschnitt bei 10,98. 54 Prozent der 22 Jahre wurden im Durchschnitt unter einem IWF-Programm verbracht.[322] Moyo hat ein noch drastischeres Beispiel parat: »Between 1970 and 1998, when aid flows to Africa were at their peak, poverty in Africa rose from 11 percent to a staggering 66 percent.«[323] Warum wird dann allüberall darauf insistiert, dass Entwicklungshilfe unverzichtbar ist? Zwei Gründe gibt Moyo dafür an:

1. Die *aid industry* braucht sie.
2. Die Mehrzahl der Bürger in den Industrieländern fühlt sich moralisch dazu verpflichtet.

Ad 1. »[…] there is simply a pressure to lend. The World Bank employs 10.000 people, the IMF over 2.500: add another 5.000 for the other UN agencies, add to that the employees of at least 25.000 registered NGOs, private charities and the army of government aid agencies: taken together around 500.000 people, the population of Swaziland […] they are all in the business of aid […]. Their livelihoods depend on aid […]. » Das Budget ihrer Organisation und ihr beruflicher Erfolg werden nicht an den mit den Entwicklungshilfegeldern erreichten Resultaten (oder deren Ausbleiben) gemessen, sondern an der Höhe der Auszahlungen.[324] »In the donor's desperate quest to lend, and maintain the lender-borrower see-saw, the aid relationship tips in favour of the corrupt government. Almost to the absurd point where the donor has a greater need for giving the aid than the recipient has for taking it.«[325]

Wie Easterly es formuliert: »The aid agencies need the poor-country government, even a bad government, to fill the role of aid recipient to keep the money flowing.« Er erläutert das genauer an den Fällen von Haitis Duvaliers und Zaires Mobutu in den Abschnitten »The International Monetary Fund and the Gangsters« und »The International Financial Institutions Get Taken Again«: »Mobutu could use thuggery as well as bribery. In the late 1970s, a Zairean army unit attacked an uncooperative resident representative of the IMF and the World Bank. The soldiers beat him up and raped his wife and daughters, with strong signs of Mobutu's complicity. The two institutions nevertheless kept on lending.«[326]

In keinem anderen Bereich – Wirtschaft, Politik etc. – werde ein derartiges Maß an Erfolglosigkeit geduldet, heißt es bei Moyo: »What is perhaps most amazing is that there is no other sector, whether it be business or politics, where such proven failures are allowed to persist in the face of such stark and unassailable evidence.«[327]

Auf dieses erstaunliche Phänomen weisen auch Acemoglu und Robinson hin: »Despite of this unflattering track record of ›development‹ aid, foreign aid is one of the most popular policies that Western governments, international organizations such as the United nations, and NGOs of different ilk recommend as a way of combating poverty around the world. And of course, the cycle of the failure of foreign aid repeats itself over and over again.« Das alles beruhe auf »an incorrect understanding of what causes poverty.«[328] Dazu später mehr.

Ad 2. In der Frage nach Grund und Sinn der Entwicklungshilfe spielten Moyo zufolge Moralansprüche eindeutig eine wesentliche Rolle. Die westlichen Geberländer müssten den Wünschen der Wähler nachkommen, für die Entwicklungshilfe mehrheitlich eine moralische Verpflichtung darstelle, und ohnehin sei es für die Politiker einfacher, »just to sign a cheque«.[329] Auch Collier erklärt sich die Popularität von Entwicklungshilfe u.a. dadurch, dass »it is the easiest thing for the Western world to do […]«.[330] »[…] but surely one would expect Western moralizers to adept politics which help those in need«, wendet Moyo ein.[331] Dass dem nicht so ist, liegt an westlichen Schuldgefühlen. Thilo Thielke spricht in seinem schon zitierten Artikel von »einem vagen Schuldgefühl gegenüber der Dritten Welt. Die absurde Grundannahme dafür ist: Uns geht es gut, weil es euch schlecht geht. Dabei ist das der pure Nonsens.« In diesem Zusammenhang spielen auch der frühere Kolonialismus und Imperialismus eine Rolle. In Ransmayrs Hyperbolik lautet das dann so: »Europa hat die Rechnungen für seine durch Jahrhunderte unternommenen Raubzüge quer durch alle Kontinente dieser Erde nie bezahlt […]« – quasi eine welthistorische Zechprellerei. Und mit Entwicklungshilfe sollen diese Schulden nun abgestottert werden.

Acemoglu und Robinson gehen in dem Abschnitt *The Failure of Foreign Aid* auf diese Frage ein: »[…] citizens of many Western nations feel guilt and unease about the economic and humanitarian disasters around the world, and foreign aid makes them believe that something is being done to combat the problems.« Sie irren sich.[332]

Für Moyo leitete Bob Geldofs *Live Aid Concert* 1985 »an era of morality« im Bereich der Entwicklungshilfe ein: »Morality – Western, liberal, guilt-tripped morality – seeped into the development equation. Soon everyone would join in.« Und damit »the way was paved for the army of moral campaigners – the pop stars, the movie stars, new philanthropists and even Pope John Paul II. – to carve out niches for themselves, as they took on the fight for more, not less, aid to be sent to Africa […]«.[333]

Paul Collier, der Entwicklungshilfe keineswegs grundsätzlich ablehnt, erklärt sich ihre Popularität auch dadurch, dass »it fits so comfortably into a moral universe organised around the principles of sin and expiation«. Zumal die Linke, »seeing everything through the spectrum of rich countries oppressing poor countries«, die Entwicklungshilfe als Reparationszahlungen für den Kolonialismus betrachte. Es gehe dabei eigentlich gar nicht um Entwicklung, sondern um die Schuld des Westens. »The key obstacle to reforming aid is public opinion.« Zahlreiche Fehler der Entwicklungspolitik seien darauf zurückzuführen. »This is the fault of ordinary citizens who support vociferous lobbies without bothering to get informed. No aspect of domestic policy is run this badly. The aid agencies are not run by fools; they are full of intelligent people severely constrained by what public opinion permits.« Die spezifische Beschränktheit dieser öffentlichen Meinung hat Collier als »the headless heart« – *das hirnlose Herz* – bezeichnet: »well-meaning gestures rather than well-analyzed actions«. »Generally, I do not much care for rich-country wallowing in guilt over development. I find it contrived, and it diverts attention from a practical agenda. Citizens of the rich world are not to blame for most of the problems of the bottom billion; poverty is simply the default option when economies malfunction.« Verantwortlich zu machen seien sie aber für ihre Ignoranz in Fragen der Handelspolitik – und, so darf man hinzufügen, nicht allein da.[334]

Die Gegenposition zu den Kritikern der Entwicklungshilfe wird bekanntlich von dem in der Entwicklungspolitik und ihren internationalen Organisationen sehr einflussreichen Jeffrey Sachs (*Das Ende der Armut/The End of Poverty*, 2006) vertreten.[335] Paul Collier nimmt 2008 eine Position zwischen den beiden Extremen ein. Ihm zufolge hat die Entwicklungshilfe der letzten dreißig Jahre im Fall der *Bottom Billion* zwar nicht zu wirtschaftlicher Entwicklung beigetragen, wohl aber einem Null-Wachstum ein Prozent hinzugefügt und so geholfen, dass aus Stagnation nicht »severe cumulative decline« geworden sei.

»Without aid, cumulatively the countries of the bottom billion would have become much poorer than they are today.« Er glaubt jedoch nicht, dass »as things currently stand«, viel zusätzliche Entwicklungshilfe viel nützen könne. »The statistical evidence generally suggests that aid is subject to what is called ›diminishing returns‹.«[336] Collier nimmt an, dass im Fall der afrikanischen Entwicklungsländer dieser Punkt erreicht sei, da Entwicklungshilfe dann, wenn sie etwa 16 Prozent des BIP ausmache, nichts mehr bewirke: »We have broadly reached the limits to aid absorption.«[337] Easterly zitiert Untersuchungen, wonach »the larger the aid already was, the smaller was the additional growth benefit from that additional injection of aid«. Diesen Untersuchungen zufolge »their category of aid had a *zero* effect on growth when it reached 8 percent of the recipient's GDP, and after that the additional aid had a *negative* effect on growth«.[338]

Auch wenn man also die Wirkung von Entwicklungshilfe positiv beurteilt, folgt daraus nicht, dass man immer mehr davon – vorzugsweise deren Verdoppelung – fordern (und die bestehende als schändlich gering abtun) muss. Man mag damit moralische Pluspunkte sammeln (wollen), Sachverstand und wirkliches Interesse an den Problemen und deren Lösung dokumentiert man damit nicht.

Übertriebenen Erwartungen an die Wirkung von Entwicklungshilfe hat Easterly entgegengehalten: »Aid won't make poverty history, which Western aid efforts cannot possibly do. Only the self-reliant efforts of poor people and poor societies themselves can end poverty, borrowing ideas and institutions from the West when it suits them to do so.«[339]

DER BEITRAG DES KOLONIALISMUS ZUM REICHTUM DES WESTENS

Auch das Argument vom Kolonialismus als der Quelle aller Probleme der heutigen Entwicklungsländer und unseres Reichtums hat die Jahrzehnte überstanden.[340] Die Verurteilung des Kolonialismus wird inzwischen, wie im Fall des Holocaust, von der Bundesregierung gefordert und sanktifiziert – bei Ransmayr steht sie im Mittelpunkt seiner Rede.

Wenn die Kolonien einen wesentlichen Beitrag zum Wohlstand der Kolonialländer geleistet haben, so muss mit der Dekolonisation eine wesentliche Verminderung des Wohlstands erfolgt sein. Das war aber nicht der Fall – im Gegenteil: In der Zeit von etwa 1950 (Unabhängigkeit Indiens 1947, Indonesiens 1949) bis etwa 1970 (die wichtigsten afrikanischen Staaten wurden zwischen 1950 und 1970 unabhängig) erlebten die ehemaligen Kolonialländer eine beispiellose Periode wirtschaftlichen Wachstums und hoher Einkommenssteigerungen (wie viele ihrer europäischen Nachbarn auch, aber nicht weniger als sie). »Les trente glorieuses« heißen diese Jahre in Frankreich, in Großbritannien sprach man von »the Golden Age of British Capitalism« (während z. B. Portugal, das noch bis in die Mitte der 1970er Jahre – und gewaltsam – an seinen Kolonien festzuhalten versuchte, vergleichsweise arm blieb).

»Wirtschaftlich gingen die Metropolen weitgehend unbeschädigt aus der Dekolonisation hervor«, heißt es in Jansens und Osterhammels Buch über die Dekolonisation.[341] Iliffe erwähnt in seiner Geschichte Afrikas, dass »British officials concluded in 1957 that it mattered little economically whether the colonies were kept or lost«; ihre französischen Kollegen und viele Geschäftsleute hätten ähnlich gedacht. Wie Roland Oliver und J. D. Fage (hier S. 37) sieht auch Iliffe den *Scramble for Africa* Ende des 19. Jahrhunderts nicht als ökonomisch motiviert an: »Africa was not central to European economies: during the 1870s it amounted for little more than 5 percent of Britain's trade, most of it with Egypt and South Africa.«[342]

Jean-Philippe Peemans räumt zwar ein, dass der belgische Kongo »contributed significantly to the massive profits made by joint stock companies in Belgium itself«. Aber »contrary to some forecasts which exaggerated the economic importance of the Congo to the metropolis, the decolonization process had no economic consequence for Belgium.«[343]

Auch in Deutschland »konnten einzelne Investoren, etwa die Deutsche Handels- und Plantagengesellschaft, die die Kopra-Ausfuhr aus Neuguinea kontrollierte,« große Gewinne machen, aber: »Wirtschaftlich gesehen waren die deutschen Kolonien ein Verlustgeschäft.« Die meisten deutschen Kolonien waren »Zuschussprojekte der Reichskolonialverwaltung«. »In der Gesamtbilanz des deutschen Außenhandels spielen die Kolonien eine vernachlässigbare Rolle: Der Handelsverkehr mit ihnen machte 1914 nicht einmal 2,5 % des gesamten deutschen Außenhandels aus. [...] der Import aus den Kolonien betrug nicht einmal ein halbes Prozent der gesamten deutschen Einfuhr.«[344] Der Verlust der deutschen Kolonien trug jedenfalls nicht zu den wirtschaftlichen Problemen der Weimarer Republik bei. »Wirtschaftlich und finanziell traf der Verlust das Deutsche Reich freilich kaum. Der Anteil der Kolonien am deutschen Außenhandel betrug 1913 gerade einmal 0,6 Prozent.«[345]

In John Kenneth Galbraith's *A Journey Through Economic Time* (1995) heißt es: »The economic effect in the United States from granting of independence to the Philippines was unnoticeable [...].[346] The departure of India and Pakistan made small economic difference in Britain. Dutch economists calculated that the economic effect from the loss of the great Dutch empire in Indonesia was compensated for by a couple of years or so of domestic post-war economic growth.«[347]

Pierre van der Eng schreibt 1998: »The Dutch economy benefited from the relations with Indonesia, but was not particularly dependent on this relationship. This is demonstrated by the fact that after the decolonization of Indonesia the economic ties between the two countries were severed during the 1950s. The Dutch economy entered a period of rapid growth, while the loss of ready access to the Dutch capital market contributed to economic stagnation in Indonesia.« (*Abstract*, ohne Seitenzahl) »Indeed, the Dutch economy showed its resilience when it entered a phase of unprecedented rapid economic growth, without any apparent negative repercussions from both Indonesian independence and the nationalisation of Dutch productive assets in Indonesia.«[348]

Jansen und Osterhammel weisen auf die einflussreichen Thesen des *Cartiérisme* der 1950er Jahre in Frankreich hin, der die koloniale Wirtschaft ablehnte und kritisierte, dass »der französische Staat viel Geld in die Verwaltung und militärische Verteidigung kolonialer Herrschaftspositionen steckte, die unproduktive Wirtschaftsformen konservierten. [...] Immer wieder wurde der *complexe hollandais* beschworen: der Wirtschaftsboom, der in den Niederlanden sofort nach dem Verlust Indonesiens eingesetzt hatte und den einflussreiche Kommentatoren der Befreiung von der kolonialen ›Bürde‹ zuschrieben [...].«[349]

Umgekehrt führte die Dekolonisation in den Kolonien selbst nicht zu einem allgemeinen Aufblühen der Wirtschaft, wenn auch viele Länder sich wirtschaftlich stärker entwickelten als unter dem Imperialismus (wo die Durchschnittsquote des Wachstums bei 0,6–0,9 Prozent lag). Die Resultate waren sehr unterschiedlich, und zahlreiche ehemals kolonisierte Länder waren und sind nach der Dekolonisation ärmer als zuvor. »Die bereits selbständigen oder im Übergang befindlichen Länder des Südens zeigten in den 1950er und 1960er Jahren ein geringeres Wirtschaftswachstum als die Industrienationen des Nordens. Sie rückten damit innerhalb der Weltwirtschaft in eine marginalere Stellung, als sie sie während der Kolonialzeit innegehabt hatten. Es gab immer weniger Gründe, Kolonien zu erhalten oder sich um Sonderbeziehungen zu Ex-Kolonien zu bemühen.«[350] Schon die postkolonialen lateinamerikanischen Länder hätten nach 1825 gezeigt, dass »das Ende eines kolonialen Herrschaftsverhältnisses keineswegs die Beseitigung wirtschaftlicher Abhängigkeit nach sich (zieht)«, heißt es bei Osterhammel und Jansen in ihrem Buch *Kolonialismus*. Aber Ransmayr und vielen anderen zufolge sollen doch *wir* wirtschaftlich abhängig sein von den (ehemaligen) Kolonien, nicht umgekehrt. »Jene Länder der späteren ›DrittenWelt‹ schließlich, die politisch selbständig blieben, haben mit der Ausnahme Japans kein prinzipiell anderes Entwicklungsschicksal erfahren als die Kolonien. Kolonialismus ist also nur eine unter vielen Facetten der umfassenderen Geschichte ökonomischer Nord-Süd-Beziehungen.«[351] Und an anderer Stelle schreiben sie: »Die frühe Nationalgeschichtsschreibung in den nachkolonialen Ländern der ›Dritten Welt‹, unterstützt von neo-marxistischen Theoretikern, übernahm vielfach die These von der Allmacht der Kolonialherren und polte nur ihre

Bewertung um: Nun galt ein dämonisierter Kolonialismus als Ursache aller Fehlentwicklungen.«[352] Ransmayr!? Are you listening?

DIE NEGATIVE SAKRALISIERUNG DES KOLONIALISMUS (HOLOCAUST-STATUS)

2017 veröffentlichte der Politikwissenschaftler Bruce Gilley von der Portland State University in Portland, USA, (nach der obligaten *double blind peer review* mit dem Ergebnis 1:1) einen Artikel in der Zeitschrift *Third World Quarterly* mit dem Titel »The case for colonialism« – nicht nur eine Verteidigung des historischen Kolonialismus, sondern auch einen Aufruf zu dessen erneuter, wenn auch modifizierter Praktizierung. Es handelt sich um einen in Anbetracht seiner steilen Thesen erstaunlich kühl und rational argumentierenden Text, der enorme Kontroversen auslöste. So weit, so gut. Dann wurden von Tausenden von Universitätslehrern zwei Petitionen unterzeichnet, die die Rücknahme des Artikels und eine Entschuldigung vom *Third World Quarterly* verlangten – auch dass die verantwortlichen Redakteure oder Herausgeber entlassen würden. Nicht so gut. Ernstzunehmende Gewaltandrohungen gegen den Redakteur veranlassten die Zeitschrift dann, den Artikel mit Zustimmung des Autors zurückzuziehen, der selber persönlich wie beruflich attackiert wurde und Todesdrohungen erhielt. Ganz schlecht. Viele kamen ihm nun zur Hilfe, unter ihnen sogar Noam Chomsky. Aber ein Happyend zeichnete sich nicht ab.[353]

SPIEGEL ONLINE vom 27.2.2019 ist zu entnehmen, dass der Afrikabeauftragte der Bundesregierung, Günter Nooke, bei einer Auseinandersetzung mit deutschen Afrikanisten »kolonialrevisionistischer Äußerungen« beschuldigt wurde: Er müsse gehen. Wer spricht da? Das Zentralkomitee? Der Heilige Stuhl?

Ich erwähne all das, weil es im Zusammenhang mit dem Glaubensbekenntnis »Wir leben auf Kosten der Dritten Welt« zu stehen scheint. Das ist keine These, die Überprüfung, Nachforschung, Kritik erlaubt, sondern ein sakraler Glaubensinhalt, ein Stein, auf dem man eine Kirche bauen kann. Solche quasi apriorischen Wahrheiten anzuzweifeln ist frevelhaft; es ähnelt der Holocaustleugnung. So heißt es in der Kleinen Anfrage zu Aufarbeitung, Entschädigung und kultureller Bildung zur deutschen Kolonialherrschaft des Deutschen Bundestages (19. Wahlperiode, Drucksache 19/6236 vom 03.12.2018): »Der Kolonialismus und der Holocaust [stellen] zwei historische Schlüsselerlebnisse dar.« Aber während der Holocaust ein uneingeschränkt infernalisches Übel war (ein *»es war nicht alles schlecht«* stellt sich hier absolut nicht ein), zeigen die Jahrhunderte des Kolonialismus in so vielen Teilen der Welt ein höchst heterogenes Bild, das von äußerster Brutalität, Massenmord und Sklaverei bis zu paternalistischer Fürsorge, Aufbau der Infrastruktur, Befreiung von endlosen Kriegen, Krankheiten und Sklaverei reichte. Gewiss, Kolonialismus ist prinzipiell Unrecht, aber die Realität dieses Unrechts *on the ground* hatte mannigfaltige Facetten, und es war nicht alles schlecht.

BEVÖLKERUNGSWACHSTUM – DARÜBER DARF MAN REDEN

Neben anderen Entwicklungshindernissen kann auch das Bevölkerungswachstum einen entscheidenden Faktor bei der wirtschaftlichen Entwicklung darstellen. Dieser Faktor wurde in meinem Buch nicht behandelt – ich folgte dabei gedankenlos dem Mainstream.

David Signer verweist in seinem Artikel in der *NZZ* vom 18.8.2018 darauf, dass das »starke Bevölkerungswachstum« in Afrika »das wirtschaftliche Wachstum oft wieder wegfrisst. Aber auch dieses Thema ist ein Minenfeld der politischen Korrektheit.« Das hatte auch Günter Nooke erfahren müssen. (Sein Hinweis auf die hohe Geburtenziffer in Niger war ihm als quasi rassistische Fehlleistung ausgelegt worden, auch wenn die Zahlen selbst unbestritten sind – siehe weiter unten).

Auch heute noch sei trotz der »explosion démographique« in Afrika das Interesse eher gering, heißt es bei Smith. »La géographie humaine de l'Afrique n'a pas non plus retenu l'attention qu'elle méritait. Au-delà du constat d'évidence d'une explosion démographique sur le continent voisin de l'Europe, elle n'a guère aiguisé la curiosité et inspiré des recherches.« Und doch komme der Demographie eine entscheidende Bedeutung zu für das Verständnis des heutigen Afrika. »Bien sur, la clé démographique n'est pas un passe-partout. Mais la pauvreté persistante, les luttes politiques et les conflits armés en Afrique, les enjeux économiques, la montée des extremismes religieux, les défis sanitaires, éducationnels et environnementaux, le *stress test* entre les générations et, également, ›la ruée vers l'Europe‹ qui est annoncé dans ce livre, tout cela s'inscrit dans la matrice qu'est l'exceptionnelle jeunesse de l'Afrique [...].«

Wie Iliffe ist Smith der Meinung, »la géographie humaine revet une importance capitale pour la compréhension de l'Afrique contemporaine«.[354]

Im weltweiten Vergleich ist das Bevölkerungswachstum in SSA am höchsten:

1990: 493.329.020

2015: 969.234.251

2019: 1.078.106.193

Für 2050 wird mit ca. 2 Milliarden Afrikanern gerechnet.

»Mit ihrem Pro-Kopf-Einkommen, das bedingt durch das hohe Bevölkerungswachstum langsamer steigt als das Bruttoinlandsprodukt, belegen die meisten afrikanischen Staaten südlich der Sahara die niedrigsten Ränge im weltweiten Vergleich.«[355]

Aber während in der Frage des kausalen Zusammenhangs von wachsendem Wohlstand und sinkender Bevölkerungszahl Konsens herrscht (die empirischen Belege sind eindeutig), herrscht im Fall der umgekehrten Kausalität – sinkende Bevölkerungszahl erklärt (zumindest als *ein* Faktor) wachsenden Wohlstand oder sinkende Armut – Uneinigkeit, auch wenn immer mehr Stimmen dafür laut werden. Auch die These *rapid population growth is an obstacle to robust economic growth* wird seit mehr als drei Jahrzehnten mehrheitlich akzeptiert.

Dem *State of the World Population Report 2018* der UNFPA (United Nations Population Fund) zufolge »[...] the shrinking size in families has also contributed to Asia's ›economic miracle‹, including China, during the 1980s and 1990s: the economic growth potential stemming from the fertility transition«.

Die *World Population Review – Fertility Rate by Country 2019* beginnt mit der Feststellung: »The vast majority of the countries with the highest fertility rates are in Africa, with Niger topping the list at 7.153 children per woman, followed by Somalia at 6.123«. Es folgen die DR Kongo mit 5,963, Mali mit 5,922 und Tschad mit 5,797. Botswana kommt auf bescheidene 2,651 und Tunesien, mit der niedrigsten Geburtenrate in Afrika, auf 2,147. Tatsächlich nehmen afrikanische Länder die ersten 29 Plätze ein (Ausnahme Timor Leste auf Platz 10), zudem die Plätze 31–33, 35–38, 41, 43, 44, 47, 48, 53, 60, 61. Es sind dies auch die ärmsten Länder der Welt.

Der Durchschnittswert der EU (2015) ist 1,58 (Deutschland 1,47). Das Land mit der niedrigsten Geburtenrate der Welt ist Taiwan mit 1,218. Vergleichswerte: Singapur 1,26, Südkorea 1,323, Hongkong 1,326, China 1,635, Japan 1,478.

Anders gesagt: »The countries of Sub-Saharan Africa would be well advised to incorporate policies and programmes to reduce high fertility in their economic development strategies.« Dies empfahl Steven W. Sinding schon vor zehn Jahren.[356] Höher noch als die tatsächlichen Geburtenraten ist die Zahl der gewünschten Kinder: »In den Sahelzonenstaaten wie dem Tschad und dem Niger wünschen sich nämlich nicht nur Männer durchschnittlich 13,2 Kinder – auch bei Frauen liegt die durchschnittlich gewünschte Anzahl noch bei stolzen neuneinhalb. Für die Sahelzone erwarten die UNFPA-Forscher deshalb eine besonders düstere Zukunft mit weniger Bildung, mehr Arbeitslosigkeit und einer schlechteren Gesundheitsversorgung. David Beasley, der Leiter des Welternährungsprogramms (WFP), erwartet darüber hinaus eine Zunahme politischer Instabilität und bewaffneter Konflikte.«[357] Zwar sinken die extrem hohen Geburtenraten auch in Afrika, aber die steigende Lebenerwartung sorgt dafür, dass das Bevölkerungswachstum dadurch nicht verringert wird.

JUGEND UNTER UND ÜBER 15. YOUTH BULGE IN AFRIKA

»Mehr als ein Viertel der rund 7,5 Milliarden Menschen, die derzeit auf der Erde leben, sind jünger als 15 Jahre. In einigen Ländern Afrikas [...] ist es sogar fast die Hälfte der Bevölkerung [...] gegenwärtig lebt die größte Jugendgeneration aller Zeiten. Rund 90 Prozent davon leben in Entwicklungsländern.«[358] »Actuellement, plus de 40 % de la population africaine a moins de quinze ans [...].«[359] In Lagos beträgt der Anteil der unter 15-Jährigen 60 Prozent der Bevölkerung. (In Paris sind es 14 Prozent.)[360]

»Les populations subsahariennes ont mulitiplié leur nombre comme jamais auparavant une population sur cette planète [...] Jamais, dans l'histoire, les habitants d'une partie du monde n'ont été aussi jeunes que les Africains subsahariens aujourd'hui.«[361]

In Anbetracht dieser Zahlen weist Smith darauf hin, dass die traditionelle Sozialisation der Jungen durch die Älteren offenbar nicht mehr funktioniert – die Jungen schüfen sich nun ihre eigenen Regeln.

Wer die Thesen Gunnar Heinsohns zum *Youth Bulge* (»wenn von allen Männern einer Gesellschaft mindestens 30 Prozent der Altersgruppe von 15 bis 25 Jahren angehören«) kennt, dem werden bei diesen Zahlen die Haare zu Berge stehen. »Wo es zu viele junge Männer gibt, wird getötet. Das führt zu Kriminalität, zu Bürgerkriegen, zu Genoziden an Minderheiten, Revolutionen, internationalen Kriegen oder Kolonisierungen. So lange, bis der Überschuss von Jünglingen weggetötet ist und die Geburtenzahl sinkt.«[362] Eine andere Sicht bietet im Fall der Bürgerkriege Paul Collier[363], aber auch bei ihm heißt es: »So what characteristics did make people more likely to engage in political violence? Well, the three big ones were being young, being uneducated, and being without dependents.«[364] Bloß gut, dass die jungen Männer zu uns nach Europa kommen – da können sie in Afrika nicht mehr so viel Unheil anrichten.

Unter dem Titel »Fast 40 Prozent der Afrikaner denken ans Auswandern« berichtet Philip Plickert in der *FAZ* (aktualisiert am 29.3.2019) über die zweijährige Untersuchung des »panafrikanischen Forschungsnetzwerks Afrobarometer« in den letzten beiden Jahren (46.000 Afrikaner in 34 Länder, wurden befragt). Die Auswanderungsneigung sei besonders hoch bei den Menschen zwischen 18 und 25 Jahren: jeder Zweite von ihnen erwäge die Auswanderung. »Die potentiellen Emigranten sind nicht die Ärmsten, sondern eher die besser Ausgebildeten und eher Stadtbewohner als die Landbevölkerung. Als Hauptgrund nennen sie die Suche nach Arbeit (44 Prozent) sowie die Hoffnung, der schwierigen wirtschaftlichen Lage zu entkommen (29 Prozent).« Konkrete Pläne entworfen und Vorbereitungen getroffen hätten zwar nur 3 Prozent der Gesamtbevölkerung Afrikas, das mache aber etwa 40 Millionen Menschen aus. 27 Prozent von ihnen gaben Europa als Wunschziel an, 22 Prozent Nordamerika. – Da wird viel Willkommenskultur gepflegt und gefördert werden müssen!

Im Zusammenhang mit Bevölkerungswachstum ist auch zuweilen von einer *demografischen Dividende* die Rede, d.h. von dessen (möglichen) Vorteilen. »Die OECD stellte folgende Faktoren als Voraussetzungen für das Erreichen einer demografischen Dividende heraus:

1. ein quantitativ und qualitativ hoher Bildungsstand
2. ein Arbeitsmarkt mit geringer Arbeitslosigkeit
3. ein geeignetes makroökonomisches (= gesamtwirtschaftliches) Umfeld
4. eine Öffnung nach außen
5. ein hoher sozialer Zusammenhalt.«[365]

Davon dürfte in den SSA-Staaten allenfalls Punkt 4 zutreffen, die anderen Punkte gar nicht oder nur ungenügend. Entscheidend ist aber letztlich der Anteil der Erwerbstätigen bzw. der Nichterwerbstätigen (bis zu 15-Jährige und über 65-Jährige gelten als Nichterwerbstätige) an der Bevölkerung. Soweit die Bevölkerungsentwicklung, sei sie nun positiv oder negativ, zu einer Verringerung des Anteils der Nichterwerbstätigen an der Gesamtbevölkerung führt, kann von einer demografischen Dividende die Rede sein.

Nach UN-Angaben waren 2014 60 Prozent der 15- bis 24-Jährigen in Afrika arbeitslos.

Stephan Klasen und David Lawson sind am Beispiel Ugandas der Frage nach dem Zusammenhang zwischen Bevölkerungs- und wirtschaftlichem pro Kopf-Wachstum und Armut nachgegangen und zu folgendem Ergebnis gekommen:

> »We find both theoretical considerations and strong empirical evidence suggest that the currently high population growth puts a considerable break on per capita growth prospects in Uganda. Moreover, it contributes significantly to low achievement in poverty reduction and is associated with households being persistently poor and moving into poverty. This is therefore likely to make substantial improvements in poverty reduction, and per capita growth, very difficult.«[366]

> »Or, dans uns société où des générations toujours plus nombreuses se succèdent, les routes, les écoles et les hopitaux seront toujours submergés; [...] De quelque facon qu'on s'y prenne, il n'y en aura jamais assez pour tout le monde.«
>
> »Le problème est que l'organisation sociale au sud du Sahara et, en corollaire, la productivité – au sens large – des sociétés subsahariennes, ne permettent pas d'y vivre décemment, de loger, éduquer et soigner tous ceux qui y naissent parce que le grand nombre amenuise les ressources mobilisables pour le bien-être de chacun.«[367]

Der frühere Premierminister von Mali, Moussa Mara, verdeutlicht in seinem *Jeunesse africaine, le grand défi à relever* (2016) das Problem: Bei einem konstanten Bevölkerungswachstum von 3 % müsste die Wirtschaft von Mali 18 Jahre lang um 7 % wachsen, um eine Verdoppelung des BIP zu erreichen. Anders gesagt: Mali, dessen BIP pro Kopf 675 Dollar (im Jahr 2015) beträgt, bräuchte mehr als einhundert Jahre, um das gegenwärtige Niveau Frankreichs zu erreichen: 44.000 Dollar. [368]

Das Wirtschaftswachstum Malis betrug 2013 2,3 %, 2014 7,04 %, 2015 5,96 %, 2017 5,4 %, 2018 5 %. Das sind achtbare Zahlen, aber sie reichen nicht aus. (Sie erinnern sich: Die Geburtenrate Malis beträgt fast 6 %.) »Die Schaffung von Arbeitsplätzen hält nicht mit dem hohen Bevölkerungswachstum mit. […] Die Verringerung von Armut macht – *unter anderem* wegen des hohen Bevölkerungswachstums […] – nur langsam Fortschritte.«[369]

Was einer Veränderung des Bevölkerungswachstums in großen Teilen Afrikas im Wege steht, ist u.a. die über Jahrhunderte, Jahrtausende tradierte Hochschätzung hoher Kinderzahlen und einer großen Bevölkerung. »Ce qui, en Afrique historiquement plus encore qu'ailleurs, constitue le bien le plus précieux: la richesse en population«.[370]

Iliffe erklärt für sein Werk *Africans: The History of a Continent* »the choice of population as the central theme«. Das gelte nicht nur für Afrika: »The modern history of all Third World countries needs to be rewritten around demographic growth.« [371]

Die dem Menschen und der Landwirtschaft besonders feindliche Natur Afrikas führte dazu, dass die dortigen Gesellschaften »were specialised to maximise numbers and colonise land […] Social organisation also sought to maximise fertility. Especially through polygyny.« »[…] western Africans attached supreme importance to the production of children […] This African obsession with reproduction later surprised anthropologists familiar with regions where nature was more benign.«[372]

Das änderte sich auch in der Epoche des Kolonialismus nicht, im Gegenteil: »Between 1920 and the late 1940s Africa's population may have increased from some 142 million to 200 million. It was the most important consequence of colonial occupation.« Rasches Bevölkerungswachstum Mitte des 20. Jahrhunderts – und zwar zunächst aufgrund sinkender Sterblichkeit, nicht wegen höherer Geburtenraten »became the new dynamic of African history.« »This growth underlay the collapse of colonial rule, the destruction of apartheid, and the instability of successor regimes. It was the chief reason for the late twentieth-century crisis.« In den Jahren zwischen 1950 und 1980 »unprecedented demographic growth swelled Africa's population from something more than 200 million in 1950 to nearly 500 million in 1980, driven by medical progress and high fertility.« Nun stiegen auch die Geburtenraten an. »Certainly the desire for large families survived. Not only did they demonstrate virility and success, but most children soon became economic assets«, die ihre Eltern im Alter unterstützen sollten. »As poor Nairobi women said of their children, ›Those are my fields!‹, large families were rational for individuals, if not for society.« Und so »the inherited attitudes of an underpopulated continent joined with modern medicine to produce the most sudden and rapid population growth the world is ever likely to see.« Und es ist kein Ende abzusehen. »Population change«, kommentiert Iliffe, »is not an autonomous force; it results from other historical processes, above all from human volition.«[373] Aber wer dürfte sich anmaßen, den Menschen in Afrika vorzuschreiben, wie viele Kinder sie haben sollen? Nicht einmal deren Regierungen, selbst wenn es sich um demokratisch gewählte handeln sollte. Zu hohes Bevölkerungswachstum ist ein selbst gewähltes Hindernis für wirtschaftliche Entwicklung und kann ein Grund für Armut und deren Zunahme sein. Den Industriestaaten ist das nicht anzulasten (und davon leben können sie auch nicht).

BAD GOVERNANCE – SCHLECHTE REGIERUNGSFÜHRUNG

In einem scheinen die meisten Untersuchungen über die Problemen der Dritten Welt übereinzustimmen: *bad governance* (schlechte, mangelhafte Regierungsführung) ist der entscheidende oder ein wesentlicher Grund für Armut und Elend: It's bad governance, stupid!

Das kommt zuweilen schon im Buchtitel des Werks zum Ausdruck: »Afrika wird armregiert« (Volker Seitz). Als ein Motto des Buches wird die Aussage »The only thing that matters is governance, governance, governance« des sudanesischen Mobilfunkunternehmers Mo Ibrahim zitiert.

»The cornerstone of development is an economically responsible and accountable government«, heißt es bei Moyo. »Good governance trumps all.«[374]

»One gut instinct that many people have about the poverty of nations is probably close to the target: it's all politics. […] poor countries have bad governments.« Es gebe Gründe zu der Annahme, dass »bad government does indeed cause poverty« – so Easterly in seinem Werk *The White Man's Burden*.[375]

Die UN freilich weiß es anders und besser: »The United Nations Millenium Project report in January 2005 argues that bad government is not the primary problem facing poor countries, and if there is bad government, it is because of lack of money.«[376] Das ist the African masters' voice: Welche Probleme? Wir sind nicht verantwortlich für die Probleme, und wenn es welche gibt, dann liegt das daran, dass ihr uns nicht genug Geld gebt.

Dass *bad governance* sich mehr noch als anderswo in Afrika findet, mag auch an der traditionellen Schwäche des Staates und staatlicher Institutionen in Afrika liegen (schwache oder fragile Staatlichkeit). »Im Bereich der vorkolonialen Staatlichkeit unterscheidet sich Afrika radikal von Asien, und das erklärt vielleicht auch, warum sich ein Land wie Vietnam, das gleich mehrmals unter Kolonialismus und Krieg leiden musste, rascher stabilisieren und entwickeln konnte«, schreibt David Signer in der *NZZ* vom 18.8.2018. Korea wäre hier ebenfalls zu nennen, und – so scheint es trotz zahlreicher negativer Faktoren – nun auch Kambodscha.[377]

Rupert Neudeck hat durch entschlossenes Handeln vielleicht mehr Menschen gerettet und mehreren Menschen geholfen als die anderen Zeitgenossen, und er ist nicht durch große Worte und Militanz hervorgetreten. Aber für die afrikanischen Regierungen findet selbst er scharfe Worte: »Verantwortlich für das Gedeihen und die Freiheit eines Volkes sind zunächst das Volk selbst und seine Regierung. Verantwortlich für die Behebung von Armut, Elend und Kriegen in Afrika sind erst einmal die Regierungen Afrikas. Es läuft in dieser Welt etwas falsch, wenn die Regierungen Europas eine Stellvertreterposition übernehmen, die nicht nur Segen bringt, sondern viel Unheil. Die Unverantwortlichkeit der Regierungen Afrikas macht den Kontinent kaputt. Die Völker sollten sich schneller und energischer gegen solche Eliten und Regierungen wehren. Und sei es in Form eines Aufstandes.« (S. 23 f.)

Zu den 4 *traps*, in denen nach Collier die Bottom Billion-Länder stecken, gehört auch »Bad Governance in a Small Country«. Collier weist auf die Asymmetrie hin, dass auch die beste Regierungsführung allenfalls ein jährliches Wirtschaftswachstum von 10 Prozent ermöglichen könne. Doch ruinieren ließe sich eine Wirtschaft in erschreckender Geschwindigkeit.

Die unterste Gruppe der *bad governance*-Länder reiht Collier unter die *failing states* ein (oder *failed states*/Gescheiterte Staaten wie Somalia oder Haiti – der Unterschied braucht uns hier nicht zu kümmern), wobei in diesen Fällen nicht nur die Wirtschaft, sondern auch der Staat, die staatlichen Institutionen ruiniert seien. Das Gute am Problem von *bad governance* sei, dass »bad policies and governance need not be a trap: societies can learn from failure, and many do. The most dramatic error correction of modern times has occurred in China.« (S. 66)

Die Frage, warum *bad governance* so langlebig ist, beantwortet er u.a. damit, dass »not everybody loses from it«. Die politischen Führer dieser Staaten sind »often among the global superrich« – »many of them« und die »senior public officials [...] are villains.«[378] (Easterlys »gangsters«).

Und hier das Schlechte: »The costs of a failing state build up year by year. The growth rate of the failing state is very sharply reduced – indeed, it is likely to be in absolute decline. And the growth of neighbors is also sharply reduced. [...] We estimated that the cost of a single failing state over its entire history of failure, to itself and its neighbors, is around $ 100 billion.« Nach Collier ist dies eine niedrige Schätzung.[379]

Die Chancen, diese *failing* oder *failed states* wieder funktionsfähig zu machen, seien sehr gering: »The probability of a sustained turnaround starting in any year is very low: a mere 1.6 percent.« Die durchschnittliche Zeitspanne, »to get out of being a failed state«, beträgt 59 Jahre. Und noch eins: Was Entwicklungshilfe nicht könne, sei »fix failing states«.[380] Das kann nur ein *Marshallplan mit Afrika* des deutschen BMZ unter Steuermann Gerd Müller.

Das vielleicht wichtigste Werk in diesem Zusammenhang ist Daron Acemoglus und James A. Robinsons *Why Nations Fail. The Origins of Power, Prosperity and Poverty* (zu Deutsch: *Warum Nationen scheitern. Die Ursprünge von Macht, Wohlstand und Armut*).

Der Hauptgrund für den unterschiedlichen Wohlstand der Nationen besteht ihnen zufolge im Wesentlichen in unterschiedlichen ökonomischen *Institutionen* (ihr Werk wird der Neuen Institutionenökonomik zugeordnet), die wiederum auf den politischen Institutionen und der Verteilung der politischen Macht eines Landes beruhen. Und wenn diese politischen und ökonomischen Institutionen schlecht sind, die falschen ökonomischen Anreize bieten, wirkt sich dies negativ auf die Wirtschaft, ihre Entwicklung, ihr Wachstum aus.

Es ist also die Politik, es sind die politischen Institutionen, die die Wirtschaft, ihre Institutionen prägen.

Mich beeindruckte an diesem Werk die Fülle der empirisch-historischen Beispiele, mit denen diese These erläutert wurde, aus allen Kontinenten und ca. zwei Jahrtausenden Geschichte. So verwundert etwa die Tatsache, dass im vorkolonialen Königreich Kongo das Rad und der Pflug zwar bekannt waren, aber nicht eingesetzt wurden. »The real reason that the Kongolese did not adopt superior technology was because they lacked any incentive to do so.« Und das beruhte auf den politisch-ökonomischen Institutionen des Königreichs. Die Untertanen »faced a high risk of all their output being expropriated and taxed by the allpowerful king […]«. Dieser konnte zudem noch seine Untertanen festnehmen und in die Sklaverei verkaufen lassen – »hardly the environment to encourage investment to increase long-term productivity. Neither did the king have incentives to adopt the plow on a large scale or to make increasing agricultural productivity his main priority: exporting slaves was so much more profitable.« (S. 59 f.)

Das wachstumsfördernde politisch-ökonomische Institutionengefüge begann sich im England der *Glorious Revolution* zu entwickeln und ermöglichte die notwendige schöpferische Zerstörung und den Bruch des *iron law of oligarchy* (ehernen Gesetzes der Oligarchie), was wiederum die Industrielle Revolution ermöglichte und das welthistorisch beispiellose wirtschaftliche Wachstum seit dem 19. Jahrhundert, worauf der Reichtum der Industrieländer beruht, unser Reichtum und der von immer mehr nicht-westlichen Ländern.[381]

NOCHMALS RANSMAYR: GEGEN DIE WEISSEN – DIE HELLEN, WÄSSERIGEN WESEN

Ransmayrs Text ist eine Art Kompendium der Phrasen, Gemeinplätze und Vorurteile zum Thema Dritte Welt und dem Verhältnis der Ersten zur Dritten Welt.

An der Schlachtbank der Geschichte stehen für ihn nur Weiße – andere Missetäter sind von ihnen angestiftet, beeinflusst, indoktriniert worden. Ein Europa ohne »rassistischen Wahn« erträumt er sich. Und doch konstruiert er in seiner Rede einen veritablen antiweißen Rassismus. »Wenn der Rassismus wiederkehrt, wird er sagen: Ich bin der Antirassismus« – so der Titel eines sehr lesenswerten Aufsatzes von Bettina Gruber in *TUMULT,* Winter 2018/19. Was sie bei der Rassismus-Ausstellung im Hygiene-Museum Dresden konstatiert – sie folge einem einzigen Prinzip, »dem der konsequenten Ideologisierung jedes einzelnen Schaustücks im Sinne einer Anklage gegen die europäische Kultur und Geschichte« – ließe sich ebenso von Ransmayrs Rede sagen.

Ransmayr und seine Entourage sind »im Gebiet der ostafrikanischen Virunga-Vulkane« unterwegs, »in der Grenzregion zwischen Uganda, Ruanda und dem Kongo«, um in den Wäldern des Ruwenzori-Gebirges »Berggorillaclans zu beobachten«. (*SPIEGEL ONLINE* berichtet am 28.2.2019, dass die ruandische Regierung für den Besuch des »letzten Rückzugsorts der Berggorillas« 1.500 Dollar verlangt. Wäre es da nicht besser gewesen, Ransmayr und seine Begleiter hätten die Gorillas in Krenglbach bei Wels besucht und das Geld *Brot für die Welt* gespendet?

Aber »Wer von uns will schon auf einen Teil seines Luxus verzichten?«, fragt Ransmayr. Er jedenfalls nicht.) Als seine Schutzheilige stellt er Dian Fossey vor, die dort in ihrem Haus im Urwald erschlagen worden ist. Es ist nie geklärt worden, wer sie umgebracht hat, aber Ransmayr weiß, dass es »solche Herren der Wildnis« wie »Wilderer im Sold reicher Trophäensammler, Straßenbauer oder Landerschließer«, die den Urwald nicht respektierten, gewesen sein müssen. Vielleicht waren es aber auch einfach nur Wilderer, denen Fossey mit ihrer gewalttätigen Vigilanten- und Selbstjustiz-Truppe die Fallen zerstörte, die sie verprügelten und demütigten; und Ransmayrs Besuch bei den Gorillas wäre ihr keineswegs willkommen gewesen. Sie lehnte Tourismus in Naturschutzgebieten entschieden ab! Da wäre sie aber bei Ransmayr an den Richtigen geraten: »Den will ich sehen, der mich bei etwas, was ich tue oder schreibe, einschränkt«, erklärte er großschnäuzig im SWR2 am 28.5.2018.

Für Ransmayr sind die Feinde der Gorillas die Weißen, die »hellen, wässerigen Wesen, die seinesgleichen gejagt, erschossen und geköpft, die teerschwarzen Hände abgehackt und als eingesalzene Trophäen in ferne Hauptstädte der Kultur exportiert hatten, um sie dort präparieren zu lassen und an die Wände muffiger Landsitze zu nageln«. (Zu dem Vorwurf des Massenmords, der Sklaverei und der Ausbeutung tritt nun auch noch der, dass sie ihre Landsitze nicht gelüftet haben.) Nun steht er vor einem Gorilla, der sie lange ansieht, »so tief hinab in unsere Seelen – oder was immer Europäer in der Brust tragen«. Ransmayr versäumt mitzuteilen, dass in dem Gebiet, wo er sich befindet, an den Virunga-Vulkanen, Kolonialherr Prinz Albert von Belgien 1925 zum Schutz der Gorillas den ersten afrikanischen Nationalpark, den Albert-Nationalpark, gegründet hat, der 1969 umbenannt worden ist. Was den Schutz auch der tropischen Tierwelt anbelangt, waren es Weiße, die Organisationen wie den World Wide Fund for Nature bzw. World Wild Life Fund (WWF) gegründet haben, waren es die Weißen und Europäer, die im 19. Jahrhundert die ersten Naturschutzgebiete gegründet haben, was dann auf der ganzen Welt Schule gemacht hat.

»Wer die Weißen nicht fürchtet«, heißt es weiter bei Ransmayr, »sagte ein Wildhüter Stunden später am Ausgangspunkt unseres Weges ins Gebirge, wer die Weißen nicht fürchtet, der kennt sie nicht.« In dem

Gebiet, wo er sich befindet, grenzen mit Uganda, Ruanda und (der Demokratischen Republik) Kongo drei Länder aneinander, in denen Hunderttausende, ja Millionen von schwarzen Afrikanern von anderen schwarzen Afrikanern, nicht von Weißen, totgeschlagen, erschossen, ermordet wurden. Das Problem löst Ransmayr dadurch, dass eigentlich, letztlich die Weißen dahinterstehen, die Schwarzen nur ihre quasi unschuldigen Handlanger sind.

KRIEGE, KRIEGERISCHE KONFLIKTE, MASSAKER – EINER DER HAUPTGRÜNDE FÜR DAS ELEND IN AFRIKA

»Selbst der als Schlächter von Afrika in die Geschichte der Barbarei eingegangene ugandische Diktator Idi Amin Dada hatte sein Handwerk als hoher Offizier der britischen Kolonialarmee gelernt«, heißt es bei Ransmayr. Sein militärischer Rang sei »Sergeant Major« gewesen. Mehr als »vierhunderttausend Untertanen« habe er töten lassen. Aber Sergeant Major ist kein hoher Offiziersrang (Ransmayr hat »Major« gelesen und »Major« gedacht, in der Tat ein hoher Rang), sondern bedeutet »Hauptfeldwebel«, also einen Unteroffiziersrang. Erst 1961, ein Jahr vor der Unabhängigkeit, wurde Amin zum Leutnant ernannt, dem untersten Offiziersrang. Das ist kein trivialer Fehler, soll doch der hohe Offiziersrang das Infiziertsein von den Weißen, den hohen Grad der Vergiftung durch die Killer-Briten belegen.

Amins Vorgänger und Nachfolger Milton Obote war nach Schätzungen von Amnesty International für immerhin mehr als 300.000 tote Zivilisten und überdies für Folter und Terror verantwortlich; seine zweite Regierungszeit war noch blutiger als die Idi Amins. Er schafft es aber bei Ransmayr nicht auf die vorderen Plätze: Er diente nicht in der britischen Kolonialarmee, sondern begann seine politische Karriere zusammen mit Jomo Kenyatta in Kenia. Alles schwarz.

Die britische Kolonialarmee in Uganda schlug antikoloniale Aufstände gewaltsam nieder, aber dabei kam es nie zu den Grausamkeiten und den Hunderttausenden von Opfern wie bei Obote und Amin.

Im Nachwort zu meinem Buch schreibt Rupert Neudeck: »Ich erinnere mich daran, daß mir Ugander während des Bürgerkriegs, nach einer Blut- und Gewaltorgie, der nach Schätzungen der Menschenrechtsorganisationen eine Million Menschen zum Opfer fielen, sagten: ›Unter den Briten ist es uns besser gegangen. Damals, 1983, empfand ich das als obszön«.

Soviel zu Uganda, nun zum zweiten Land im Dreiländereck: Ruanda. Dem von den schwarzen Hutu an den schwarzen Tutsi verübten Völkermord fielen zwischen April und Juli 1994 innerhalb von etwa hundert Tagen mindestens 500.000 oder gar zwischen 800.000 und einer Million Menschen zum Opfer. Die Mordwaffen waren meist Macheten und Knüppel. Die Differenzen zwischen den beiden Ethnien waren nicht von den belgischen Kolonialherren geschaffen worden, wie es so oft heißt.

»The most dramatic social transformation anywhere in nineteenth-century East Africa took place in Rwanda, which excluded coastal caravans and scarcely used firearms until the last years of the century. The intensification of conflict between Tutsi and Hutu during this period was due rather to the multiplication of aristocratic lineages, their violent competition for power at the expense of the monarchy, the expansion of cattle herds, and the adoption of American crops fostering population growth, which created land scarcity and enabled aristocrats to exploit the peasantry more ruthlessly. The result, from about 1870, was *uburetwa*, an enserfment of the Hutu, whose tenure of land was made dependent on supplying much of their harvest and half their labour to their chiefs. *Uburetwa* crystallised the long-emerging distinction between Tutsi and Hutu. As it spread outwards from the centre of the kingdom, it provoked several peasant revolts, sometimes with millenarian overtones, which merged with the resistance of outlying peoples to subjugation by the expanding state, especially in the north and west. Later nineteenth-century Rwanda was a place of great violence and rapid change generated almost entirely by internal forces.« So John Iliffe in seiner bereits zitierten Geschichte Afrikas.[382]

Die Politik der Kolonialherren mag den Konflikt dann noch verschärft haben, aber nichts und niemand hätte die freien, erwachsenen

Bürger des ruandischen Staates daran hindern können, nach der Unabhängigkeit des Staates im Jahre 1962 Modi des friedlichen Zusammenlebens und gegenseitiger Tolerierung zu suchen und zu finden. Zu erklären bleibt auch das gleichzeitige Massaker 1994 an der Batwa Pygmäen-Minderheit, von denen etwa 30 Prozent getötet wurden, was jedoch nichts mit den früheren Kolonialherren zu tun hat, sondern eher mit quasi-rassistischer Verachtung.

Zu den Folgen des Völkermordes gehörte die Flucht zahlreicher Hutu-Milizen in das Nachbarland DR Kongo (auch Kongo-Kinshasa, früher Zaire), was zu jahrzehntelangen gewaltsamen Konflikten führte, die zum Tod von etwa 5 Millionen Menschen führten. Nach dem Sturz Mobutus kommt es zu einem Bürgerkrieg, »der aufgrund der Verwicklung zahlreicher afrikanischer Staaten als *Afrikanischer Weltkrieg* bekannt wurde. Einem Friedensabkommen folgen der Erste, dann der Zweite, dann der Dritte Kongokrieg – mit verheerenden wirtschaftlichen Folgen, der Entvölkerung ganzer Landstriche, Millionen von Kriegsopfern.« Easterly nennt ihn »the world's deadliest conflict since World War II«.[383] Es erfolgt »die Ausplünderung der äußerst rohstoffreichen Ostprovinzen des Kongo durch« – nein, nicht durch die Weißen, nicht durch die Europäer, sondern durch »Uganda, Ruanda und verschiedene lokale Machthaber«. »Das Sozialsystem des Landes zählt zu den schlechtesten der Welt. Theoretisch ist das seinerzeit vorbildliche, noch aus der Kolonialzeit stammende Sozialversicherungssystem weiterhin in Kraft.«[384]

Und aus diesem (bürger-)kriegerischen, mörderischen Dreiländereck von Uganda, Ruanda und DR Kongo verkündet Ransmayr – »bis der Gestank aus den Massengräbern nicht mehr zu ertragen war« – die Botschaft von der einzigartigen Vernichtungs- und Raublust der Weißen.

Die postkoloniale Entwicklung des afrikanischen Kontinents ließ ohnehin keine friedlich-pazifistische (schwarze) Tendenz erkennen: »By 1984 [...] sub-Saharan Africa had experienced fifty-six successful and sixty-five unsuccessful coups d'état, half the continent's governments were of military origin, and many ostensibly civilian regimes relied heavily on military support.« Zu den zahlreichen Gründen dafür gehöre auch »sheer ethnic rivalry«.[385]

2010 schreibt Dambisa Moyo: »In the past five decades an estimated 40 million Africans have died in civil wars scattered across the continent.« Dem Stockholm International Peace Research Institute zufolge sei »Africa the most conflict ridden region of the world, and the only region in which the number of armed conflicts is on the rise«. [386]

Mit einer Bevölkerungszahl von unter 20 Prozent der Weltbevölkerung weist Afrika die Hälfte der (bürger-)kriegerischen Konflikte in der Welt auf. »In 2014, Africa experienced more than half of worldwide conflicts, despite having only about 16 % of the world population.«[387]

»Au cours des années 1990, 35 sur 53 pays africains étaient en guerre et des millions de civils ont trouvé la mort.«[388]

Angola, Äthiopien, Burundi, Elfenbeinküste, die DR Kongo, Kongo Brazzaville, Liberia, Mosambik, Nigeria, Ruanda, Sambia, Sierra Leone, Somalia, Sudan, Tschad, und Uganda führen Acemoglu und Robinson als Schauplatz von »bloody civil wars« an, die »create economic ruin and unparalleled human suffering – as well as cause state failures«. (Und dabei sind solche Fälle wie die der Tötung von 20.000 Menschen in Matabeleland durch Simbabwes Mugabe nach der Machtergreifung 1980 noch gar nicht berücksichtigt.)[389] Der Krieg in Sierra Leone, einer der grausamsten (Sie erinnern sich vielleicht an die abgehackten Hände und Unterarme, die Massenvergewaltigungen …), wurde übrigens durch das Eingreifen von Europäern beendet, durch britische Streitkräfte – und Luftunterstützung aus Guinea – mit einem UN-Mandat.

Ransmayr zufolge »schufen« die Weißen bzw. Europäer »alle [!] Grundlagen künftiger, noch weit über die Befreiungen von den jeweiligen Eroberern hinaus reichenden Feindschaften und Bürgerkriege«, indem sie »Grenzen mit dem Lineal quer durch Sprachräume und Stammesgebiete (zogen)«. Dass die europäischen Grenzziehungen die ethnischen und sprachlichen Grenzen nicht berücksichtigten, ist ein jahrzehntealtes Rationalisierungsargument zur Exkulpierung misslungener und misslingender Entwicklung. Es ist komisch, dies von denselben Leuten zu hören, die multiethnische Gesellschaften feiern, ethnische Homogenität aber als eine Art Rassismus verabscheuen. Anstatt den Kolonialmächten für diese Bereicherung, diese ethnologische und sprachliche Buntheit (»Regenbogen«) zu danken, wird gemeckert. Andrerseits ist es nicht vorstellbar, wie die Europäer in Anbetracht von ca. 1.000 (andere Zahlen: 3.000) Ethnien und Sprachen (auch von 10.000 vorkolonialen politischen Einheiten war zu hören) in Afrika hätten Grenzen ziehen sollen, ohne dass es ziemlich eng geworden wäre. (Äthiopien z.B., ein Land, das seine Grenzen nicht kolonialer Willkür verdankt, hat über 80 Ethnien und ebenso viele Sprachen.) Und niemand hinderte die Afrikaner nach der Entkolonialisierung daran, die Grenzen vernünftig und im Einvernehmen mit ihren Nachbarn zu ziehen. Die *Organization of African Unity* fixierte die kolonialen Grenzziehungen 1963 auf Dauer und erklärte jegliche Änderungen für illegitim. Robert von Lucius schreibt dazu: »Entgegen landläufiger Auffassung versuchten die Grenzzieher [...] häufig, ethnische Grenzen einzubeziehen: etwa bei Swasiland, zwischen Tunesien und Algerien, Nigeria und Benin, Mali und Mauretanien.«[390]

Es scheint mir plausibel, in diesen gewaltsamen Konflikten den Hauptgrund oder einen der Hauptgründe für den Rückstand, die wirtschaftliche Regression und die Armut in so vielen Teilen Afrikas zu sehen.

»Neben den Auswirkungen des Klimawandels sind auch bewaffnete Konflikte einer der Haupttreiber des Hungers auf der Welt. Zahlreiche der von starker Unterernährung und akuten Hungersnöten betroffenen Länder, gerade in Afrika, werden zugleich von Kriegen und Konflikten geschüttelt.«[391]

In seinem Buch über die »Bottom Billion«, die Milliarde von Menschen, die in den wirtschaftlich stagnierenden oder verarmenden Ländern der Welt leben, nennt Paul Collier unter den vier Hauptgründen für die Armut dieser Länder »The Conflict Trap«.[392] 70 Prozent dieser Menschen leben in Afrika, »Africa is therefore the core of the problem.« »Seventy-three percent of people in the societies of the bottom billion have recently been through a civil war or are still in one.« Die Wahrscheinlichkeit eines Bürgerkrieges hängt keineswegs von der Kolonialgeschichte ab, fanden er und seine Mitarbeiterin Anke Hoeffler bei ihren

Untersuchungen zum Thema heraus, egal um welche Kolonialmacht es sich handelt und wie lange die Kolonialherrschaft dauerte. Und auch eine zweite »illusion« wurde von ihnen verabschiedet: »that all civil war is based in ethnic strife. […] Statistically, there is not much evidence of a relationship between ethnic diversity and proneness to civil war.« Eine Ausnahme stelle »ethnic dominance« dar wie im Fall der Hutus und Tutsis in Ruanda und Burundi.

»Civil war is development in reverse«, könnte man als Fazit aus Colliers Untersuchungen zitieren. »Civil war tends to reduce growth by around 2.3 percent per year, so the typical seven-year war leaves a country around 15 percent poorer than it would have been.« Insgesamt ließen sich die Kosten eines typischen Bürgerkrieges für ein Land und seine Nachbarn auf etwa 64 Milliarden Dollar schätzen. »In recent decades about two new civil wars have started each year, so the global cost has been over $ 100 billion a year, or around double the global aid budget.«[393] Drei Faktoren waren, wie schon erwähnt, ausschlaggebend für die Teilnahme an der Gewalt: »being young, being uneducated, and being without dependents«. Fatal sei es auch, dass die Bürgerkriege tatsächlich eine »trap« darstellten. Es sei sehr schwierig, aus ihr herauszukommen, sie tendierten dazu, sich zu perpetuieren. »A country such as the Democratic Republic of the Congo (formerly Zaire) will need around half a century of peace at its present rate of growth simply to get back to the income level it had in 1960 [dem Jahr der Unabhängigkeit]. Its chances of getting fifty continuous years of peace with its low income, slow growth, dependence upon primary commodities, and history of conflict [alles Faktoren, die die beiden als Auslöser von Bürgerkrieg identifiziert hatten] are, unfortunately, not high. This country is likely to be stuck in a conflict trap no matter how many times it rebrands itself […].«

»The costs of war even spread beyond the war's temporal and geographic boundaries. As a result, they not only trap the countries that experience them, but make development more difficult in entire regions.«

Wie die Lektüre von Iliffes Buch zeigt, war das vorkoloniale Afrika in vielen Regionen ebenso Ort gewaltsamer Konflikte und Kriege wie das nachkoloniale; die Kolonialherrschaft machte nicht aus einem friedlich-unschuldigen Eden einen Kriegsschauplatz.

Die Armut Afrikas aber, so will man es uns weismachen, ist Folge unseres Reichtums, der Ausbeutung und Plünderung des afrikanischen Reichtums. Wäre es nicht eher wahrscheinlich, dass diese Armut ganz wesentlich auch auf den internen Konflikten, Kriegen, Massakern des Kontinents beruht? (Und der islamistische Terror in Afrika breitet sich weiter aus: Mali, Nordnigeria, Tschad, Niger.)

Ransmayrs Preis-Rede ist ein verstörendes Dokument europäischen Selbsthasses und europäischer Selbstverachtung,[394] einhergehend mit prahlerischem Schuldstolz, aggressiver Großmäuligkeit und Wichtigtuerei: eine solide Grundlage für das störrische Festhalten an dem Glaubenssatz »Auf Kosten der Dritten Welt«.

Wie entkommt nun der weiße Europäer Ransmayr den räuberischen und mörderischen Trieben und Zwängen seiner Rasse, der weißen Europäer? »Bei mir war immer das Herz dabei«, erklärte Ransmayr, »immer a bisserl das Herz dabei«. Wie? Was? Das hat er gar nicht gesagt? Dann war's der Menasse Robert, in Auschwitz – oder bei den Virunga-Vulkanen, eh wuuaschd …

DIE ZWEITE GLOBALISIERUNG UND DIE NEW CONVERGENCE: ENTWICKLUNG IST MACHBAR

Zur Beantwortung der Frage, ob wir auf Kosten der Dritten Welt leben, ist es sinnvoll, sich einen kurzen Überblick über die Entwicklung der Weltwirtschaft in den letzten Jahrzehnten zu verschaffen. Die Weltwirtschaft erlebte im Zuge der Zweiten Globalisierung (die erste fand etwa zwischen 1870 und dem 1. Weltkrieg statt), wenn auch lokal und regional in unterschiedlichem Maße, einen enormen Wachstumsschub.

In absoluten Zahlen (in Dollar):

1980: 11,176 Billionen

2000: 33,598 Billionen

2010: 65,966 Billionen

2017: 80,738 Billionen (nach Zahlen der Weltbank)

(Die Weltbevölkerung wuchs von 1980: ca. 4,4 Milliarden auf 2015: ca. 7,4 Milliarden)

Laut Zahlen der UNCTAD hat sich die weltweite Warenproduktion seit 1990 in etwa verdreifacht. Die weltweiten Exporte und ausländischen Direktinvestitionen haben sich im gleichen Zeitraum mehr als verfünffacht. Die Weltwirtschaft hat sich zunehmend internationalisiert, woran auch die Länder der Dritten Welt partizipierten: Im Zeitraum von 1990 bis 2017 wuchs etwa (Zahlen der UNPD) die Wirtschaft Südasiens um 45,3 Prozent, die Ostasiens und des Pazifik um 41,8 Prozent und selbst die SubSahara-Afrikas (im Folgenden SSA) um 34,9 Prozent. (Allerdings wuchs dort die Bevölkerung zugleich von 493.329.020 (1990) auf 969.234.251 (2015) bzw. 1.078.106.193 (2019), verdoppelte sich also fast).

»In just 25 years from 1990 to 2015, China alone soared from 2 % of world GDP to more than 10 %. The North, which includes Europe, North America and Japan, fell to below 50 %.«[395]

Und dieses Wirtschaftswachstum führte auch zu einer erheblichen Reduzierung der Armut auf der Welt: »Der weltweite Anteil der Hungernden sinkt seit Jahrzehnten beständig – trotz erheblichen Bevölkerungswachstums. Noch 1960 lebte fast die Hälfte der Weltbevölkerung in extremer Armut. Seitdem sind die Armutsraten in allen Weltregionen drastisch gefallen. Im Jahr 1990 mussten 1,9 Milliarden Menschen mit weniger als 1,90 Dollar am Tag auskommen, heute sind es nur noch rund 736 Millionen, wie Untersuchungen der Weltbank zeigen. Die Welt (hat) dank freier Märkte und Globalisierung in den letzten Jahrzehnten einen historisch beispiellosen Rückgang der Armut erlebt.«[396]

»Most people today live longer, are more educated and have more access to goods and services than ever before.« Gleichwohl blieben »large deficits«, so der oben zitierte UNPD-Bericht.

In Afrika seien 56 Prozent der Bevölkerung oder 544 Millionen Menschen arm. Aber in 30 von 35 beobachteten Ländern sei die Armut »signifikant reduziert« worden, erklärt die Poverty and Human Development Initiative der Universität Oxford.

Max Roser schreibt in *Economic Growth*: »If we compare the economic prosperity of every region [of the world] today with any earlier time we see that every single region is doing better than ever before. [Zwar gebe es einzelne Länder, die stagnierten oder gar negative Wachstumsraten aufwiesen] But the large majority of countries […] have experienced growth.« Und der Grund dafür sei Produktivitätssteigerung: »Productivity is the driver of economic growth.«[397]

Von den 189 Ländern der Welt in dem genannten Bericht gehören mittlerweile 59 (1.439 Millionen Menschen) zur *very high human development group* (dabei wird nicht nur das Pro-Kopf-Einkommen gemessen, sondern auch die Lebenserwartung und die Schulbildung – zu dieser Gruppe gehören etwa die EU-Länder). 53 Länder mit 2.379 Millionen Menschen gehören zur Gruppe der *high human development*-Länder, 39 zur *medium group* (645 Millionen) und 38 (926 Millionen Menschen) zu den wirklich armen *low human development*-Ländern (Colliers *Bottom Billion*).

2015 lobten sich die UN in den höchsten Tönen für den weitgehenden Erfolg der im Jahre 2000 verkündeten »Millenium Development Goals« (MDGs) – diese »have propelled the most successful anti-poverty movement in history« –, als hätten die Zielsetzungen der UN allein schon genügt, diese Resultate zu erzielen. Entsprechend heißt es weiter unten: »Goal-setting can lift millions of people out of poverty, empower women and girls, improve health and well-being etc.« Hier zeigt sich der Größenwahn der Planer (und »Träumer« – the vision-thing), als hätte die Verkündigung der Ziele seitens der für ihre entwicklungspolitische Inkompetenz notorischen UN-Bürokratie[398] Anteil an den realen Veränderungen in der realen Welt. Aber wo sie recht haben … : »Only two short decades ago, nearly half of the developing world lived in extreme poverty. The number of people now living in extreme poverty has declined by more than half, falling from 1.9 billion in 1990 to 836 million in 2015.[399] – The world has also witnessed dramatic improvement in gender equality in schooling since the MDGs, and gender parity in primary schools has been achieved in the majority of countries.«

Hinzu kommen beeindruckende Daten zur Reduzierung der Kinder- und Müttersterblichkeit, zur Bekämpfung von AIDS, Malaria, Tuberkulose. »Worldwide, 2.1 billion have gained access to improved sanitation and the proportion of people practicing open defacation has fallen by half since 1990.« Und obendrein »official development assistance from developed countries saw an increase of 66 percent in real terms from 2000 to 2014, reaching $ 135.2 billion«, während die Armut, wie gesagt, um mehr als 50 Prozent verringert worden ist.

Am spektakulärsten war der Aufstieg Chinas von einem der ärmsten Länder der Welt um 1950 – ärmer als manche SSA-Staaten damals und nach Jahrzehnten einer geradezu sadistischen und katastrophalen Wirtschaftspolitik der kommunistischen Partei und ihres Vorsitzenden – zur zweitgrößten Wirtschafts- und größten Handelsmacht der Welt. »China is the most remarkable success story of the last two decades: a very poor nation propelled into an economic powerhouse [...]« In den Jahren von 1990 bis 2006 wuchs Chinas Wirtschaft um etwa 330 %. Lag das per capita-Einkommen des Landes 1990 bei ungefähr 1.500 Dollar, waren es 2004 4.500 Dollar. »After the market-based reforms started in 1978, what was $ 59 billion in industrial production in 1978 became $ 844 billion in 2003. Exports of $ 44 billion in 1982 became $ 428 billion in 2003.«[400]

»Noch im Jahr 1980 lebten (in China) so viele absolut Arme wie in keinem anderen Land der Erde. Nach offizieller Definition sind das Menschen, die [...] mit weniger als 1,90 Dollar am Tag auskommen müssen. Seither ist die Armutsquote von damals 84 auf heute nur noch rund zehn Prozent der Bevölkerung gesunken. Fast 700 Millionen Chinesen haben die Armut überwunden. Das sind mehr Menschen als in den Mitgliedsländern der Europäischen Union leben.«[401]

Entwicklung ist also machbar, das haben die letzten Jahrzehnte bewiesen, und nicht nur in Asien. Für Lateinamerika ließe sich etwa das Beispiel *Chile* anführen, das als Südamerikas »most stable and prosperous nation« gilt: das erste südamerikanische Land, das Mitglied der OECD wurde. Die Grundlagen dafür hatte der brutale Diktator und Folterer Pinochet mit den wirtschaftsliberalen Reformen seiner Chicago Boys gelegt. Das GDP per capita liegt heute bei über 25.000 Dollar.

Für Afrika wäre etwa *Botswana* zu nennen, ein Land in SSA, das zum Zeitpunkt seiner Unabhängigkeit 1966 eines der ärmsten Länder der Welt war und und zu einer der am schnellsten wachsenden Volkswirtschaften der Welt geworden ist, vergleichbar mit den Wachstumsraten der großen asiatischen Wirtschaftsmächte. Botswana gelang es auch, dem *resource curse* zu entkommen: das Land ist der zweitgrößte Diamantenproduzent der Welt. (Diamanten sind ja eher die Grundlage für Armut, Instabilität, Bürgerkriege etc. Man denke an Sierra Leone, Liberia, die Demokratische Republik Kongo … Botswana aber ist »one of the world's development success stories«, auch wenn es noch viele Probleme gibt. GDP per capita ca. 15.000 Dollar.[402]

Vier ehemals sehr arme Entwicklungsländer sind inzwischen an die Spitze der reichen Industrienationen vorgestoßen und heute vergleichbar mit den wohlhabendsten europäischen Ländern. In der Gruppe der Länder mit *very high human development* nimmt Hongkong zusammen mit Schweden Rang 7 ein (noch 1960 betrug das Durchschnittseinkommen pro Kopf in Hongkong kaum mehr als ein Viertel des britischen Durchschnittseinkommens: 28 Prozent), Singapur Rang 12, vor Holland und Dänemark. Immer noch auf den oberen Plätzen findet man Taiwan und Südkorea.

Im *world ranking* der Länder nach GDP per capita (Kaufkraftparität) nimmt Singapur je nach Berechnung von IMF, World Bank oder CIA Rang 3 / 3 / 5 ein, Hongkong den Rang 9 / 9 / 11 – beide deutlich vor Deutschland. Taiwan 19 / - / 22 (vor Dänemark), Südkorea 30 / 32 / 33 (vor Neuseeland).

Während wir also auf deren Kosten lebten, sind diese Entwicklungsländer so reich geworden wie wir oder gar reicher. Die Absurdität der These, dass wir auf Kosten der Dritten Welt leben, wird dadurch anschaulich verdeutlicht.

Interessanterweise sind alle diese vier asiatischen Länder ehemalige Kolonien. Taiwan und Korea waren von 1895 bis 1945 bzw. 1910 bis 1945 japanische Kolonien; Singapur war von 1897 bis 1962 und Hongkong bis 1997 britische Kolonie. Eine Kolonialgeschichte gilt allgemein als Entwicklungshindernis oder -hemmnis.

Neben all den eindrucksvollen Erfolgsgeschichten sollte auch auf die Fälle negativer Entwicklung in Entwicklungsländern hingewiesen werden, zeigen sie doch ebenfalls, wie sehr die Entwicklung, der Wohlstand eines Landes von seinen eigenen politischen Entscheidungen abhängt. Die unterschiedliche Entwicklung *Süd-* und *Nordkoreas* ist ein nachdrücklicher Beleg dafür; sie zeigt außerdem die katastrophalen Folgen der Faszination, die der Kommunismus/Sozialismus auch auf die Entwicklungsländer ausübte. »It is impossible to understand many of the poorest regions of the world at the end of the 20th century without understanding the new absolutism of the 20th century: communism.«[403] Die Terrorherrschaft der Khmer Rouge in Kambodscha fällt einem da ein – andrerseits dauerte die nur einige Jahre; die antikommunistischen Somozas und Duvaliers (und ihre Nachfolger) herrschten Jahrzehnte. Nikaragua und Haiti gehören weiterhin zu den ärmsten Ländern der westlichen Hemisphäre. (Auf *www.faz.net* vom 23.2.2019 las ich: »Pjöngjang fordert Hilfe an. Nordkoreaner müssen hungern.« Die Tagesrationen von Reis etc. seien halbiert worden. Die Welthungerhilfe spreche von einer ›bedenklichen‹ Lage. – Der Sozialismus in seinem Lauf ...).

Ein deprimierendes Beispiel für die Fähigkeit von Entwicklungsländern, ihre Entwicklung zu stoppen und rückgängig zu machen, bietet Simbabwe unter Mugabe. Er machte aus einem der wohlhabendsten Länder des südlichen Afrika ein Armenhaus. Wie macht man das? Wie schafft man auf dieser Grundlage eine Arbeitslosenquote von 95 Prozent (2009) und eine Armutsquote von fast 80 Prozent (2007)? Das scheint gar nicht so schwer zu sein: In Venezuela – dem Land mit den größten Erdölreserven der Welt – galten 1998 45 Prozent der Bevölkerung als arm (das war das Jahr, bevor der frühere sozialistische Präsident Chavez an die Macht kam), 2017 waren es 87 Prozent.[404]

Die gewaltige weltweite Vermehrung von Produktion und Handel (und das heißt auch Verminderung von Armut und Krankheit), die sogenannte zweite oder neue Globalisierung, beruhte und beruht auf dem Zusammenspiel zahlreicher sich gegenseitig verstärkender Faktoren, von denen folgende erwähnt werden sollen:

- Handelsliberalisierung (Grenzöffnungen für den Handel, Reduzierung oder Abschaffung der tarifären und nicht tarifären Handelshindernisse)

- Fortschritte in der Informations- und Kommunikationstechnologie (z.B. Computer, Internet)

- Sinkende Transport- und Kommunikationskosten (z.B. die »Container-Revolution«)

- Sowohl theoretisches als auch praktisches Wissen (Know-how) verbreiteten sich schneller als je zuvor grenzüberschreitend in aller Welt. Der Wissenstransfer lief aber zunächst vor allem von den entwickelten in die Entwicklungsländer, im Fall Chinas zum Teil unter erpresserischem Druck.

- Kombination von *high-tech capital, best managerial practices and low wages* (low paid workers) – zusammen mit *expansiven* Geschäfts-/Unternehmensstrategien

- Der Ökonom Richard B. Freeman sprach 2007 von »The Great Doubling: The Challenge of the New Global Labor Market«. Er meinte damit die gegen Ende der 1990er Jahre erfolgende »entry into the global economy of workers from China, India and the former Soviet countries. It doubled the size of the global labour market from 1,46 billion to 2,93 people.«[405]

- Organisation der Produktion in globalen Wertschöpfungsketten bzw. Globalisierung der Wertschöpfungsketten: »die fundamentale realwirtschaftliche Innovation«.[406] Die in einem Produkt vereinten zahlreichen Teile und Produktionsprozesse vom Produktentwurf und Design bis zum Kundenservice nach dem Verkauf werden dort produziert oder erfolgen an jenem Standort in der Welt, wo sie am produktivsten, kostengünstigsten, effektivsten produziert werden können (ein bekanntes Beispiel ist das iPhone). Möglich wird das durch die oben genannten Faktoren. Eine zunehmende weltweite Arbeitsteilung ist die Folge. (Und Arbeitsteilung führt gemeinhin zu Produktivitätssteigerungen und damit zu Wohlstandsmehrung.)

Das Ausmaß der durch Produktivitätssteigerungen erreichten Kostensenkungen lässt sich am Beispiel der Transport- und Kommunikationskosten eindrücklich belegen. Setzt man das Jahr 1930 mit 100 an, dann ergeben sich für 1960 im Fall der Telekommunikation 18,7, für 2016 etwa 0,2, somit eine Kostenreduzierung um mehr als 99 Prozent. Kostete ein dreiminütiges Gespräch von New York nach London 1930 noch etwa 245 Dollar (in Preisen von 1990) und 1970 noch mehr als 30 Dollar, waren es im Jahre 2000 nur noch 86 Cent.

Im Fall der Seefracht liegen folgende Vergleichsdaten vor: 1930: 100, 1969: 45,0 und 2000: 35,0.

Die Vergleichsdaten im Fall des Lufttransports sind: 100 –35,3 – 2016: 11,8.[407]

Solche Zahlen zeigen, wem wir unseren Wohlstand verdanken. »The engines of growth are education and integration in the global economy«, erklärte der Ökonom Michael Spence 2007.[408] Ergänzen wir in unsystematischer Reihenfolge: kapitalistische Marktwirtschaft, also auch freier Markt und freier Handel, funktionierende staatliche Institutionen, Rechtsstaat, Sozialstaat, Wissen(-schaft), Technologie, Arbeitsteilung, Globalisierung. Dem verdanken wir unseren Reichtum – und andere ihren wachsenden Wohlstand. Ausbeutung, Ausplünderung, Diebstahl usw. gibt es da und dort und immer wieder einmal, aber diese Kategorien sind nicht dazu geeignet, die gewaltigen und insgesamt positiven Umwälzungen der letzten Jahrzehnte und das Verhältnis der entwickelten zu den Entwicklungs- und Schwellenländern zu begreifen.

Und nebenbei bemerkt: was glauben eigentlich die Vertreter der »Auf Kosten«-These, was die 45 Millionen Erwerbstätigen in Deutschland tun? Däumchen drehen? Den Reichtum der Sahel-Zone nach Deutschland schaufeln? Schecks für Entwicklungshilfe ausstellen? Wie wir oben gesehen haben, schaffen sie ein BIP, das jenes des gesamten afrikanischen Kontinents übertrifft. Sie schaffen ihren Reichtum selber – und geben von ihm auch noch großzügig ab.

Nach zwei Jahrhunderten (1750 bis 1950) der durch die Industrielle Revolution ausgelösten wirtschaftlichen *divergence* zwischen dem Westen und dem Rest der Welt scheint sich nun eine erneute *convergence* anzubahnen.[409]

»The greatest reshuffle of individual incomes since the Industrial Revolution« registriert Branko Milanovic, der zusammen mit Christoph Lakner »developments in global incomes from 1988 to 2008« untersucht hat, die die globale Einkommensungleichheit insgesamt verringert haben, doch nicht allen Gruppen gleichmäßig zugute gekommen sind. Die reichsten 5 Prozent konnten ihr Einkommen in der fraglichen Zeit um 44 Prozent steigern – wer hat, dem wird gegeben. Aber sie stellten auch fest: »People around the median almost doubled their real incomes. Not surprisingly, 9 out of 10 such ›winners‹ were from the ›resurgent Asia‹. For example, a person around the middle of the Chinese urban income distribution saw his or her 1988 real income multiplied by a factor of almost 3, someone in the middle of the Indonesian or Thai income distribution by a factor of 2, India by a factor of 1.4, etc.« Andrerseits waren diejenigen, die am wenigsten von der Entwicklung profitierten, »almost entirely from the ›mature economies‹, meist OECD-Mitglieder. »The overwhelming majority in that group of ›losers‹ are from the ›old, conventional‹ rich world«, und zwar »predominantly the people who in their countries belong to the lower halves of national income distributions.« Anders gesagt, »large gains around the median of the global income distribution – received mostly by the Asian populati-ons – and the stagnation of incomes among the poor or lower middle classes in rich countries«. Milanovic konstatiert insgesamt »lower global poverty and inequality«. Trotz des wachsenden Anteils des globalen obersten einen

Prozents kam es doch zu »the close to doubling of real incomes realised by some one-fifth of the world population that lies between the 45th and 65th global percentiles. It is their real income growth that has driven the first decline in global inequality since the Industrial revolution.«[410]

Wie nicht anders zu erwarten, waren diese Entwicklungen auch zugleich »disruptive«. »Under the New Globalization, rich-nation firms can combine their knowhow with low-wage workers abroad. This new high-tech-low-wage combination has disrupted the livelihoods of workers and communities in ways that spurred social and political upheavals across Europe and the US.«[411]

Lakner und Milanovic kommen aber zu dem Schluss, dass »global inequality – as measured by most conventional indicators – went down.« »The movements that we witness [...] lead to an economic rebalancing of the East and West – in which both may end up with global output shares close to what they had before the Industrial Revolution [...].«[412]

Es scheint aber, als kämen die oben skizzierte zweite Globalisierung und die Reduktion von Armut und Hunger an ihr Ende: »Die Globalisierung wirkt erschöpft«, konstatieren die oben zitierten Autoren von *Die erschöpfte Globalisierung*, Michael Hüther, Matthias Diermeier und Henry Goecke. »Die Hoffnung auf weltweite Wohlstandsmehrung und politische Modernisierung erlahmt. [...] Die Arbeitsteilung intensiviert sich nicht weiter, der Welthandel expandiert kaum stärker als die Weltproduktion, die Anzahl dynamischer Volkswirtschaften stagniert, viele Entwicklungsländer bleiben beharrlich weit zurück, viele Schwellenländer verharren im Stillstand, viele Industrieländer erleben angesichts persistenter Verteilungsfolgen eine Renaissance des Protektionismus.« Als Ursachen für diese Erschöpfung werden genannt: »der Mangel an adäquaten Institutionen in den Schwellen- und Entwicklungsländern, die Illusionen in den Industrieländern über den unentrinnbaren Automatismus kapitalistischer Effizienz, der Konflikt über Sinn, Verantwortung und Gestaltung multilateraler Institutionen«, vor allem aber der »Ausdruck eines unterschätzten normativen Konflikts zwischen dem transatlantischen Westen« und dem Konzept Chinas, »auf Basis der Volksdiktatur und über ein anders wertemäßig fundiertes Modell die Weltwirtschaft zu gestalten«. Wie dem auch sei, wir können festhalten, dass die Ausbeutung der Entwicklungsländer nicht zu den aufgeführten Bedingungsfaktoren gehört. Man muss sehr weit entfernt von der wirklichen Welt leben, um an solche Räuber-Hotzenplotz-Versionen des Weltgeschehens zu glauben.

AFRIKAS LANDWIRTSCHAFT UND EUROPAS IMPORTE UND EXPORTE

Die *FAZ* brachte am 1.2.2019 einen Beitrag von Bastian Benrath: »Der Hunger kehrt zurück«. Der Autor versucht, die Frage nach den Gründen für die Zunahme der Zahl hungernder und mangelernährter Menschen in der Welt seit 2015 (bei gleichzeitigem stetigem Wachstum des Welt-BIP um viele Billionen jedes Jahr) zu beantworten.

Der Hunger breitete sich aber nicht in Asien aus, wo der Anteil der Hungernden 2017 bei 11,4 Prozent lag und nicht in Lateinamerika und der Karibik (6,1 Prozent), sondern – neben Ozeanien (7 Prozent), wo die absoluten Zahlen gering sind – vor allem in Afrika: Anteil der Hungernden 2017: 20,4 Prozent. Nach Benrath ist in Afrika einer von 5 Menschen unterernährt. 12 der 20 Länder, die am stärksten vom Hunger betroffen sind, liegen auf dem afrikanischen Kontinent (zusammen mit Afghanistan, Pakistan, Indien, Nordkorea).

Während im Fall Ozeaniens die Ursache im Klimawandel gesehen werden kann, wirken sich in Afrika vor allem bewaffnete Konflikte aus: »Zahlreiche der von starker Unterernährung oder akuten Hungersnöten betroffenen Länder, gerade in Afrika, werden zugleich von Kriegen und Konflikten geschüttelt.«

Als weiterer Grund wird das starke Bevölkerungswachstum in Afrika genannt, mit dem die landwirtschaftliche Produktion nicht Schritt halte. »Banken und Konzernen wird immer wieder vorgeworfen, die Lebensmittelpreise hochzutreiben«, aber dies scheide aufgrund der vorliegenden Zahlen als Ursache aus.

Speziell für Afrika gelte, dass die dortigen Volkswirtschaften nicht in der Lage seien, ihre Bevölkerung zu ernähren. Sie seien deshalb auf Nahrungsmittelimporte angewiesen, gerade auch wegen des schnellen Bevölkerungswachstums. »Fast alle Länder Afrikas waren im Jahr 2013 Nettoimporteure von Getreide.« Die subventionierten Agrarexporte aus europäischen Ländern ruinierten zudem die lokalen agrarischen Produzenten.

In den beiden letzten Punkten irrt Benrath: Auf Nahrungsmittelimporte (egal ob Getreide oder andere) angewiesen zu sein, ist an sich kein Problem. (Die Grafik der getreideimportierenden Länder bei Benrath zeigt, dass auch Japan und Südkorea dazugehören, ohne dass dies für diese beiden Länder ein Problem wäre.) Nahrungsmittelautarkie ist kein Ideal- oder auch nur Wunschzustand. Eine ausreichende Versorgung mit Nahrungsmitteln setzt nicht Autarkie voraus. Es ist besser, Computer zu produzieren und Kartoffeln zu importieren, als jedes Nahrungsmittel selbst zu produzieren und sich keinen Computer leisten zu können.[413]

Auf die Frage der EU-Agrarexporte und deren Subventionierung und dem aus ihnen resultierenden Schaden für die afrikanischen Bauern sowie auf den häufig gemachen Vorwurf, die EU-Märkte seien gegenüber afrikanischen Exporten, insbesondere agrarischen Produkten, verschlossen, lohnt es sich, ausführlicher eeinzugehen. Denn auch in diesem Zusammenhang taucht die »Auf Kosten«-These immer wieder auf. In der *SZ* vom 8.8.2018 berichtet Michael Bauchmüller: »Europa, so hat der Entwicklungsminister von der CSU [Gerd Müller] soeben gefordert, müsse seine Märkte für afrikanische Produkte öffnen. ›Der europäische Markt ist faktisch gesperrt‹, sagt Müller.« Bauchmüller weist demgegenüber darauf hin, dass die EU ihre Märkte »massiv geöffnet« habe. Für 32 der ärmsten Staaten [LDC] Afrikas wurden »alle Zölle und Quoten auf null« gesenkt [im Jahr 2001!] – *faktisch gesperrt* scheint eher der Realitätszugang des BuMi Müller zu sein – und mit anderen Ländern Partnerschaftsabkommen »ohne jeden Zoll vereinbart«. »Gerade afrikanische Staaten südlich der Sahara haben so schon jetzt freien Marktzugang zur Europäischen Union.« Bauchmüller sieht das Problem eher darin, dass »die Zölle auch in die Gegenrichtung verschwanden«. Das ist nicht *ganz* richtig.

Bei dem Abkommen der EU mit den 32 LDC handelt es sich um das EBA (Everything but arms)-Abkommen. Dies ist aber (wie das weniger wichtige GSP: Generalised System of Preferences) einseitig: Es verlangt keineswegs von den LDC nun ihrerseits, Zölle und Quoten gegenüber der EU auf null zu senken. Die Economic Partnership Agreements (EPAs) mit 12 SSA-Ländern gewähren ebenfalls zoll- und quotenfreien Zugang zum EU-Markt, verlangen aber begünstigten Zugang für Waren aus der EU, wenn auch nicht im selben Maße wie umgekehrt. Daneben gibt es weitere Abkommen, vor allem mit den vier nordafrikanischen Ländern.[414] Jedenfalls kann keine Rede davon sein, dass die EU zollfrei und in beliebigen Mengen nach Afrika exportieren kann (»überschwemmen«). Es ist dabei sicher ratsam, sich das quantitative Ausmaß etwa deutscher Agrarexporte nach Afrika vor Augen zu führen: Ca. 9 Zehntel (wertmäßig) der deutschen Agrarexporte gehen in Nicht-Entwicklungsländer, hauptsächlich in die EU-Länder. 2017 gingen 2 Prozent nach Afrika, 1,3 Prozent in die SSA-Länder und 0,5 Prozent in dortige LDC.

Generell spielt der Warenverkehr mit Afrika für den deutschen Außenhandel »weiterhin eine nachgeordnete Rolle«: in der Größenordnung von 2 und 3 Prozent.[415]

Die EU ist der größte und offenste Markt für afrikanische Exporte, die sich keineswegs auf Rohstoffe oder Agrarprodukte beschränken: 35 Prozent Industrieerzeugnisse (2016), 16 Prozent Nahrungsmittel und Getränke, 49 Prozent Rohstoffe.

Ein häufiges Missverständnis ist die Verwechslung von EU-Agrarsubventionen (innerhalb der EU) mit EU-Exportsubventionen. Letztere sind längst abgeschafft. In der EU gibt es seit 2013 keine Agrarexportsubventionen mehr. »Damit sind auch die deutschen Exportbeihilfen auf null gesenkt.«[416]

Dass die afrikanischen Agrarprodukte nicht konkurrenzfähig sind gegenüber den europäischen, hat mit Subventionen jedweder Art nichts zu tun, sondern mit der niedrigen Produktivität der afrikanischen Landwirtschaft, was u. a. daran liegt, dass Afrika – im wesentlichen aufgrund der Versäumnisse afrikanischer Regierungen – die Grüne Revolution seit Mitte der 1960er Jahre verpasste, die zu einer Verdreifachung der

Getreideerträge in Asien und Lateinamerika führte und eine Milliarde Menschen vor dem Hungertode rettete. (Finanziert wurde das weitgehend von der US-amerikanischen Rockefeller- und der Ford-Foundation, fortgeführt heute von der Gates- und der Rockefeller-Foundation.) Die landwirtschaftlichen Erträge Afrikas liegen unter 50 Prozent des weltweiten Durchschnitts und stellen etwa 25 Prozent der potentiellen Erträge dar. Die landwirtschaftliche Produktivität Afrikas wächst nur halb so stark wie die Bevölkerungszahl. Die neu entwickelte ertragsstarke und dürreresistente Maissorte – Mais ist das wichtigste agrarische Produkt in Afrika – wird daran kaum etwas ändern, solange weiterhin Forschung, Straßen, Erweiterung der Lagerkapazitäten, Kredite und Fördergelder fehlen. Dass es auch anders geht, zeigten Malawi und Äthiopien, so Tina Rosenberg in ihrem Artikel »A green revolution, this time for Africa«.[417]

Eine Grafik in dem erwähnten Artikel im *Economist* (»Carb loading. Cereal yields, tonnes per hectare«) zeigt die Zunahme der Getreideproduktion von 1961 bis 2016: East Asia & Pacific beginnen mit etwa anderthalb Tonnen 1961 und erreichen knapp über 5 Tonnen im Jahr 2016; South Asia beginnt bei etwa einer Tonne und endet bei knapp über drei; Sub-Saharan Africa beginnt bei etwas unter einer Tonne und schlängelt sich dann auf weniger als anderthalb Tonnen 2016 hoch.

In einem Artikel zur EU-Agrarpolitik schreibt Michael Brüntrup (vom Deutschen Institut für Entwicklungspolitik): »Die größten und drängendsten Probleme der afrikanischen Landwirtschaft werden nicht von der EU-Politik verursacht, sondern von inneren Strukturproblemen und politischer Vernachlässigung [...] Manch allzu plakative Kritik an den Folgen der EU-Agrarpolitik für Afrika weckt ihrerseits Fragen: Wird damit ein Feindbild gepflegt, mit dem man sich in der Öffentlichkeit legitimiert? Steckt dahinter ein Unbehagen an der Globalisierung des Agrarhandels, ein Bild von ›Ernährungssouveränität‹, die die Selbstversorgung jeder einzelnen Nation oder gar kleineren Regionen zum Ziel hat? Dabei dürfte der Agrarhandel für die Ernährungssicherung der Menschheit in Zukunft immer wichtiger werden [...].«[418]

In der *NZZ* vom 18.8.2018 wendet sich David Signer in einem Kommentar (»Entwicklungshilfe ist ein Auslaufmodell«) gegen das »seit Jahren gebetsmühlenartig wiederholt(e) Argument«, die Handelsbarrieren des Westens verhinderten einen Wirtschaftsaufschwung in Afrika: »Es ist irreführend, zu suggerieren, der Abbau der wenigen noch verbliebenen Handelsschranken würde zu einer Wende führen. Keine der bisherigen Liberalisierungen gibt zu dieser Prognose Anlass.«

»Ohnehin sind Zölle nicht der ausschlaggebende Grund, wieso Afrika im Welthandel nicht mithalten kann. Das zeigt etwa ein Vergleich mit den Entwicklungsländern Asiens, die ihre Exporte erheblich stärker ausweiten konnten, obwohl sie einen deutlich schlechteren Zugang zum EU-Markt haben. Es sind andere Faktoren, die in der Diskussion eine Rolle spielen sollten.«[419]

Stephen Smith geht auf diese generelle Rückständigkeit der afrikanischen Landwirtschaft in seinem Buch *La ruée vers l'Europe* ein: Eigentlich habe Afrika gute Grundlagen für eine erfolgreiche Landwirtschaft. Die Bodenqualität entspreche der Indiens, das sich seit der Grünen Revolution selbst versorgen könne; vor allem aber fänden sich in Afrika etwa 60 Prozent der Ackerböden auf der Welt, die noch nicht landwirtschaftlich genutzt würden. Und doch stünde trotz 400 Millionen Menschen in SSA, die an chronischer Mangelernährung litten, trotz 100 Millionen Kindern im Vorschulalter, die anämisch seien, und obwohl 60 Prozent aller Kinder infolge unzureichender Ernährung kleinwüchsig seien, eine Grüne Revolution nicht auf der Tagesordnung. 96 Prozent der Bauern in SSA bewirtschafteten Flächen von weniger als 5 Hektar, »souvent dans l'insécurité foncière en l'absence de titres de propriété incontestés. Ils produisent moins d'une tonne de céréales à l'hectare, contre 9 en France, et moins d'un demi-litre de lait par jour et par vache, contre 25 litres dans l'Hexagone où, sur 1000 exploitateurs, plus de 900 disposent d'un tracteur, contre deux au sud du Sahara. Entre les tropiques du Cancer et du Capricorne, seules 5 % des terres arables sont irriguées, contre 58 % en Inde.«[420]

Genug! Was die These von unserer Ausbeutung der Dritten Welt betrifft, wonach wir auf Kosten der Dritten Welt leben (und damit ist in erster Linie Afrika gemeint), so gehört sie, berücksichtigt man

- das dortige Ausmaß der Korruption: das weltweit größte,

- die im internationalen Vergleich überproportional zahlreichen Bürgerkriege, gewaltsamen Konflikte etc.,

- das aktuell beispiellose Ausmaß von *bad governance* und *failing states*,

- das enorme, weltweit höchste Bevölkerungswachstum,

- die geringe Produktivität der Landwirtschaft (sowie, hier nicht ausgeführt, die unzureichend ausgebildeten Arbeiter)[421] und die mangelhafte Infrastruktur

in eine Reihe mit der Chemtrail-Verschwörung, der Hohlwelt-Theorie und der Homöopathie gestellt. Es steht freilich einem jeden frei, daran zu glauben, aber dieser Glaube, so inbrünstig er auch geteilt werden mag, hilft den Menschen der Dritten Welt nicht, kann ihnen nicht helfen, denn er beruht auf – siehe oben – fehlerhaften Annahmen über die Welt, die Dritte wie die Erste.

Entwicklung ist möglich, und sie wurde und wird von zahlreichen Staaten bravourös gemeistert unter den Bedingungen des gegenwärtigen kapitalistischen globalen Wirtschafts- und Finanzsystems, des Freihandels, der Globalisierung. All deren Schattenseiten, Ungerechtigkeiten und Grausamkeiten sind sattsam bekannt (und soweit Verbesserungen und Korrekturen möglich sind, sollte man diese mit aller Entschiedenheit vornehmen), und doch ist bislang kein System gefunden worden, das weltweit mehr Reichtum geschaffen und mehr Armut, Krankheit und Elend verringert hat.

Kurzum: wir leben nicht auf Kosten der Menschen in der Dritten Welt – ohne uns ginge es ihnen schlechter.

ISLAM UND TOLERANZ

Duldung, Ausbeutung, Demütigung

Nach den Massakern des 11. September 2001 beeilten sich führende westliche Staatsmänner, ihren verschreckten Bürgern zu versichern, daß die Terrorakte nichts mit dem Islam zu tun hätten – der Islam sei vielmehr eine tolerante, friedliebende Religion. Die »bewundernswerte Toleranz« des Islam[422], daß Islam und Toleranz gleichsam eins seien, war den Bürgern freilich schon jahrzehntelang gegen das von der Wirklichkeit gebotene solide Beweismaterial eingebläut worden: Wie ein Planet seiner Bahn, so folgt der Islam dem ihm immanenten Gesetz der Toleranz, und nur von außen kommende Faktoren (der Wahnsinn eines Herrschers oder alte und neue Kreuzfahrer etwa) vermögen ihn zeitweilig davon abzubringen – Aberrationen, nach denen er unvermeidlich wieder der gewohnten Bahn folgt. Es scheint mir aus aktuellem Anlaß sinnvoll, diese Beteuerungen einer »dogmatischen Islamophilie«[423] auf ihren Wahrheitsgehalt hin zu prüfen, denn – wie der 11. September gezeigt hat – Illusionen zu hegen, kann nachteilige Folgen haben. Es ist jedoch auch nicht meine Absicht, gegen solides Beweismaterial zu behaupten, daß der Islam nie anders als intolerant war oder sein kann, sondern daß er wie alle nicht vom Gewaltmonopol eines säkularen Rechtsstaats gebändigten Religionen zu allem fähig ist.

Das (Selbst-)Lob islamischer Toleranz ist reaktiv und außengerichtet – es steht nicht am Anfang der Religion noch im Zentrum ihres Selbstverständnisses, sondern bringt ab dem 19. Jahrhundert unter dem wachsenden Einfluß und Druck der westlichen Großmächte die Anerkennung und Hochschätzung des neuzeitlichen Toleranzgedankens zum Ausdruck (wie er dann in die Gesetzgebung der meisten islamischen Staaten im 19. und 20. Jahrhundert zur rechtlichen Gleichstellung der Ungläubigen inkorporiert wurde – gegen erbitterten und teilweise gewaltsamen Widerstand vieler Muslime, und in den meisten Ländern weitgehend folgenlos). Daß der Islam tolerant sei, an sich und immer schon, toleranter als das intolerante Christentum, ist eine Verteidigungsstrategie: Apologetik qua Überbietung des Gegners im Guten, Umkehrung des Spießes im Schlechten.

Nun war das neuzeitliche Konzept der Toleranz vor dem 18./19. Jahrhundert dem Islam ebenso unbekannt wie anderen Religionen, auch wenn es zuweilen von Theologen, Philosophen und Dichtern vielleicht gedacht und formuliert worden ist – ohne bleibende Folgen und praktische Konsequenzen. Dieses Konzept beruht auf dem *Recht* des Individuums, das diesem aufgrund seines Menschseins zukommt, frei zu sein im Denken und Glauben (einschließlich der Ausübung dieses Glaubens); die *gemeinsame* Menschlichkeit ist die Basis für die Tolerierung *differierender* Realisierungen und Ausformungen dieser Menschlichkeit. Nicht so im Islam (oder anderen vormodernen Zivilisationen). Da der Islam als Religion – wie sie mehrheitlich gelehrt und gelebt wird – den Schritt zur neuzeitlichen Toleranz nie gegangen ist (auch wenn Millionen von individuellen Muslimen dieser zustimmen und diesen Schritt erhoffen mögen), wäre es unsinnig, die Toleranz des Islam in diesem Sinne zu verstehen. Adel Khoury äußerte 1980 die Hoffnung, daß der zeitgenössische Islam eine Gesellschaftsordnung herstellen werde, »in der alle Bürger vor dem Gesetz grundsätzlich gleichgestellt und im praktischen Leben gleichberechtigt sind, in der über eine geschenkte Toleranz hinaus die unverzichtbaren Menschenrechte für alle vorbehaltlos anerkannt werden«.[424] Lasset uns (weiter) hoffen!

Das Kronjuwel in der Schatzkammer islamischer Toleranz ist die Institution der Schutzbefohlenen *(dhimma)*. Sie beruht auf Koranversen (»Kämpfet wider jene von denen, welchen die Schrift gegeben ward [das meint vor allem die Christen und die Juden], die nicht glauben an Allah und an den Jüngsten Tag und nicht verwehren, was Allah und Sein Gesandter verwehrt haben, und nicht bekennen das Bekenntnis der Wahrheit, bis sie den Tribut aus der Hand gedemütigt entrichten«, Sure 9, 29), auf Prophetenworten und -taten *(hadith)* und weiteren der über Jahrhunderte sich entwickelnden religiösen Rechtsbestimmungen, die Teil dessen sind, was der rechtgläubige Muslim zu tun und zu lassen hat. Die Institution der Dhimma wird als Vertrag interpretiert, der den unterworfenen Andersgläubigen Leben, Eigentum (einschließlich des Rechts, Handel und Gewerbe zu betreiben) sowie die Ausübung ihrer Religion und Selbstverwaltung gewährt gegen die Zahlung spezieller Kopf- und Landsteuern und weiterer Leistungen sowie der Loyalität gegenüber dem islamischen Staat. Das ist nicht wenig. Aber es ist weder spezifisch islamisch noch neu, noch besonders tolerant. Und es ist kein Vertrag.

Auch juristischen Laien ist bekannt, daß ein unter Gewaltandrohung zustande gekommener Vertrag null und nichtig ist – es ist kein Vertrag, sondern »ein Angebot, das man nicht ablehnen kann«, wie Don Corleone es formuliert hätte. Daß Gewaltandrohung zugrunde liegt, ergibt sich schon daraus, daß der sogenannte Vertrag das Leben gewährt, das bei Nichteingehen auf das Vertragsangebot verloren ist: Laut Fattal erwirbt der Ungläubige qua Dhimma das Recht auf Leben, das er vorher nicht hatte, denn die Personen und Güter des außer-islamischen Kriegsgebiets *(dar al-harb)* sind der Gnade der Muslime anheimgegeben[425]. Schon Ranke sah, daß sich die Ungläubigen durch ihre Tributzahlungen »das Recht da zu sein erkauften«. Was der Dhimma-Pakt schützt, ist zuerst einmal das Leben der Ungläubigen, und zwar vor den Muslimen selbst – unter anderem gegen die Zahlung von Schutzgeldern. »Schutzgelderpressung« wäre insofern eine polemische, dem Sachverhalt aber angemessenere Bezeichnung als »Vertrag«.

Daß Gewalt drohte, daran besteht kein Zweifel: »Die Invasion des Nahen Ostens bedeutete keineswegs eine freudige, befreiende Erfahrung, sondern ging mit einem hohen Maß an Tod und Zerstörung einher. Die Bewohner derjenigen Städte, die im Sturm genommen worden waren, wurden entweder getötet oder in die Gefangenschaft verschleppt und verloren ihr Eigentum.«[426] Ein anderer Autor schreibt: »Die arabischen Eroberungen [...] waren begleitet von enormen Zerstörungen. Mehr noch als die christlichen Quellen beschreiben die muslimischen Chroniken die Plünderung und Einäscherung ganzer Städte und zahlloser Dörfer und die an der Bevölkerung begangenen Massaker, ihre Versklavung und Deportation.«[427] Bei Albrecht Noth liest sich das so: »Nun hat natürlich die Vertragsbereitschaft der muslimischen Eroberer nicht ausgeschlossen, daß es im Verlauf der *futuh* (Eroberungen) auch immer wieder zu Kämpfen mit der jeweils einheimischen Bevölkerung gekommen ist. Die Muslime hatten ihre militärische Stärke, sei es in Gefechten, sei es bei der Belagerung von festen Plätzen, des öfteren erst einmal zu demonstrieren, bevor ihre nicht-muslimischen Kontrahenten zu der Überzeugung kamen, daß eine vertragliche Einigung mit den Muslimen für sie die vorteilhafteste Lösung sei.«[428]

An solchen Demonstrationen hatte es schon der Prophet bei zahlreichen Razzien, Belagerungen, Eroberungen und Vertreibungen nicht fehlen lassen (einschließlich der Folter), am eindringlichsten im Jahre 627 bei der Massakrierung der Juden vom Stamme Banu Qurayza. Sir W. Muir schreibt in *The Life of Muhammad:* »In der Nacht wurden quer über den Marktplatz der Stadt Gräben ausgehoben, groß genug, um die Leichen der Männer aufzunehmen. Am Morgen befahl Mohammed, der selber zu den Zuschauern der Tragödie gehörte, daß die männlichen Gefangenen in Gruppen von jeweils fünf oder sechs herbeigeführt werden sollten. Jede Gruppe hieß man dann in einer Reihe am Rande des Grabens niedersitzen, der bestimmt war, ihr Grab zu werden; dort wurden sie enthauptet und die Leichen hinabgestoßen [...] Die Schlächterei, die am Morgen begonnen hatte, dauerte den ganzen Tag und wurde bei Fackelschein bis in den Abend hinein fortgesetzt. Nachdem er so den Marktplatz mit dem Blut von sieben- oder achthundert Opfern getränkt und den Befehl erteilt hatte, die Erde über den Leichen zu glätten, ließ Mohammed das furchtbare Schauspiel hinter sich, um bei den Reizen Rihanas Trost zu finden, deren Ehemann und männliche Verwandten alle gerade in dem Massaker umgekommen waren.«[429] Die anderen Frauen und die Kinder wurden in die Sklaverei verkauft.

Die Dhimma-Institution ist keine spezifisch islamische Erfindung, sondern eine Variante zahlreicher vorgegebener Modelle imperialer Einbindung von religiös und kulturell heterogenen minoritären oder majoritären Bevölkerungsgruppen, auf deren Wirtschaftskraft, Steuergelder und Expertise man nicht verzichten wollte und die deshalb vor der Tötung, Ausweisung oder Zwangsassimilation und -konversion bewahrt wurden. So sprechen Gibb und Bowen von der »universellen Praxis der römischen und mittelalterlichen Imperien, den unterworfenen Gemeinden die Bewahrung ihrer Gesetze und deren Anwendung innerhalb dieser Gemeinden zu gewähren [...] Unter den sassanidischen Königen des präislamischen Persien wurde der Katholikos der nestorianischen Kirche in aller Form in das höchste Amt aller Christen des Reiches eingesetzt«, und das wurde unter den Kalifen fortgesetzt. »Auch im byzantinischen Reich waren die Armenier Konstantinopels analog organisiert, ebenso die Juden.« Die Dhimma-Institution also, »obwohl sie in Einzelheiten von muslimischen Einstellungen beeinflußt ist, kann allgemein durchaus als ein vorgegebenes Muster reproduzierend betrachtet werden«. Zum Status der von den christlichen Königen der iberischen Halbinsel unterworfenen Muslime, den Mudejars, heißt es bei Robert I. Burns: »Der Status der Mudejars wird heute gemeinhin den Dhimma-Bestimmungen für die Ungläubigen unterm Islam gleichgesetzt, als eine simple Adaption; das präislamische sassanidische Modell der Dhimma-Institution verweist eher auf einen zeitlosen Impuls mediterraner Imperien, der auch dem frühen Westen keineswegs fremd ist, wie die dortigen jüdischen Gemeinden und Garnisonen arianischer Barbaren zeigen.«[430]

Ein Vergleich des christlichen Europa mit den islamischen Staaten in diesem Zusammenhang zeigt keineswegs eine Opposition intolerant/tolerant, vielmehr eine weitgehende Übereinstimmung. Burns: »Sowohl in der islamischen wie in der europäischen Welt stellte die formelle Eingliederung ganzer einheimischer, aber fremdartiger Gemeinden, die sich auf Dauer mit ihren eigenen soziopolitischen und rechtlichen Strukturen innerhalb der größeren oder dominierenden Gesellschaft aufhielten, eine wichtige Form der Interaktion dar. Christliche und jüdische Mini-Gesellschaften lebten so an ihren jeweiligen Heimatorten innerhalb der islamischen Gesellschaft, während muslimische und jüdische Mini-Gesellschaften innerhalb der christlichen Gesellschaft lebten.« W. Montgomery Watt formuliert das so: »Die Muslime, die nach dem Wechsel der Herrschaft in ihrer früheren Heimat blieben, werden Mudejars (spanisch *mudéjares*) genannt [...] Ihre Stellung war der der geschützten Minderheiten in den islamischen Staaten ähnlich. Sie übten ihre eigene Religion aus, folgten ihren Gesetzen und Gebräuchen und konnten ihr Handwerk und ihren Handel weiter betreiben. Jede örtliche Gemeinde wurde von einem muslimischen Ältesten geleitet, der vom

König ernannt worden war. Als Gegenleistung für ihre Rechte zahlten sie eine Kopfsteuer oder Tribut. Sie bildeten verschiedene Gemeinden, die manchmal gezwungen wurden, sich durch ihre Kleidung von den anderen zu unterscheiden, und bewohnten spezielle Viertel in den größeren Städten.«[431] Auch letzteres entsprach der Situation vieler Dhimmi unter islamischer Herrschaft.

Die Situation der Muslime und Juden in den Kreuzfahrerstaaten glich der auf der iberischen Halbinsel. Joshua Prawer: »Mit der Eroberung der Levante und dem Problem, eine aus heterogenen Gruppen zusammengesetzte Bevölkerung zu regieren, übernahmen die Kreuzfahrer das bestehende (Dhimma-) System und adaptierten es ihren eigenen Bedürfnissen und ihrer Weltsicht gemäß. Sie bewahrten auch – mit einigen Modifikationen – das System gesellschaftlicher und wirtschaftlicher Abhängigkeit, das ihren materiellen Bedürfnissen und ihrem Gesellschaftsbild entsprach. Die Franken waren nicht daran interessiert, die örtlichen Gruppen und Institutionen auseinanderzureißen, sie waren vielmehr zufrieden damit, sie als Basis ihres eigenen feudalen Überbaus zu erhalten [...] Ein allen Minoritätsgruppen gemeinsames Charakteristikum war ihre autonome Organisation als religiöse Gemeinden.«[432]

Neben den religiösen Geboten lag dem Dhimma-Status – ebenso wie dem der nichtchristlichen Minderheiten in Spanien, Sizilien und den Kreuzfahrerstaaten – das Prinzip der *utilitas* zugrunde. Die Existenz der Ungläubigen im Land des Islam, heißt es bei Bernard Lewis, erklärt sich dadurch, daß »sie unterschiedlichen nützlichen Zwecken dienten, vor allem ökonomischen«[433]. Umar, der zweite Kalif, legte den Gläubigen den Schutz der Dhimma ans Herz, einerseits weil der Prophet es so gewollt habe, andrerseits weil »sie für den Lebensunterhalt eurer Familien sorgen«, berichtet Fattal. »Die Existenz von Ungläubigen ist eine nahezu notwendige Bedingung für einen ausgeglichenen Haushalt auf dem Gebiet des Islam«, zitiert Dufourcq den Historiker Georges Marcais[434]. Mit erfrischender Offenheit beantwortete einer der Gefährten des Propheten die Frage, was die Muslime den Tributpflichtigen denn verdankten, mit folgender Auskunft, die Fattal zitiert: »›Sie helfen dir, deiner Armut zu entkommen, um dich mit dem Reichtum zu versorgen, über den du verfügst.‹« Was Prawer über die Kreuzfahrerstaaten sagt, ließe sich Wort für Wort auf die islamischen übertragen: Aus der äußerst geringen Zahl der Eroberer im Verhältnis zu den Eroberten und dem entschiedenen Unwillen ersterer, einer produktiven Tätigkeit nachzugehen, ergab sich »ein deutliches Grundmuster der Koexistenz: Die Kreuzfahrer hatten niemals beabsichtigt, Produzenten von Grundnahrungsmitteln oder irgendeiner anderen Form von Reichtum zu sein, da sie sich als Herrscher sahen, die die Einheimischen ökonomisch ausbeuteten. Diesen wurde durch politischen und militärischen Druck die Rolle von Lieferanten zugewiesen. Die neue Gesellschaft bestand so von Anfang an aus Eroberern und Eroberten, Ausbeutern und Ausgebeuteten«.

Um die tributzahlenden Gemeinden in ihrem fruchtbringenden Zustand der Andersgläubigkeit zu erhalten, wurden zeitweilig Konversionen zum Islam untersagt. Zur Vermeidung des damit gegebenen Konflikts mit den religiösen Autoritäten, verfiel man in manchen Gebieten auf die Lösung, die Neu-Konvertiten weiterhin die bisherigen Abgaben leisten zu lassen, was wiederholt zu Protesten und Aufständen führte. Auch in den Kreuzfahrerstaaten war man an Bekehrungen zum Christentum nicht interessiert. Abgesandte Roms äußerten sich verwundert bis empört darüber, daß die seßhaft gewordenen Kreuzfahrer eine Missionierung ihrer muslimischen Schutzbefohlenen nicht nur nicht unterstützten, sondern sogar oft aktiv behinderten oder untersagten.

Daß das uralte und weitverbreitete Modell der Schutzbefohlenen in erster Linie auf ökonomisch-politischen Nützlichkeitserwägungen (»Sachzwängen«) beruht, nicht einem mediterranen Genius loci, wie Powell meint, zeigt das Beispiel der Hunnen, die ebenfalls eine Variante dieses Modells entwickelt hatten – übrigens ohne daß daraus auf eine besondere Toleranz der Hunnen geschlossen wurde: »Nicht alle Opfer der hunnischen Eroberungen aber wurden vollständig assimiliert. Die hunnische Militärelite war auf eine gehorsame Bevölkerung angewiesen, die sie mit Nahrungsmitteln versorgte und in ihrer Armee diente. Völker wie die Goten konnten diese Funktion erfüllen. Hätten die Hunnen sie vollständig assimiliert, wären sie ihnen weniger nützlich gewesen. Daher übertrugen sie die Verantwortung für ihre Opfer offenbar einheimischen Häuptlingen, auch wenn sie die zentralen politischen

Einrichtungen der von ihnen besiegten Völker weitgehend zerschlugen [...] Diese Anführer schworen den Siegern, die sie als Individuen und als Gruppe am Leben ließen, im Gegenzug den Treueeid, und daraufhin konnten die Hunnen diese gehorsamen Elemente als integrierte Einheiten ihrer Konföderation zum Militärdienst heranziehen und sich von ihnen auch die Nahrungsmittel liefern lassen, die sie selbst nicht produzierten.«[435] Die Gans, die goldene Eier legt, hütet man in Orient wie Okzident und schlachtet sie nicht. Aber, wie Binswanger anmerkt, daß man die Gans, die goldene Eier legt, hütet und nicht schlachtet, wird man nicht als Toleranz gegenüber der Gans ausgeben wollen.

Besteht die Basis für den Erhalt und Schutz der Andersgläubigen in ihrer Utilitas, ergibt sich freilich als radikale Konsequenz dieses Prinzips, daß mit dem Erlöschen ihrer Nützlichkeit auch ihr Status in Frage gestellt ist. Diese Position wurde neben anderen von Ibn Taimiyya (1263–1328) vertreten, dem Champion der heutigen Islamisten (»der unvermeidliche Ibn Taimiyya«, seufzt Gilles Kepel), der laut Fattal lehrte, »daß den Dhimmis ihr Status nur in dem Maße zugute kommt, wie die Muslime ihrer Dienste bedürfen. Soweit dieses Bedürfnis sich nicht länger geltend macht, kann der Imam die Dhimmis des Landes verweisen, dem Beispiel des Propheten folgend, der die Juden von Haibar des Landes verwiesen hatte. Das Dhimma-Statut wird hier als ein regelrechtes Ausbeutungsprotektorat aufgefaßt, das aufgehoben ist, sobald es sich nicht mehr rentiert«. Ibn Taimiyyas Auffassung wird – vielleicht muß man sagen: wurde – von der Mehrheit der islamischen Theologen und Rechtsgelehrten nicht geteilt, aber sie schärft den Blick für die Insuffizienz einer auf Utilitas beruhenden Duldungspolitik. Das zeigt deutlich das Schicksal der Juden im osmanischen Reich.

Die Aufnahme der seit 1492 von der iberischen Halbinsel vertriebenen Juden durch den Sultan Bayezid II. ist wohl das am häufigsten angeführte Beispiel islamischer Toleranz (und christlicher Intoleranz). Um das damit einhergehende Schwarzweißbild ein wenig zu korrigieren – es ist ja auffällig, daß die habituellen Schwarzweißbild-, Schrecklichevereinfacher- und Komplexitätsreduzierungskritiker im Fall der Konfrontation Christentum-Islam den Mund nicht aufkriegen –, sei daran erinnert, daß keineswegs alle vertriebenen Juden der Einladung ins osmanische Reich folgten: Einige gingen in christliche Länder Europas, Italien vor allem, und dort vor allem in den Kirchenstaat, oder siedelten sich im Languedoc an, andere zogen in die portugiesischen Küstenstädte Nordafrikas (für die der Ausweisungsbefehl nicht galt), wo sie an deren Verteidigung gegen die Angriffe der Muslime teilnahmen. Obwohl neben Spanien und Portugal auch England, Frankreich und deutsche Länder – um nur die wichtigsten zu nennen – die Juden für Jahrhunderte des Landes verwiesen, gab es doch immer andere europäische Länder, die sie aufnahmen, von Polen und Litauen über Savoyen bis zur mächtigen Republik Venedig (später die protestantischen Länder), und aus demselben Grund wie der Sultan.

Gegen Ende des Mittelalters – die Vertreibung der Juden aus Spanien und Portugal fiel in diese Zeit – begann die Zahl der Juden unterm Islam geringer zu werden, sowohl relativ zur Gesamtbevölkerung wie absolut; zugleich sank der Anteil der Juden unterm Islam an der Gesamtzahl der Juden weltweit, während die Zahl der Juden unterm Christentum zunahm, bis diese schließlich die – auch kulturell – dominierende Mehrheit stellten. Seit dem späten Mittelalter, schreibt Bernard Lewis in *The Jews of Islam*, »rückte der Schwerpunkt der jüdischen Welt von Osten nach Westen, von Asien nach Europa, vom Islam zum Christentum«. Daraus kann nicht unmittelbar auf eine größere Toleranz im christlichen Europa geschlossen werden – aber als ein Beleg für islamische Toleranz taugte es wohl auch nicht so recht.

Die Juden sind 1492 und in den folgenden Jahren nicht zum ersten Mal von der iberischen Halbinsel vertrieben worden: Der Terror der Almohadenherrschaft (1130–1212) machte mit Zwangsvertreibungen und -konversionen, Verfolgungen und Massakern *al-Andalus* (und das von ihnen beherrschte Nordafrika) weitgehend juden- und christenfrei (1159 verschwanden die letzten christlichen Gemeinden Nordafrikas unter den Verfolgungen Abd al-Mu'mins. 1126 schon hatten die Almoraviden Christen nach Marokko deportieren lassen.). 1033 waren in Fez etwa 6.000 Juden einem antijüdischen Massaker zum Opfer gefallen, 1066 waren es etwa 4.000 in Granada. 1232 kam es zu einem Judenmassaker in Marrakesch. 1465 lebten in Fez wieder genug Juden, um sie in einem Massaker, das sich auf das gesamte Land ausbreitete, fast vollständig auslöschen zu können. Das letzte große Judenpogrom in Nordafrika fand im November 1945 in Tripolis und den umliegenden Gemeinden unter den Augen der britischen Besatzer statt: Insgesamt 135 Juden wurden totgeschlagen, neun Synagogen verbrannt und 35 Thora-Rollen zerstört. A propos: Nachdem sie in dem Jahrzehnt der Eroberungen schreckliche Verwüstungen und Massaker angerichtet hatten, ließen sich die Kreuzfahrer in den eroberten Ländern nieder, und in den mehr als 200 Jahren ihrer Herrschaft gab es nicht ein einziges Judenpogrom.

Die Juden der iberischen Halbinsel waren dem türkischen Sultan auch deshalb willkommen, weil er so Zwangsumsiedlungen von Juden vermeiden konnte, wie sie schon nach der Eroberung Konstantinopels zur Schaffung einer ökonomisch aktiven und steuerlich ertragreichen Hauptstadt vorgenommen worden waren. Lewis: »Der osmanischen Regierung lag viel daran, jüdische Bevölkerungsgruppen in den neueroberten christlichen Städten anzusiedeln. Die Juden wurden manchmal dazu überredet, manchmal dazu gezwungen.« Und im Gegensatz zu den Christen galten die Juden als politisch verläßlich, da sie keiner Parteinahme für die mit den Türken verfeindeten christlichen Staaten verdächtig waren. Sie »wurden als nützliche und produktive Elemente betrachtet und als ein Instrument imperialer Politik benutzt«. Vor allem das von ihnen mitgebrachte Kapital und ihr technologisches Wissen, ihre sprachlichen, das heißt Übersetzerfähigkeiten und anderes Expertenwissen bildeten die Grundlage einer »Art symbiotischer Beziehung mit den Türken, die der Dienste bedurften, die jene zu leisten vermochten«. In dem Maße aber, wie ihre Fähigkeiten und Dienste obsolet wurden und an Wert verloren, ihre Kontakte zu Europa abbrachen, verschlechterte sich der Status der Juden, verminderte sich die ihnen gewährte Toleranz. Mit dem Versiegen der jüdischen Einwanderung gegen Ende des 16. Jahrhunderts versiegte auch der Zustrom europäischen Wissens, europäischer Technologie: »Die Kenntnisse und Fertigkeiten, die zuvor den Juden und ihren türkischen Herren von Nutzen gewesen waren, veralteten, und die Juden hatten nicht länger irgend etwas Besonderes oder Nützliches anzubieten« und wurden durch Christen ersetzt. Lewis spricht von »der wachsenden Segregation, der schwindenden Toleranz, der verminderten Partizipation, der zunehmenden – materiellen sowohl wie intellektuellen – Armut« der Juden im osmanischen Reich in einem Klima allgemein zunehmender sunnitischer Orthodoxie. Für die Juden in den arabischen Ländern des Reiches stellt Stillman fest: »Das 16. Jahrhundert war ein kurzes strahlendes Zwischenspiel in der langen Abenddämmerung des späten islamischen Mittelalters.« Der Jude hatte seine Schuldigkeit getan, der Jude konnte gehen. Nein, als Beispiel für eine dem Islam innewohnende vortreffliche Toleranz taugt das Schicksal der Juden im osmanischen Reich nicht.

Die Grenzen einer auf dem Utilitas-Prinzip beruhenden Toleranz sollten ihre positiven lebens- und glaubensrettenden Seiten nicht vergessen machen. Es geht mir nicht um einen moralischen Rigorismus, der das Gute nur getrennt vom Nützlichen als Gutes anerkennen will, ist jenes doch sicher dessen zuverlässigster Freund und Helfer, solange beide dasselbe Ziel verfolgen. Aber die Utilitas-Toleranz des Dhimma-Status ist nur die eine Seite der islamischen Toleranz – und nun zu den *bad news.*

Eine auf absolute Wahrheit Anspruch erhebende universale Offenbarungsreligion wie der Islam (oder das Christentum) sieht sich dem Problem konfrontiert, wie sie mit den Mitgliedern anderer Religionen verfahren soll, die sich auf ihrem Herrschaftsgebiet befinden. Will sie sich der mit der Uneinsichtigkeit der Andersgläubigen gegebenen frechen Provokation (»Glaub ich nicht!«) und Infragestellung des eigenen absoluten Wahrheitsanspruchs nicht durch Tötung oder Vertreibung entledigen (und dem steht das Utilitas-Prinzip – auch in Form religiöser Gebote und Verbote – entgegen), muß ein Modus gefunden werden, der die überlegene Wahrheit der eigenen mit dem Fortbestehen der anderen Religion(en) verbindet: der Modus ihrer öffentlichen und sinnfälligen, von beiden Seiten wahrnehmbaren Demütigung und Erniedrigung. Da beide Religionen nicht gleichzeitig die absolute göttliche Wahrheit sein können – die moderne Spaltung in den privaten religiösen und den säkularen gesellschaftlich-staatlichen Bereich, die nur im ersteren den Absolutheitsanspruch konzediert und so die gleichberechtigte Koexistenz aller Religionen im letzteren Bereich ermöglicht, ist ja nicht gegeben –, muß die Überlegenheit der einen durch die Unterlegenheit der anderen ihren sinnfälligen Ausdruck finden. Man kann sich das als ein Nullsummenspiel der Anerkennung vorstellen: Religion A kann nur anerkannt und geehrt sein, wenn Religion B erniedrigt und gedemütigt ist – je anerkannter Religion A, desto verächtlicher Religion B; die eigene Religion erhöhen, heißt die andere demütigen. »Der Islam herrscht, er wird nicht beherrscht«, lautet ein überliefertes Wort des Propheten: Es kann nur Erhöhung oder Erniedrigung, Anerkennung/Ehre oder Verachtung/Ehrlosigkeit geben. Die Gleichberechtigung der anderen Religion anzuerkennen, wäre nicht nur ein absurder Widerspruch zum Anspruch der einen absoluten Wahrheit, sie stellte auch eine sträfliche Vernachlässigung religiösen Ernstes und Eifers dar. Die Verachtung und Demütigung der anderen Religion(en) ist somit nicht dem Belieben der einzelnen Gläubigen anheimgestellt und deren Sadismus oder Gutmütigkeit, sondern religiöse Pflicht.

Die Demütigung, um die es geht, ist eine öffentliche »rituelle Demütigung« (Lewis); Stillman spricht von den »äußerst ritualisierten Entwürdigungen«, denen die Juden in den marokkanischen Städten ausgesetzt waren oder ihrer »institutionalisierten Demütigung« während der letzten hundert Jahre der Mamluken-Herrschaft. Mit anderen Worten: Der Preis für die Duldung durch das Utilitas-Prinzip des Dhimma-Status ist die Demütigung. Das geht schon aus der grundlegenden Koranstelle 9,29 hervor, wo die Tributzahlung *(jizya)* mit der demütigenden Unterwerfung einhergeht. *Beides* nur ermöglicht und gewährt die Duldung der Existenz. Laut Stillman war diese jizya »als ein Symbol der Demütigung der Dhimmi aufgefaßt worden«. »Der gängigen Auffassung zufolge war die *jizya* nicht nur eine Steuer, sondern ein symbolischer Ausdruck der Unterwürfigkeit. Im Koran und der Überlieferung wird oft das Wort *dhull* oder *dhilla* (Demütigung oder Erniedrigung) benutzt, um den Status zu bezeichnen, den Gott denjenigen zugewiesen hat, die nicht bereit sind, Mohammed zu folgen«, stellt Lewis fest. Ein Motiv der Konversion zum Islam unter den Schutzbefohlenen sei die damit gegebene Beendigung der Demütigung gewesen, schreibt Dufourcq, sei doch die dominierende Einstellung der Muslime ihnen gegenüber »Verachtung« beziehungsweise »herablassende Verachtung«. Bat Ye'or spricht von einem »Prinzip der Demütigung«; »die dem Dhimmi auferlegte Schande stellt eine religiöse Pflicht dar und bildet einen wesentlichen Bestandteil seines Status als Schutzbefohlener«. In gewisser Hinsicht sei sogar ein Sklave dem Schutzbefohlenen gegenüber bevorzugt gewesen, insofern jener »nicht wie der Dhimmi unter einer obligatorischen und permanenten, religiös vorgeschriebenen Erniedrigung zu leiden hatte. Die Verachtung der menschlichen Person und ihre zu einem theologischen und politischen Prinzip erhobene Inferiorisierung stellen einen Hauptaspekt der Kultur des Dhimmitums dar«. Dem entspricht die Aussage von Gibb und Bowen: »Das Wesen des Dhimmi-Status, wie er von der traditionellen islamischen Philosophie beurteilt wurde, bestand in seiner Inferiorität.«

Timurtash, der mongolische Gouverneur Anatoliens, befiehlt im 14. Jahrhundert unterschiedliche Kopfbedeckungen für Muslime und Ungläubige: »es werde den Islam erhöhen und den Ungläubigen erniedrigen«. Einen Zeitzeugen erinnert das an den dem Sultan Kaykaus I. (1211–1220) erteilten Ratschlag des berühmten Ibn Arabi, die Glocken aus den christlichen Kirchen zu entfernen, »um die Gottlosigkeit zu vertreiben und um den Islam zu verherrlichen und die Ungläubigen zu erniedrigen«. Der Historiker Ibn Taghri Birdi schreibt im 15. Jahrhundert, daß nichts verdienstvoller sei in Allahs Augen als »die Macht des Islam zu erhöhen und die der Ungläubigen zu erniedrigen«. Im 17. Jahrhundert erteilt der türkische Sultan Murad IV. den Befehl, die Dhimmi in ihrer Kleidung zu erniedrigen und zu demütigen; nach göttlicher und menschlicher Satzung gehöre das zu den allerwichtigsten Angelegenheiten des Glaubens. Als die Almohaden 1162 Granada wieder einnehmen, habe es dort nurmehr eine kleine Gruppe von Juden gegeben, schreibt ein Zeitgenosse, »gewöhnt an Verachtung und Demütigung«. Das Spektakel der öffentlichen rituellen Demütigung bei der Tributzahlung rechtfertigt ein Rechtsgelehrter des 15. Jahrhunderts so: »Vielleicht werden sie schließlich zum Glauben an Gott und Seinen Propheten gelangen und so von diesem schändlichen Joch befreit werden.« Wie Lewis lakonisch anmerkt: »Demütigung gehörte zum Grundmuster.«

Mit geistlicher Milde *in modo*, aber doch *fortiter in re* faßt Khoury im abschließenden Kapitel seines Buches *Toleranz im Islam* diesen Aspekt zusammen: »Die Maxime, die auch in der Praxis eine entscheidende

Wirkung gezeigt hat, lautet: Der Islam herrscht, er wird nicht beherrscht. Der Islam muß die Oberhoheit ausüben, die Muslime müssen eine Vorrangstellung in der Gesellschaft innehaben. Das drückt sich oft darin aus, daß die Nicht-Muslime mannigfaltigen Demütigungen ausgesetzt werden. Diese Mischung aus Toleranz und Intoleranz wird nicht nur im Wortlaut des islamischen Gesetzes sanktioniert, sie findet auch in der Praxis ihren Niederschlag und hat die Geschichte der Dhimmis, zumeist Juden und Christen, oft und immer wieder zu einer Leidensgeschichte gemacht.«

Ihren alltäglichen Ausdruck fand dieses Prinzip der institutionalisierten Demütigung in Geboten und Verboten, die alle Formen der Begegnung von Muslimen und Ungläubigen regelten: wie und wann zu grüßen ist (von freundlichen oder tröstenden Worten wird abgeraten), daß der Ungläubige sich auf der Straße in bescheiden-unterwürfiger Haltung fortzubewegen und dem Muslim Platz zu machen hat, daß er nicht auf einem Pferd (einem edlen Tier) reiten darf, sondern allenfalls auf einem Maultier oder Esel und auch das nur im Damensitz und daß er absteigen muß, wenn er einem Muslim begegnet, daß er diskriminierende Kleidung, Kopfbedeckung, Schuhe (im Extremfall sind ihm diese sogar verboten) oder dem Judenstern entsprechende Abzeichen zu tragen hat, daß er sich mit Steinen bewerfen, am Bart zerren, ins Gesicht schlagen und prügeln lassen muß, ohne sich wehren zu dürfen; der Waffenbesitz ist ihm ohnehin untersagt, und einen Muslim zu schlagen, zieht die Todesstrafe nach sich, daß seine Zeugenaussage vor Gericht geringeren Wert hat als die eines Muslims und für den Fall, daß es sich bei dem Angeklagten um einen Muslim handelt, wertlos ist, daß ein Ungläubiger keine Autorität irgendwelcher Art über einen Muslim ausüben darf, daß ihm sexuelle Beziehungen zu Musliminnen und deren Heirat bei Todesstrafe untersagt sind, daß er keine neuen Gotteshäuser bauen, allenfalls die bestehenden nach – teuer zu bezahlender – Erlaubnis der Behörden renovieren darf, daß Kreuze auf den Kirchen und Glocken(läuten) in deren Türmen verboten sind ebenso wie lautes Klagen bei Trauerzügen und so weiter und so fort – all dies wird in den Werken Bat Ye'ors, Ibn Warraqs, Binswangers und anderer hier zitierter und nicht zitierter Autoren ausführlich beschrieben und belegt.[436] Angesichts der dort dokumentierten endlosen Reihe von Demütigungen, Erpressungen, Vertreibungen und Pogromen, denen die Andersgläubigen unterm Islam ausgesetzt waren (und sind), darf man vielleicht auf eine ebenso detaillierte und präzise Widerlegung der genannten Werke durch jene Islamwissenschaftler hoffen, die unermüdlich den Gebetsruf von der islamischen Toleranz in den Medien und von ihren Lehrstühlen erschallen lassen.

SCHWERE GEBURT

Mike Davis und die Dritte Welt

Mike Davis' ambitiöses Buch *Die Geburt der Dritten Welt* behandelt vier umfangreiche Themen und deren Zusammenhang.[437] Sein Ziel ist nichts weniger als eine Erklärung der globalen Unterschiede des Reichtums seit dem 19. Jahrhundert – die Entstehung der Dritten Welt –, und zwar als eine linke und globalisierungskritische Alternative zu Autoren wie David S. Landes, der mit *Wohlstand und Armut der Nationen* das bekannteste neuere Werk zu diesem Problem geschrieben hat.

Davis' erstes Thema sind die grauenvollen, Millionen von Menschenleben fordernden Hungersnöte im letzten Viertel des 19. Jahrhunderts, sein zweites die extremen Klimabedingungen jener Zeit, die katastrophale Dürren oder Überschwemmungen auslösten, und eine allgemeine Darstellung der neueren Klimatheorien und ihrer Geschichte. Im Zentrum stehen jedoch, drittens, die vom »formellen oder informellen Imperialismus« erzwungenen Veränderungen wie Kommerzialisierung der Landwirtschaft – »immer ging die Kommerzialisierung Hand in Hand mit der Verarmung der Bauern« –, Freihandel, freier Markt und Kapitalismus in der Dritten Welt als die wirklichen Ursachen der Hungersnöte, welche auf die von den Klimaschwankungen bedingten Dürren oder Überschwemmungen folgten. Davis sieht in der »Synergie« beider die Ursache für die Entstehung der Dritten Welt im 19. Jahrhundert – »ein besseres Verständnis der Ungleichheit in der modernen Welt« erklärt Davis zum »zentralen Punkt« seines Buches. Der vierte Themenbereich umfaßt die »Ökologie des Hungers«: die landwirtschaftlichökologischen Voraussetzungen der Hungerkatastrophen (wobei, außer im Fall Indiens, unklar ist, wieweit dabei der Imperialismus und der Freihandel eine Rolle spielten).

Nicht kontrovers dürften diejenigen Teile von Davis' Buch sein, die von den neuen Klimatheorien und deren Wissenschaftsgeschichte handeln. Wer sich darin nicht auskennt, wird sie mit Gewinn lesen und die auch an anderen Stellen dokumentierte Fähigkeit des Autors zu detaillierter, präziser und verständlicher Darstellung komplexer Sachverhalte schätzen. Aber auch hier stößt der Leser auf eine Eigenheit des Autors, die zuweilen enervierend sein kann: Mike Davis ist ein zorniger Mann, der mit hyperbolischer Rhetorik Blitz und Donner herniederschickt auf alles, was sein Mißfallen erregt – circa 98 Prozent des Universums. Der englische Originaltitel lautet *Late Victorian Holocausts*, und Davis zögert nicht, die Hungertoten als Opfer eines »Gemetzels« zu bezeichnen, »regelrecht ermordet« durch die Anwendung wirtschaftsliberaler Prinzipien. »Hungersnöte sind Kriege« – was in Hiroshima und Dresden durch Bomben geschah, das geschah im britischen Empire durch Imperialismus und Freihandel. Hinter der »freien Marktwirtschaft« verbarg sich »der koloniale Völkermord«.

Widerspruch erregen wird aber Davis' weitergehende These, daß eben nicht die Klimakatastrophen für die furchtbaren Hungersnöte jener Zeit verantwortlich gemacht werden können, sondern ausschließlich politisches und ökonomisches Versagen individueller wie vor allem systematischer und struktureller Art. Wenn dem so wäre – was soll dann die ausführliche Rekapitulation der neueren Klimatheorien? Es ist ein merkwürdiges Buch, in dem der eine Teil darin besteht nachzuweisen, daß der andere Teil überflüssig ist und nichts zur Sache beiträgt, daß also die Hungersnöte Ende des 19. Jahrhunderts eben nicht von den Klimaereignissen verursacht wurden, von denen der andere Teil handelt. An einer Formel wie »Wetter schlecht – Imperialismus schlecht, Wetter gut – Imperialismus gut« kann Davis ja nicht gelegen sein.

Diese schrecklichen Katastrophen seien, so Davis, vergessen, ja bewußt unterschlagen worden. Wirklich? Schauen wir in der Höhle des Löwen selbst nach: Alan Palmers *Dictionary of the British Empire & Commonwealth* (1996) führt sie unter dem Stichwort »Famine« auf. In der von P. J. Marshall herausgegebenen *The Cambridge Illustrated History of the British Empire* (1996) geht David Fieldhouse in dem Abschnitt »Drought and famine« auf das Thema ein, gibt Daten, Orte und Opferzahlen an. Er erwähnt auch die von Davis übernommene Auffassung vor allem indischer Kritiker der britischen Kolonialherrschaft, diese »hätten selbst die Bedingungen geschaffen, die Hungersnöte auslösten«. Andererseits vertritt Fieldhouse die Auffassung, daß die britischen Kolonialregierungen aus ihrem Versagen bis zum Beginn des 20. Jahrhunderts gelernt hätten. Mit einer Ausnahme – 1943 in Indien unter den Ausnahmebedingungen der Kriegszeit – habe es im britischen Empire etwa ab 1920 keine großen Hungersnöte mehr gegeben. Das kann nicht am Wetter gelegen haben, denn auch das gesamte 20. Jahrhundert erfuhr extreme Klimaschwankungen mit Hungersnotpotential. Wenn Davis' These stimmte, daß die Kombination von extremen Klimaschwankungen und Freihandelsimperialismus zu Hungersnöten führt, müßte sie auch im 20. Jahrhundert stimmen. Dieser Zeitraum wird jedoch von ihm nicht auf seine These hin untersucht.

Generell vernachlässigt Davis die geologisch und geographisch-klimatisch nachteilige Situation der behandelten Länder. Für einen Bewohner Asiens »bestand eine dreißigfach höhere Wahrscheinlichkeit, in einem großen Erdbeben zu sterben als für einen Europäer«. Und damit ging eine entsprechende Vernichtung materieller Güter einher. Das Erdbeben von 1556 in China forderte zum Beispiel 830.000 Tote. Die verheerendsten Seuchen für Mensch und Tier entstanden in Südund Südostasien und fanden von dort ihren Weg nach Europa, das sich aber schon ab dem 18. Jahrhundert relativ erfolgreich durch Quarantänemaßnahmen und staatliche Kompensationen für das Schlachten infizierter Herden dagegen zu schützen begann. Das Ausmaß von Dürren und Überschwemmungen in Asien war größer als in Europa: »in Indien und China kam es häufiger zu Hungersnöten als in Europa«. In China gab es einer bei Jones zitierten Untersuchung zufolge 1.828 Hungersnöte zwischen 108 vor Christus und 1911, fast in jedem Jahr eine und in zumindest einer Provinz. In Tirthankar Roys *The Economic History of India* (2000) heißt es, daß »es zur Ökologie Indiens gehörte, alle paar Jahre mit verheerenden Hungersnöten rechnen zu müssen [...] Hungersnöte waren primär umweltbedingt.«

Davis gibt ein allzu positives Bild der Situation in Indien unter den Mogul-Kaisern. Wie unter den britischen Imperialisten wurden den Bauern hohe Steuern auferlegt. Von entscheidendem Nachteil dabei für die Bauern war, daß besteuert wurde »entsprechend dem, was gesät worden war, nicht aber entsprechend dem Geernteten. Dadurch kam es natürlich zu großen Härten bei Mißernten, Heuschreckenfraß oder Überschwemmungen.« Davis' Behauptung, die Engländer hätten rigide und unmenschlich hart Steuern eingetrieben, die Mogul-Beamten aber elastisch und milde, scheint einseitig. Michael Mann, dessen Analyse der nachteiligen Folgen der britischen Herrschaft für die nordindische Umwelt und Landwirtschaft im wesentlichen mit der Davis' übereinstimmt, faßt die Situation vor der britischen Annexion so zusammen: »Die indischen Bauern lebten zumeist am Rande des Existenzminimums.«

Auch waren die Mogul-Eroberer nicht zurückhaltender als die britischen Imperialisten, wenn es darum ging, sich den Reichtum des Landes anzueignen: Unter der Herrschaft Akbars Ende des 16. Jahrhunderts »gelangten 82 Prozent des gesamten Nettoeinkommens des Mogul-Staates in die Hände von nicht mehr als 1571 Personen«. Davis empört sich verständlicherweise über die hohen Ausgaben der Briten in Indien für Krönungsfeierlichkeiten und Kronjubiläen angesichts der Hungersnot, aber die MogulImperialisten waren ebensowenig geneigt, ihren Lebensstil – »den unvorstellbaren Luxus, der am Hof getrieben wurde« – an der Versorgungssituation der Landbevölkerung auszurichten.

Entgegen Davis' wiederholt vorgetragener Behauptung gab es häufig Hungersnöte – »Die Chronisten berichten immer wieder von solchen Hungersnöten« – und die Hilfsmaßnahmen waren oft unzureichend oder fehlten ganz. Jones schreibt, daß es unter den Mogul-Kaisern bereits nach der Regierungszeit Akbars »kein System kontinuierlicher Hungerhilfe« mehr gegeben habe. An anderer Stelle heißt es: »Die Hilfsmaßnahmen im Indien der Mogul-Kaiser waren geringfügig und wurden mehr als ausgeglichen durch spekulative Aufkäufe seitens der Mächtigen … Wenn der Monsunregen ausblieb und damit die Nahrungsmittelversorgung, blieben nur noch massenhafte Auswanderung, die die Form ziellosen Umherirrens annahm, Kannibalismus, Selbstmord oder der Hungertod.«[438] All diese Phänomene listet Davis auch für die von ihm behandelten Hungersnöte auf, behauptet aber zugleich, daß es dies vor dem Freihandel und dem Imperialismus nicht oder nur sehr selten gegeben habe.

Bei Davis' Behandlung des China der Mandschu-Zeit fallen zwei Unterlassungen auf: China war damals die größte imperialistische

Macht Asiens; und bereits im letzten Viertel des 18. Jahrhunderts beginnen Stagnation und Zerfallserscheinungen, Bauernaufstände und Erhebungen der kolonialisierten Völker, also vor dem ab 1840 erfolgenden gewaltsamen Eindringen der europäischen Mächte.

Die Eroberung Chinas durch die Mandschu erfolgte mit »äußerster Grausamkeit«.[439] Das Land verlor 17 Prozent seiner Bevölkerung: 25 Millionen Menschen. »Die Mandschus richteten sich in China [...] gleich einer Herrenrasse ein, die dazu bestimmt ist, über ein Sklavenvolk zu herrschen [...] Heiraten zwischen Chinesen und Mandschus wurden verboten. In Peking wie auch in den anderen großen Städten galt das Prinzip der Rassentrennung.« 1683 wird Taiwan gewaltsam unterworfen und China einverleibt. 1696 begann die Expansion nach Westen (Xinjiang), gegen die Dsungaren wird 1756–57 eine »Ausrottungskampagne« unternommen, weitere Eroberungsfeldzüge führten im 18. Jahrhundert bis nach Nepal: Tibet wird 1751 endgültig chinesisches Protektorat. Auch innerhalb Chinas, in den südlichen Provinzen, »schritt die chinesische Kolonisation fort« und führte zu immer häufigeren Konflikten mit den Völkern dieser Regionen und zu Aufständen, die »grausam niedergeschlagen wurden«.

Nepal, Burma, Siam, Vietnam, die Philippinen (deren Eroberung geplant war), die Ryukyu-Inseln und Korea erkannten die Oberhoheit Chinas an und »waren mehr oder weniger von China abhängig«. »Informellen Imperialismus« würde Davis das nennen, wenn er es zur Kenntnis nehmen wollte. Schon Ende des 18. Jahrhunderts wies Mandschu-China die Symptome imperialer Überdehnung auf und steckte erhebliche Ressourcen in die Niederschlagung der nicht enden wollenden Aufstände der unterworfenen Völker. Zur gleichen Zeit beginnt sich die wirtschaftliche und politisch-soziale Lage so zu verschlechtern, daß für die gewaltsame Unterdrückung von Bauernaufständen enorme Summen ausgegeben werden mußten. Ein Grund für die Unruhen waren die durch die Verschwendung des Mandschu-Adels und am Hofe notwendig gewordenen Steuererhöhungen und der damit einhergehende Druck der Großgrundbesitzer auf die Bauern. Die Korruption nahm rapide zu, was wiederum die Staatsfinanzen schwächte. Am verheerendsten erwiesen sich die langfristigen Folgen der zunehmenden Korruption im Verfall des Unterhalts der Deiche und der Flußregulierungsanlagen. »Diese kriminellen Unterschlagungen sollten mit der schrecklichen Katastrophe des Jahres 1855 enden«, als sich der Lauf des Gelben Flusses verlagerte.

Der Beginn des 19. Jahrhunderts ist gekennzeichnet durch eine Krise der staatlichen Finanzen, Korruption und Unruhen der Bauern und unterworfenen Völker. Gernet spricht von einem »Verfall des Staates«: »Um die Mitte des 19. Jahrhunderts entluden sich diese verschiedenen Spannungen in der gewaltigsten Explosion, von der die chinesische Welt je erschüttert wurde. Der Taiping-Aufstand (1851–1864) und die Reihe der Erhebungen, die sich als Echo auf ihn bis um 1875 hinziehen, stellen das einschneidendste Ereignis der chinesischen Geschichte des 19. Jahrhunderts dar.« Die Zahl der Opfer (sie wird auf zwanzig Millionen geschätzt) wie die wirtschaftlichen und ökologischen Schäden waren enorm. »In dieser Niedergangsund Krisenzeit drangen die Westmächte von 1840 an erstmals in China ein.« Das heißt, Krisen und Niedergang existierten bereits vor der imperialistischen Intervention, auch wenn der Opiumimport zu einem Handelsdefizit geführt und zur Schwächung der chinesischen Wirtschaft beigetragen hatte.

»Was die politischen Bedingungen, die Führungsschicht, die Wirtschaft, das Steuerwesen und das geistige Leben in China zwischen 1850 und 1870 so deutlich veränderte, war keineswegs der Einbruch der Westmächte«, schreibt Gernet, »sondern die furchtbare gesellschaftliche Krise des Taiping-Aufstandes. Das fast ausschließliche Interesse der westlichen Historiker für die Geschichte des wirtschaftlichen und militärischen Eindringens Europas und Amerikas in China hat die Perspektiven verfälscht.« Mike Davis ein Eurozentrist? Zumindest ist seine These, daß erst die westlichen Imperialisten und schlechtes Wetter das blühende Reich der mit paternalistischer Güte und Milde regierenden Mandschu-Kaiser in die Krise gestürzt hätten, nicht sehr plausibel.

Davis' Hauptthese besagt, daß die Dritte Welt und ihre Armut erst durch den westlichen Imperialismus im 19. Jahrhundert entstanden seien. Er muß sich also um den Beweis bemühen, daß Wohlstand und Lebensstandard der außereuropäischen Länder vor jenem Zeitraum größer oder zumindest nicht relevant geringer waren als die Europas:

»Bairochs entscheidende These, die von Maddison untermauert wurde, lautet, daß Unterschiede im Einkommen und Wohlstand zwischen den großen Zivilisationen des 18. Jahrhunderts relativ gering waren: ›Mit großer Wahrscheinlichkeit lag Mitte des 18. Jahrhunderts der durchschnittliche Lebensstandard in Europa sogar etwas unter dem der restlichen Welt.‹« (Davis läßt aus, daß Bairoch für 1800 bereits ein niedrigeres Pro-Kopf-Einkommen der Dritten Welt gegenüber Europa errechnete.) Mit Bairoch und Maddison beruft sich Davis hier auf zwei der bedeutendsten Wirtschaftshistoriker – David S. Landes nannte sie die beiden Sammler und Berechner der Wachstums- und Produktivitätszahlen der Welt –, um seine These abzusichern.

Etwa Mitte des vorigen Jahrhunderts begannen Wirtschaftshistoriker, die bisherigen Annahmen über den Reichtum der nichteuropäischen Länder nach oben zu korrigieren; verschiedene Länder hatten zu verschiedenen Zeiten nicht nur extensives, sondern auch intensives Wachstum erfahren – China vor allem, und Europa war keineswegs immer schon wohlhabender gewesen als die anderen Teile der Welt. Paul Bairoch war einer der Hauptvertreter der neuen Sicht. In seinem letzten Werk 1997 setzt Bairoch jedoch auch einen anderen Akzent, indem er die Ansicht vertritt, daß Asien um 1500 weiter entwickelt war als Europa, dieser Unterschied aber im 18. Jahrhundert verschwunden war. Die Höhepunkte der orientalischen Reiche hätten zwischen dem 10. und dem Beginn des 17. Jahrhunderts gelegen, danach seien jeweils Stagnation oder Verfall eingetreten, während Europa zwischen 1500 und 1800 erhebliche Fortschritte gemacht habe. Bairoch folgt damit einer verbreiteten Ansicht, wonach um 1750, also noch *vor* dem unheilvollen Wirken des europäischen Kolonialismus und Imperialismus in den orientalischen Reichen, diese ökonomisch stagnierten oder negatives Wachstum aufwiesen.[440] Davis erwähnt das nicht.

Was nun aber Angus Maddison betrifft, so »untermauerte« er nicht etwa Bairochs Thesen, er bemühte sich vielmehr aktiv um deren Widerlegung, womit er 1983 begann und was er bis heute fortsetzt.[441] Maddisons Zahlen widersprechen nicht nur denen Bairochs, sondern den zentralen Thesen Davis' von der »Geburt der Dritten Welt« ab 1875.[442] Maddison zufolge waren bereits um 1500 die Westeuropäer die

Wohlhabendsten auf der Welt (Pro-Kopf-Anteil am Bruttoinlandsprodukt in internationalen Dollars von 1990: 774, China 600, Indien 550, Welt insgesamt 565). 1.700 betrug der westeuropäische Durchschnitt 1.024, China 600, Indien 550. Die Zahlen für 1820 sind: Westeuropa 1.232, China 600, Indien 523, Afrika 418, Lateinamerika 665.

Entgegen Davis' Angaben nahmen laut Maddison in China, Indien, Afrika und Lateinamerika in dem Zeitraum von 1876 bis 1902, der ja entscheidend für die Verarmung jener Teile der Welt zur Dritten Welt sein soll, sowohl die Bevölkerungszahl wie das Bruttoinlandsprodukt und das Pro-Kopf-Einkommen zu. Anders ausgedrückt: Laut Maddison wuchsen Bevölkerung und Bruttoinlandsprodukt im Zeitalter des Imperialismus und der Mega-Katastrophen schneller als zwischen 1500 und 1820.

Maddisons Zahlen widersprechen also den Zahlen Davis' und deren Interpretation im Sinne der Entstehung der Dritten Welt aus dem Wirtschaftssystem des Imperialismus. Es geht hier nicht darum, ob Maddison und Landes oder Bairoch und Pomeranz recht haben, sondern daß Davis fälschlicherweise einen der bedeutendsten Wirtschaftshistoriker unserer Zeit zur Stützung seiner These heranzieht.

Ein weiteres grundlegendes Werk, das bei Davis nicht auftaucht und seiner Hauptthese entgegensteht, ist John Iliffes *The African Poor* (1987), das sich zunächst entschieden gegen den Mythos vom vorkolonialen »Merrie Africa« wendet, »den weitverbreiteten Glauben, daß es bis vor kurzem keine Armen in Afrika gegeben habe, weil die ökonomische Differenzierung gering war, die Ressourcen frei verfügbar und die ›Großfamilie‹ ihre weniger begünstigten Mitglieder unterstützte. Erst mit der Kolonialherrschaft, so wird oft behauptet, begann der Zerfall dieses Systems.« Er betont demgegenüber die strukturelle Permanenz der Armut in Afrika: »eine bemerkenswerte Kontinuität von den vorkolonialen Armen zu denen des späten 20. Jahrhunderts. Nichts zeigt die Kontinuität der afrikanischen Vergangenheit anschaulicher als die Erforschung der Armut.«

Gab es katastrophale Hungersnöte im vorkolonialen Afrika? »Im vorkolonialen Afrika … war der Hauptgrund nichtstruktureller Armut die klimatische und politische Unsicherheit, die zu massenhaftem

Hungertod führen konnte.« Iliffe vergißt oder unterschlägt auch nicht die von Davis thematisierten Hungerkatastrophen. Der Kolonialismus brachte neue Erschwernisse für die Armen, aber »die großen Hungersnöte, die früher regelmäßig die Bevölkerung dezimiert hatten, hörten Mitte der Kolonialzeit auf«. Genauer gesagt: Ab Ende der zwanziger Jahre des 20. Jahrhunderts hörten die mit hohen Mortalitätsraten einhergehenden Hungersnöte im kolonialen Afrika auf. Gründe dafür waren bessere Verwaltung und Infrastruktur, Hygiene und Impfungen, Hungerprävention und -bekämpfung. Höheres Bevölkerungswachstum war die Folge. Die Befreiung vom Kolonialismus brachte keine weiteren Verbesserungen: »Die Zunahme struktureller Armut nach der Unabhängigkeit war beunruhigend, aber die Wiederkehr nichtstruktureller Armut in der Form von massenhaftem Hungertod war schreckenerregend.« Afrikas Grundmuster struktureller wie nichtstruktureller Armut waren also »ausreichend tief verwurzelt, um eine kurze Periode der Fremdherrschaft überstehen zu können«. Auch Iliffes grundlegendes Werk widerspricht den zentralen Thesen Davis'.

»Mike Davis' Buch ist voll gestopft mit Fakten«, stellt Mark Terkessidis in seiner Rezension in der *taz* (25. September 2004) richtig fest, »die letztlich nur Fachwissenschaftler im Einzelnen überprüfen könnten.« Letzteres ist falsch: Jeder, der lesen kann, kann sie überprüfen. Aber bei seinen früheren Arbeiten habe niemand Davis ernsthafte Fehler nachweisen können. »Derweil gilt er definitiv als vertrauenswürdig.« Vertrauen ist nun definitiv keine gute Grundlage für eine Rezension. Oder um einen anderen von Davis' Gewährsleuten zu zitieren: Vertrauen ist gut, Kontrolle ist besser. Daß die Linke Davis' Buch als ein Gottesgeschenk ansieht und sich nicht mit Nachforschungen als undankbar erweisen will, ist andererseits definitiv verständlich.

Der theoretische oder ideologische Rahmen, innerhalb dessen Davis' Argumentation sich bewegt, ist eine Art wirtschaftswissenschaftlicher Rousseauismus. Subsistenzwirtschaft und Autarkie gelten ihm als Garanten von Versorgungssicherheit, wirtschaftlicher Entwicklung und Wohlstand. Deren Feinde sind der Handel und der Händler, das Geld und der Geldverleiher, die Produktion für den Markt (insbesondere die »cash crops«), kurzum: die Kommerzialisierung des Wirtschaftslebens.

Sozial stellt er den Kommunitarismus über den liberalen Individualismus, politisch den paternalistischen über den liberalen Staat. Davis' Buch läßt sich so auch als ein Manifest der Globalisierungsgegner lesen.

»Offensichtlich würde die Sicherheit einer jeden Nation oder Gemeinschaft dadurch erhöht, daß deren Mitglieder ihre eigenen Nahrungsmittel selbst anbauen könnten – dadurch wäre zumindest ihr Überleben unabhängig von den Idiosynkrasien des Marktes gewährleistet – und auch so viele ihrer anderen Bedürfnisse wie möglich herstellten, bevor sie sich auf den Weltmarkt begeben. Das Ziel einer Gesellschaft sollte nicht darin bestehen, niedrigere Preise für ihre Produkte zu erreichen, sondern diejenigen Mittel zu erlangen, die gewährleisten, daß die Bedürfnisse aller Menschen befriedigt und daß ein zufriedenstellendes und gesichertes Leben in einem System fortgesetzt werden kann, das nicht dadurch kollabiert, daß es Teil des unbeständigen globalen Marktes ist. Wenn die Menschen ihre Nahrungsmittel selbst anbauen, ihren anderen Bedarf selbst produzieren und ihre Lebensbedingungen kontrollieren können, wird die Frage des Preises irrelevant.«

So lautet ein Abschnitt aus dem *Report of the International Forum on Globalization* (2002) – er könnte von Davis stammen (nur daß dieser den Weltmarkt selbst schon für ein Übel hält). Ich finde es verwunderlich, daß ein so intelligenter und belesener Autor wie Davis derart simplistischen Theorien anhängt, zumal dies seiner Betonung des relativen Reichtums der vorkolonialen Reiche (vor allem Mandschu-Chinas und Indiens) widerspricht, denn dieser Reichtum beruhte ganz wesentlich auch auf (Welt-)Markt und Handel, »cash crops« und wachsender Kommerzialisierung der Wirtschaft. Das kann man schon Davis' Buch selbst entnehmen, explizit dargestellt findet es sich in den einschlägigen wirtschaftsgeschichtlichen Darstellungen.

Während Davis einerseits zu Recht Adam Smiths allzu abstrakte und schlichte Empfehlungen zur Bekämpfung von Hungersnöten kritisiert, zumal deren dogmatische und inhumane Anwendung seitens der britischen Kolonialregierung, insinuiert er doch andererseits zu Unrecht eine Komplizenschaft von Wirtschaftsliberalismus und Kolonialismus beziehungsweise Imperialismus. Adam Smith sowohl wie David Ricardo waren entschiedene Gegner des Kolonialismus, aus wirtschaftlichen wie rechtlich-moralischen Gründen.

Auch die gewaltsame Durchsetzung des Freihandels im 19. Jahrhundert in Ländern wie Japan und China kann sich nicht auf die beiden Klassiker berufen. In dem von Davis behandelten Zeitraum schwand der in der ersten Jahrhunderthälfte dominierende Einfluß der Freihandelstheorie und des Wirtschaftsliberalismus sowohl de facto (einzig Großbritannien praktizierte erstere noch, nicht aber die aufsteigenden Nationen USA, Deutschland oder die britischen Dominions Australien und Kanada) wie ideologisch: An ihre Stelle traten Neomerkantilismus, Sozialdarwinismus und Nationaldarwinismus einerseits, Sozialismus und Kommunismus andererseits. Der Imperialismus am Ende des 19. Jahrhunderts war nicht, wie Davis behauptet, eine Form des Wirtschaftsliberalismus und Freihandels, sondern Indiz für deren theoretischen und praktischen Bedeutungsverlust.

Die Geburt der Dritten Welt ist ein lesenswertes Buch. Was die Begründung seiner Hauptthesen anbelangt, tendiert ihre Überzeugungskraft gegen null.

ENDNOTEN

1 Ich entleihe diesen Namen dankend vom Helden der Dritten Welt, Saddam Hussein; nach Klaus Bittermann (Hrsg.): *Liebesgrüße aus Bagdad. Die »edlen Seelen« der Friedensbewegung und der Krieg am Golf*, Berlin 1991. Eine unpolemische Klassifizierung findet sich bei Menzel S. 44–48.

Nur mit Familiennamen zitierte Werke sind am Schluß des Buchs in der Bibliographie angeführt. Meine Polemik erhebt keinen Anspruch auf Wissenschaftlichkeit noch gar auf eigenständige Forschungsleistungen, wohl aber auf eine ausreichende Informationsgrundlage. Die zahlreichen Anmerkungen sollen nicht Wissenschaftlichkeit vortäuschen, sondern dienen dazu, diese Informationsgrundlage vorzuzeigen und dem ungläubigen Leser Nachforschungen zu erleichtern. Ich habe auch Werke ausgeschlachtet, deren Argumentationsziel mit meinen Thesen nicht übereinstimmt oder ihnen direkt zuwiderläuft, zumal wenn andere Daten zu bestimmten Punkten nicht vorhanden oder mir nicht problemlos zugänglich waren. (Das gilt vor allem für die ausgezeichnet recherchierten Arbeiten von Susan George, deren einziger Mangel darin besteht, ein Wahnsystem vom heimlichen Vernichtungskrieg der Ersten gegen die Dritte Welt beweisen zu sollen, und für den *Human Development Report* der UNDP, eine sehr heterogene Arbeit einer sehr heterogen zusammengesetzten Verfassergruppe, wie das oft bei UNO-Organisationen, die paritätisch nach Regionen/Ländern besetzt werden, der Fall ist.)

2 Und schon seit langem. Vor vielen Jahren erklärte Senghor die Sklaverei zum größten Genozid der Menschheitsgeschichte (er meinte die Versklavung der Schwarzen – nicht durch Schwarze und Araber, sondern durch Weiße). Das scheint mir typisch für den fahrigen und einschüchternden Gebrauch von Begriffen in der Drittwelt-Ideologie; denn was immer man der Sklaverei Schlimmes nachsagen kann, die physische Vernichtung der Sklaven war definitiv nicht das Ziel der Sklavenhändler und -halter. Siehe auch die *Spiegel*-Titelgeschichte zu Afrika *Ein schwarzer Holocaust* und das Interview mit Benins Präsident Nicephore Soglo (Nr. 51, 1992): »Die Sklaverei war […] ein schwarzer Holocaust […] Das hatte Auswirkungen auf Afrikas Demographie; es ist eine der Ursachen für Afrikas Unterentwicklung.« Das Problem Afrikas ist meines Wissens Übervölkerung, nicht Bevölkerungsmangel.

3 Andernfalls stellen Schuldgefühle nur holde Drangsale dar. Zu vermuten, daß es eine Schuldlust gibt, wie es zum Beispiel eine Angstlust gibt, ist wohl nicht besonders gewagt.

4 Susan George: *Uses and Abuses of African Debt*, in: *Dissent*, Sommer 1992, S. 341.

5 Glagow in Nohlen/Nuscheler S. 316.

6 Nach Riddell, S. 3 und *Tokyo Shimbun*, 8.2.1993.

7 In Anlehnung an den Titel einer Reportage von Tom Wolfe, der über vergleichbare Einschüchterungsmaßnahmen innerhalb der USA berichtet: *Mau-Mauing the Flak Catchers* (1970).

8 Nach *The Japan Times,* 19.12.1992 und 23.12.1992.

9 *HDR,* S. 7.

10 Nuscheler in Nohlen/Nuscheler S. 175. Nuscheler spricht dort von einem »kollektiven Assistentialismus, der sich in der ›Bitt- und Forderungsgemeinschaft‹ des Südens breitgemacht hat«.

11 Nohlen/Nuscheler in Nohlen/Nuscheler S. 18, 22, 30. Zur lateinamerikanischen Variante dieser Einstellung siehe Gernot Volger: *Mestizenkultur,* in: *Merkur,* Nr. 528, März 1993, S. 218–230.

12 Boeckh in Nohlen/Nuscheler, S. 128.

13 »injustice«, *HDR*, S. 34.

14 *HDR*, S. 3 und 34. »Die Reichen behalten mindestens acht von zehn Dollar für sich«, klagt Christian Wernicke in der *Zeit,* Nr. 23, 1992.

15 Nissen in Nohlen/Nuscheler, S. 214. Merkwürdigerweise werden solche Thesen häufig von Linken vertreten, die doch von Marx gelernt haben müßten, den Schein der Zirkulations- und Verteilungssphäre auf das ihr zugrundeliegende Wesen, die Produktion hin zu analysieren.

16 *HDR*, S. 67. Dabei ist einzig der mit 40 Milliarden Dollar veranschlagte Verlust durch Marktrestriktionen der Industrieländer eine ernst zu nehmende Zahl. Die Tatsache zum Beispiel, daß die Entwicklungsländer – wie die Industrieländer auch – für Patente, Copyright, Trademarks bezahlen müssen, wird unter »beschränkter Zugang zum Markt für Technologie« angeführt. 20 Milliarden Dollar sind angegeben. (Der Handel mit – vor allem in den Entwicklungsländern – illegal kopierten Produkten wird auf 80–100 Milliarden Dollar geschätzt – eine Zahl, die der *HDR* nicht angibt.)

17 *HDR*, S. 48, 58: »mindestens 250 Milliarden Dollar pro Jahr«.

18 Siehe Rudolf Geiger, *Recht der internationalen Beziehungen.* München 1982, S. 114–176.

19 Vergleiche Pomfret 183. »Arbeit ist keine Ware« erklärt die Satzung der ILO (International Labour Organisation).

20 *HDR*, S. 58.

21 *HDR*, S. III und 6.

22 *HDR* S. 15, 55, 53.

23 Siehe dazu Pomfret, S. 175 f. und 183 f. und Opitz in Nohlen/Nuscheler, S. 391 f.

24 Nach George 1992, 135 und Christina Lamb: *Waiting for Allah. Pakistans Struggle for Democracy,* Harmondsworth: 1992, S.169. Siehe auch die Zahlen bei Nafziger, S. 360 f.

25 *HDR*, S. 69.

26 Nach Meier, S. 63.

27 Ich weise in meinem Buch die *ökonomischen* Argumente, die die These von der Ausbeutung der Dritten durch die Erste Welt stützen sollen, zurück. Mittlerweile werden diese gern mit *ökologischen* vermischt oder allein ökologische Gründe vorgetragen. All diese Argumente zu sammeln, zu analysieren und zu kritisieren, wäre die Arbeit eines anderen Buchs. Ökologische Argumente haben meinen Diskussionserfahrungen nach oft die Funktion einer Notbremse: wenn die ökonomischen Argumente problematisch geworden sind, rettet man sich schließlich in die Ökologie. (Insofern spiegelt der Drittwelt-Diskurs das allgemeine Verhalten der Linken in den letzten zehn bis fünfzehn Jahren.) Auch in der Dritten Welt selbst wurde das Argument der ökologischen Ausbeutung verständlicherweise mit Gusto aufgegriffen, erlaubte es doch, neue Schuldzuweisungen nach außen vorzunehmen, zumal das im Westen einmal mehr auf Schuldbereitschaft und Bußfertigkeit traf. Das *Gift der Zivilisation* – in seinen kulturellen, sozialen, ökonomischen und chemischen Varianten – zu verbreiten: Das ist schließlich der Hauptvorwurf der antikapitalistischen und konservativen Antimoderne.

Das Argument, daß, erreichten alle Entwicklungsländer das heutige Niveau der Industrieländer, dies den ökologischen Kollaps der Erde bedeuten würde, beschreibt wohl ein wirkliches Dilemma. Aber *nichts* spricht dafür, daß die Entwicklungsländer bislang aus ökologischen Gründen ihre wirtschaftliche Entwicklung gebremst hätten (noch daß sie dies in Zukunft tun werden); das genannte Argument taugt also nicht dazu, die *bisherige* Unterentwicklung und Stagnation in der Dritten Welt zu erklären. Die Dritte Welt ist nicht deshalb wirtschaftlich unterentwickelt, weil ökologische Bedenken wirtschaftlicher Entwicklung entgegenstanden, das heißt das ökologische Argument hat keinen Erklärungswert für die von mir behandelte Frage. Daß nicht erneuerbare Rohstoffe (Erdöl, Kupfer zum Beispiel) in unverhältnismäßig höherem Maße von den Industrieländern als von den Entwicklungsländern konsumiert werden, ist richtig. Aber diese Rohstoffe sind nationale, nicht globale Güter (siehe dazu Nafziger, S. 347 f.), und sie werden nicht gestohlen, sondern erhandelt, zum Nutzen beider Seiten. Würden die Industrieländer etwa ein adäquates Substitut für Öl als Energiequelle finden, käme dies einer wirtschaftlichen Katastrophe für eine große Zahl erdölexportierender Entwicklungsländer (und Industrieländer) gleich. Wenn die Industrieländer mehr Rohstoffe verbrauchen als die Entwicklungsländer, ermöglichen sie dadurch zugleich vielen Entwicklungsländern, mehr Industriegüter aus den Industrieländern zu konsumieren. Daß dabei die eine Warengruppe nicht erneuerbar ist, halte ich für einen irrelevanten Umstand: Wozu und wem nützte die Konservierung nicht erneuerbarer Rohstoffe? Der rationale Rest des Arguments ist die Aufforderung zur Sparsamkeit: für die Industrieländer, bis Substitute gefunden sind, was schneller geschehen kann, als den Produzenten lieb ist, für die Entwicklungsländer, diese Rohstoffe nicht eher verkauft zu haben, als sie in ihrer wirtschaftlichen Entwicklung davon unabhängig geworden sind. – Die einschlägigen Vorhersagen des Club of Rome haben sich nicht bewahrheitet. Problem der Entwicklungsländer ist meist nicht die Erschöpfung der Rohstoffe, sondern deren Überfluß (vergleiche die OPEC-Streitereien), nicht die Rohstoffgier der Industrieländer, sondern deren Appetitlosigkeit.

Daß die Industrieländer mehr Schadstoffe in die globale Umwelt schicken als die Entwicklungsländer, wird wohl stimmen. Auch hier sind es nicht etwa ökologische Bedenken der Entwicklungsländer, die diese Diskrepanz erklären, sondern einfach deren Unterentwicklung (die ja auch ihre eigenen negativen ökologischen Folgen hat: Ausbreitung der *Slash-and-bum*-Agrikultur, Übergrasung und ähnliches). Daß die Industrieländer mehr Schaden anrichten als die Entwicklungsländer und vor allem daß sie eher – finanziell und technisch – in der Lage sind, diese Schäden zu reduzieren, sollte allerdings Grund sein, den Anteil der Industrieländer an der globalen Umweltgefährdung zu reduzieren. Insofern die Industrieländer also unverhältnismäßig und kompensationslos ein gemeinsames globales Gut (zum Beispiel die Ozonschicht und deren Schutzfunktion) schädigen, leben sie »auf Kosten« anderer. Dies ist der einzige Fall, wo ich die Frage »Leben wir auf Kosten der Dritten Welt?« bejahen würde.

28 Opitz in Opitz, S. 23; er gibt den Anteil der Industrieländer an der Weltbevölkerung mit 24 Prozent an. Inkonsistenzen in manchen meiner Zahlenangaben resultieren aus den unterschiedlichen Definitionen von Industrieländern und Entwicklungsländern, Berechnungsarten und -zeiten der unterschiedlichen Quellen. Sie beeinträchtigen meine Argumentation nicht. Zum Problem der Definition von »Dritte Welt« siehe Harris und Menzel.

29 *HDR*, S. 37; *WDR*, S. 149.

30 *HDR*, S. 37; GATT-Zahlen für 1990; Nissen in Nohlen/Nuscheler, S. 213.

31 *The Japan Times*, 1.12.1991. Der Einwand, diese Zahlen erfaßten doch nur einen Teil der Gesamtproduktion der Entwicklungsländer, da sie nur den Teil der Produktion berücksichtigten, der auf dem von den offiziellen Statistiken erfaßten Markt erscheine, nicht aber den wichtigen Anteil von Subsistenz- und Schattenwirtschaft (informeller Sektor), ist berechtigt. Daraus folgt zunächst, berücksichtigt man auch die Kaufkraftunterschiede zwischen Industrie- und Entwicklungsländern, daß die Einkommensdifferenzen zwischen Erster und Dritter Welt von den offiziellen Zahlen übertrieben dargestellt werden. Entsprechend ist zum Beispiel das Durchschnittseinkommen Indiens nicht ein Sechzigstel, sondern ein Sechzehntel von dem der USA (nach Nafziger, S. 22 f. und 24 f). Andererseits wird aber wohl niemand behaupten, daß ausgerechnet die von der Subsistenz- und Schattenwirtschaft produzierten Güter zum Reichtum der Ersten Welt beitrügen.

32 *Zeit*, 15.11.1991.

33 Die zehn größten Handelsnationen der Welt (weniger als 20 Prozent der Weltbevölkerung) betreiben untereinander zwei Drittel des Welthandels (*Zeit*, 17.4.1992.). Der Anteil der Entwicklungsländer am Welthandel wird mit 19,3, 21, 20,8, 20, 20 Prozent angegeben von *HDR*, S. 37; Nuscheler in Nohlen/Nuscheler, S. 158; Todaro, S. 369; Vernières, S. 125; Franzmeyer in Opitz, S. 177. Der Anteil Afrikas am Welthandel beträgt ein Prozent laut *HDR*, S. 40. Frankreichs Außenhandel mit Afrika betrug 1950 30 Prozent seines gesamten Außenhandels, heute (1992) sind es 3 Prozent (Lele, S. 387).

34 George 1990, S. 232.

35 Geringe Wachstumsrate der Nachfrage nach Rohstoffen, Substitution durch andere Materialien, Überproduktion und vor allem die Rezession in den Industrieländern gibt der *HDR* (S. 59 f.) als Gründe für den »langfristigen Verfall der Rohstoffpreise« an.

36 Meier, S. 423.

37 Siehe dazu die Tabellen bei Lele, S. 64 ff., Lindert, S. 305, Meier, S. 540 ff., *WDR*, S. 72 f., Kromka/Kreul, S. 20 ff., Findlay in Ranis/Schultz, S. 83 f.

38 So ein sudanesischer Intellektueller, nach Kromka/Kreul, S. 83. In Indonesien veranlaßten vor einigen Jahren die hohen Gewürznelkenpreise den Präsidentensohn Hutomo zur Intervention in den Markt, um die Preise zu stabilisieren. Das Resultat war, daß die Preise fielen – nach unterschiedlichen Angaben um die Hälfte bis zwei Drittel, bei steigender Nachfrage; das Land importierte sogar zeitweise Gewürznelken (der Grund für den hohen Bedarf sind die landestypischen Kretek-Zigaretten). Das von der Hutomo-Clique gegründete Monopol verkauft die Nelken nun zum doppelten Ankaufspreis (dazu *Time*, 3.2.1992).

39 Foster, S. 283.

40 Nach Foster, S. 284.

41 *WDR*, S. 72f.

42 Lele in Ranis/Schultz, S. 201 und Kromka/Kreul, S. 21. Einen guten Überblick verschafft der Artikel von Robert H. Bates (*Governments and Agricultural Markets in Africa*) in Meier, S. 540–546.

43 Meier, S. 540.

44 Lindert, S. 300 f.

45 Lele, S. 64 ff.

46 Foster, S. 280.

47 Siehe Foster, S. 284–286, Meier, S. 541 f., *WDR*, S. 72; deshalb gehört die Abwertung der jeweiligen Währung zu den Grundforderungen der IWF-Anpassungsprogramme.

48 Foster, S. 286.

49 Kromka/Kreul, S. 21 f.

50 Zu Lateinamerika siehe Ranis/Fei in Ranis/Schultz, S. 108 und 130–132.

51 Nuscheler in Nohlen/Nuscheler, S. 163.

52 Siehe *WDR* 102; weitere Beispiele bei Reynolds, S. 964 und 974.

53 Siehe Pomfret, S. 77.

54 Harris, S. 28 (ohne Öl); siehe Pomfret, S. 83 und Reynolds, S. 962. 1985 betrug der Anteil der Landwirtschaft am Bruttoinlandsprodukt der Entwicklungsländer 20, der Industrie 34 und der Dienstleistungen 47 Prozent (Meier, S. 297).

55 *HDR*, S. 62 und 64.

56 *WDR*, S. 106. Nach Nafziger (S. 71) beträgt der Anteil der Rohstoffexporte 1965: 78 Prozent, 1986: 47 Prozent.

57 Vernières, S. 126 f.; danach auch die folgenden Zahlen. Der Hinweis, daß eine hohe *Zahl* von Entwicklungsländern einen sehr hohen Rohstoffanteil am Export haben, ist richtig – dabei ist jedoch zu bedenken, daß mehr als ein Drittel (nämlich 55) der Entwicklungsländer weniger als eine Million Einwohner haben (Vernières, S. 18), so daß Statistiken nach der Zahl der Länder (wobei dann China: eine Milliarde Einwohner und die Seychellen: 68.000 Einwohner jeweils als ein Land gelten) erhebliche Verzerrungen bedeuten können. Das gilt natürlich nicht nur für diesen Fall.

58 Vernières, S. 144 f.; so auch Reynolds, S. 959, 962, 974 und Nafziger, S. 396 ff.

Entwicklung der Terms of Trade (1938 = 100)

Jahr	*1948*	*1951*	*1962*	*1972*
Industrieländer	97	89	102	104
Entwicklungsländer	120	151	124	127

D'Hérouville (nach Vernières, S. 144)

Seit 1975 ist die Entwicklung für die Entwicklungsländer ungünstiger, günstiger für die Industrieländer. – Vergleiche die Zahlen des *WDR:*

Veränderung der Terms of Trade

Jahr	*1965–73*	*1973–80*	*1980–87*	*1987*	*1988*	*1989*
OECD-Länder	–1,1	–3,3	1,4	–0,4	0,5	–0,4
Entwicklungsländer (low and middle income economies)	0,1	2,1	–3,7	0,3	–2,0	0,9

nach WDR, S. 18

Terms of Trade (1970 = 100)

Jahr	*1979*	*1989*
Entwicklungsländer insgesamt	150	123
Afrika	126	99
Asien	98	90
Lateinamerika	140	113
Mittler Osten	305	233
nicht ölexportierende Entwicklungsländer	94	82
ölexportierende Entwicklungsländer	357	256
Industrieländer	93	100

nach Nafziger, S. 398

59 Die Terms of Trade (*single factorund income* – zur Erläuterung dieser Begriffe siehe Nohlen/Nuscheler in Nohlen/Nuscheler, S. 48 und Nafziger, S. 397) verbesserten sich für viele arme Länder (Meier, S. 390). Wie die Arbeit von Peter Nunnenkamp (*The International Debt Crisis of the Third World,* 1986) gezeigt hat, gibt es keine überzeugenden Belege für die Annahme, die Schuldenprobleme vieler Entwicklungsländer seien durch eine Verschlechterung der Terms of Trade verursacht worden. Siehe dazu Corbridge, S. 112.

60 Mohssen Massarrat: *Der Nord-Süd-Einkommenstransfer und die Fiktion des Freihandels,* in: *Blätter für deutsche und internationale Politik,* Dezember 1992, S. 1484. – Auf Massarrats Berechnung der »Einkommensverluste« der Entwicklungsländer im Kaffeehandel scheint mir das zuzutreffen, was er selbst gegen den »Terms-of-Trade-Ansatz« vorbringt: »je nach Auswahl des Basisjahres, einmal den Norden und einmal den Süden der Ausbeutung zu bezichtigen« (S. 1483). Massarrat vertritt die »Opfer-und-Ohnmächtigen«-Position: Die Länder des Südens haben »keine Chance, aus eigener Kraft nennenswerte Veränderungen herbeizuführen« (S. 1481).

61 Meier, S. 341.

62 Lele in Ranis/Schultz, S. 207 f.; so auch McKinnon, ebd., S. 387, und Reynolds, S. 970 und 974 (nach Reynolds verschlechtern sich die internen Terms of Trade in den Entwicklungsländern seit 1950).

63 Wesel in Opitz, S. 106; siehe auch Bauer, S. 29 und Lele, S. 45 f.

64 Foster, S. 89 f., 107.

65 *HDR*, S. 37.

66 *The Japan Times,* 22.9.1992; siehe auch Drèze/Sen, S. 31 f.; dagegen Foster: Die absolute Zahl der Unterernährten stieg von 1949 bis 1984 von 550 Millionen auf knapp 600 Millionen, in relativen Prozentzahlen bedeutet dies jedoch eine Abnahme von zirka 20 auf zirka 10 Prozent (Foster, S. 88).

67 Drèze/Sen, S. 99. Literatur zur Diskussion dieser These ist bei Nafziger, S. 142 f. aufgeführt.

68 Drèze/Sen 5, S. 22–34; die Hungerkatastrophe in Bangladesch 1974 geschah zu einem Zeitpunkt überdurchschnittlichen Vorhandenseins von Nahrungsmitteln (S. 27 f.). Auch der *WDR* (S. 53) weist daraufhin, daß Hungersnöte mit Nahrungsmittelüberschüssen zusammengehen können; Grund sei ein Fall der Kaufkraft und Versagen des Distributionssystems.

69 George 1990, S. 52.

70 Foster, S. 329; das gehe aber letztlich auf Kosten der Armen (S. 330).

71 Drèze/Sen, S. 166 f.

72 *The Japan Times,* 3.9.1992.

73 Siehe Wesel in Opitz, S. 108 und Drèze/Sen, S. 91.

74 Drèze/Sen, S. 6, 214, 278, 263 f., 277.

75 Drèze/Sen, S. 4 und 48; Foster, S. 164 und 239.

76 Drèze/Sen, S. 71, 274. Hunger als Mittel der Kriegsführung gegen die eigene oder okkupierte Bevölkerung spielt(e) in Äthiopien, dem Sudan, Mosambik und Osttimor eine wichtige Rolle; Wesel in Opitz, S. 106, Meyns in Nohlen/Nuscheler, S. 203; außerdem Volker Matthies: *Äthiopien, Eritrea, Somalia, Djibouti. Das Horn von Afrika,* München 1992, S. 49 und 78.

77 Drèze/Sen, S. 47, 257, 260, 251, 252, 270, 276.

78 Drèze/Sen, S. 172–178.

79 Foster, S. 286–289; so auch Lele in Ranis/Schultz, S. 195, die die Förderung der Produktivität und die Erschließung neuen Landes damit verbindet; siehe zu dem Thema auch Meyns in Nohlen/Nuscheler, S. 204 f., der eine Kombination von Subsistenz- und Exportanbau empfiehlt.

80 Der Protektionismus der Industrieländer wird oft übertrieben dargestellt. Die Nicht-Rohstoffexporte der Entwicklungsländer (einschließlich Textilien und Bekleidung) wuchsen auch in den achtziger Jahren in zuvor nicht gekanntem Maße. – Laut *Spiegel* (Nr. 4, 1992) geben die 24 westlichen Industrieländer über 300 Milliarden Dollar pro Jahr für ihre Agrarpolitik aus. Jeder deutsche Haushalt zahlt jährliche etwa 1.600 DM zur Unterstützung der Landwirtschaft (das heißt der Agrarindustriellen, die über eine gut organisierte Lobby sowie zahlreiche willfährige Politiker verfügen). 114.000 Dollar soll jede Arbeitsstelle in der US-Stahlindustrie pro Jahr kosten, die durch Protektionismus gerettet wurde, und in Kanada soll ein Dollar Lohn in der durch Importrestriktionen geschützten Textilindustrie die Gesellschaft 70 Dollar kosten (nach *HDR* 63 f.). Nach Bauer erklärt

sich das Paradox von Entwicklungshilfe und gleichzeitigem Protektionismus gegen deren Folgen dadurch, daß es für beide Seiten starke Lobbies gibt (Bauer, S. 49).

81 Zahlen nach W. Andreff (zitiert bei Vernières, S. 151) und Dell, S. 115. Nafziger (S. 315) macht darauf aufmerksam, daß »Nationalisierung« oft nicht mehr bedeutet als die Überführung ausländischer Firmen in den Besitz einheimischer Eliten. Der Unterschied von multinationalen und transnationalen Firmen ist für meine Argumentation irrelevant.

82 *HDR*, S. 5 und 52; nach Vernières entfallen 25 Prozent auf die Entwicklungsländer, jedoch konzentriert in NICs, OPEC-Ländern und »Steuerparadiesen« (S. 149); nach Dell (S. 124) entfallen 75 Prozent der Multi-Investitionen auf die OECD-Länder.

83 *HDR* S. 38 und 52 f.

84 Zirka ein Drittel in die industrielle Produktion, der Rest in Dienstleistungen (Finanzen, Versicherung und Tourismus), Pomfret, S. 151 f.

85 *HDR*, S. 52.

86 Nach *HDR*, S. 52; die US-Multis erzielten 1985–89 in den Entwicklungsländern 14,1, in den Industrieländern 16,9 Prozent Gewinne.

87 *HDR*, S. 53.

88 Gilpin, S. 249 (nicht ohne daß ihnen auch das zum Vorwurf gemacht wird: sie förderten damit die Inflation).

89 Siehe Pomfret, S. 210.

90 Dell, S. 119, vergleiche 120–122 und Pomfret, S. 163.

91 Nohlen/Nuscheler in Nohlen/Nuscheler, S. 47; siehe auch Tetzlaff in Nohlen/Nuscheler, S. 440.

92 Die Ausweisung der Multis aus vielen Entwicklungsländern in den siebziger Jahren war nicht nur nachteilig für die Entwicklungsländer, sondern auch einer der Gründe für die Schuldenkrise, insofern eine durch Kredite finanzierte importsubstituierende nationale Industrialisierung die internationalen Investitionen der Multis ablösen sollte. Das Ergebnis waren wenig Industrie und viel Schulden. Lindert weist daraufhin, daß der Gewinntransfer aus internationalen Investitionen erheblich geringer gewesen wäre, als es nun die Zahlungen für den Schuldendienst sind.

93 Siehe dazu und zur Erläuterung und Differenzierung des Begriffs *WDR*, S. 7 f. und 35; *HDR*, S. 69 f; Foster, S. 291; Meier, S. 305 und 406; Balassa in Meier, S. 394–399; Krueger in Meier, S. 401–404; Bauer, S. 37; Lindert, S. 270; Ranis/Fei in Ranis/ Schultz, S. 102–104; Krueger in Ranis/Schultz, S. 360 f., 369; Findlay in Ranis/ Schultz, S. 79 und 92; Sachs, S. 6, 15, 254, 256. *Einwände* bei Meier, S. 306 und Pomfret, S. 70 f. »Export-led growth is the standard case«, heißt es in Reynolds Übersicht über die letzten 140 Jahre wirtschaftlichen Wachstums in der Dritten Welt. Es gibt jedoch »mehrere Ausnahmen« (Reynolds, S. 963).

94 Menzel, S. 11 und Gerald Tan, *The Newly Industriahzing Countnes of Asia*. Singapur 1992, S. XI.

95 Rolf Knieper: *Nationale Souveränität,* Frankfurt/Main 1991, S. 143.

96 Drèze/Sen, S. 193; Gerald Tan enthält eine Fülle von statistischen Daten zu den asiatischen NICs.

97 Oskar Weggel, *Taiwan, Hongkong.* München 1992, S. 67, 134, 136; Hans W. Maull/ Ivo M. Maull, *Korea.* München 1987, S. 92 f.; Woronoff, S. 161; Drèze/Sen, S. 189 f.

98 Meier, S. 31.

99 Woronoff, S. 19; zum Wachstum der Reallöhne siehe Pomfret, S. 91 f.; Krueger in Ranis/Schultz, S. 371; *HDR* S. 71: Die Industrielöhne in Südkorea stiegen in den drei Jahren bis 1990 um jährlich 20 Prozent; *WDR,* S. 80.

100 Drèze/Sen, S. 184 f., 192 f.; Oskar Weggel, S. 60 ff., 125, 128; vergleiche auch die Human Development Index-Tabellen im *HDR.*

101 Ranis/Fei in Ranis/Schultz, S. 119; Drucker, S. 135; Woronoff, S. 20 und 94.

102 H.W. Maull/I.M. Maull, S. 73; Cassen, S. 22, 355; Huhne, S. 267; Dell, S. 13; Drucker, S. 135; Woronoff, S. 119.

103 Woronoff, S. 20.

104 Zu Umfang und Bedeutung der Entwicklungshilfe für die NICs siehe Woronoff, S. 66, 77, 104, 345; Ranis/Fei in Ranis/Schultz, S. 123; Riddell, S. 160, 245, 248 f., S. 251; Meier, S. 34.

105 Siehe Meier, S. 411 f. und Pomfret, S. 95; nur ein erheblich verschärfter Protektionismus der Industrieländer wäre ein wesentliches Hindernis dafür. Eine ausführliche Diskussion dieses Themas bei Gerald Tan, S. 147–166.

106 Drucker, S. 134, 137; siehe auch Pomfret, S. 10, Meier, S. 552, Riddell, S. 144ff. – Nach Nafziger (S. VII) hat sich das Realeinkommen (pro Kopf) in der Dritten Welt seit 1950 verdreifacht (um jährlich 2,9 Prozent). Diese Wachstumsraten seien historisch beispiellos und höher als die der Industrieländer zu irgendeiner vergleichbaren Periode vor 1950. Subsahara-Afrika jedoch weise seit 1965 negative Wachstumsraten auf. Großbritannien brauchte (1780–1840) 60 Jahre, um sein Realeinkommen zu verdoppeln, die USA 50 Jahre (1840–90) und Japan 35 Jahre (1885–1920). Viele Entwicklungsländer haben dies in der zweiten Hälfte des 20. Jahrhunderts in 20 Jahren geschafft (*WDR*, S. 2). Die Wachstumsraten des Bruttoinlandsprodukts betrugen für die heutigen OECD-Länder 1870–1913 durchschnittlich 2,5 Prozent, 1913–1950 1,9 Prozent und 1950–1973 4,9 Prozent (nach Reynolds, S. 961). Die Wachstumsraten des Bruttoinlandsprodukts der asiatischen NICs lagen 1960–1989 zwischen minimal 7,1 und maximal 10,1 Prozent.

107 In der fünften Auflage des Werks, in dessen erster Nurkse damals dieses Theorem vorgetragen hatte, schreibt der Verfasser Gerald M. Meier (Meier, S. 5): »viele würden nun – nach einem Vierteljahrhundert der Entwicklungserfahrung – den Standpunkt vertreten, daß ›ein Land arm ist wegen miserabler Politik‹« (»a country is poor because of poor policies«).

108 Patrick O'Brien, *European Economic Development: The Contribution of the*

Periphery, in: *The Economic History Review,* Februar 1982, S. 1–18. Die Arbeiten von Kuznets, Landes und anderer zeigen, daß die Industrieländer schon zu Beginn ihrer Entwicklung reicher und vor allem *produktiver*- im agrarischen wie im nichtagrarischen Sektor – waren als die anderen Länder. Angus Maddison *(A Comparison of Levels of GDP Per Capita in Developed and Developing Countries, 1700–1980,* in: *Journal of Economic History,* 1983, S. 27–41) hat diese These überprüft und – mit gewissen Einschränkungen – bestätigt.

109 Siehe insbesondere Hall, S. 216 f., 220, 223–248; Jones, S. XVIIf, XXVIII, 84; Menzel und Gilpin, S. 288–290, 303–305. Inzwischen liegt mit Robert A. Packenhams Studie (*The Dependency Movement. Scholarship and Politics in Development Studies,* Cambridge 1992) eine umfassende, präzise und vernichtende Kritik der Dependenztheorien vor. »[...] die Dependenz-Theorie, in all ihren verschiedenen Formen, stimmt einfach nicht mit den Fakten überein« (Riddell, S. 138); siehe auch Jean Baechler/John A. Hall/ Michael Mann (Hrsg.): *Europe and the Rise of Capitalism,* Oxford 1989.

110 So etwa L. H. Gann/Peter Duignan: *Burden of Empire,* New York 1967; Ian Drummond, *Imperial Economic Policy, 1917–1939.* London 1974; L.E. Daves/R.A. Huttenback: *Mammon and the Pursuit of the Empire,* London 1986.

111 Siehe Kromka/Kreul, S. 25–33.

112 Roland Oliver/J. D. Fage, *A Short History of Africa.* Harmondsworth 1990, S. 172–199; nur »mining« (Gold und Diamanten) war »die große Ausnahme von der Regel«; wichtig wurden Afrikas Rohstoffe erst mit dem Zweiten Weltkrieg, als andere Quellen blockiert waren. Der »weitverbreitete Glaube«, daß es in Afrika Armut und Hungersnöte erst seit und durch Kolonialismus, Marktwirtschaft und Verstädterung gebe, ist von John Iliffe (*The African Poor. A History.* Cambridge 1987) gründlich widerlegt worden. Schon A.G. Hopkins hatte sich in seiner grundlegenden Arbeit (*An Economic History of West Africa.* New York 1990) über den »Mythos« vom vorkolonialen »Merrie Africa« mokiert, wonach »die vorkoloniale Ära ein Goldenes Zeitalter war, in dem Generationen von Afrikanern ein angenehmes Leben in gut integrierten, reibungslos funktionierenden Gesellschaften führten. Die Mittel für den Lebensunterhalt waren problemlos zugänglich, denn Nahrungsmittel wuchsen wild und im Überfluß, und dieses günstige Geschick ermöglichte es den Bewohnern, sich auf Freizeitaktivitäten zu konzentrieren, die, will man einigen Quellen Glauben schenken, in nicht endendem Tanzen und Trommeln bestanden« (S. 10).

113 Crone (S. 24) schätzt 90 Prozent der Bevölkerung; vergleiche Jones, S. 5; siehe auch Paul Kennedy: *Aufstieg und Fall der großen Mächte,* Frankfurt/Main 1989, S. 61 f. und 235 f.

114 Jones, S. 171.

115 Kromka/Kreul, S. 10–17; eine nach Kolonien und Kolonialmächten differenzierte

Übersicht gibt Reynolds (S. 956–958, 964); vergleiche auch Menzel, S. 50–52 und Roland Oliver/J. D. Fage, S. 172–199. Es gibt auch linke Autoren, die ähnliche Thesen vertreten (Bill Warren, Michael B. Brown), zum Beispiel die *Imperial-neglect*-These; siehe dazu Gilpin, S. 285 und Hall, S. 245 f.

116 So Susan George; ihren Artikel hatte sie im Auftrag der UNO geschrieben, er wurde als »zu polemisch und politisch« abgelehnt, obgleich sie eingewilligt hatte, keine Länder namentlich zu erwähnen. Die UNO als Subsystem der kleptokratischen Drittwelt-Verteilungssysteme – das wäre einer genaueren Untersuchung wert! 1985 verließen die USA, Großbritannien und Singapur die UNESCO aus Protest gegen die Politik und korrupte Verwaltung des senegalesischen Direktors M'Bow. Die Food and Agriculture Organization der UNO in Rom war seit 16 Jahren das persönliche Lehen des Libanesen Edouard Saouma und ähnelte darin anderen UN-Ablegern in Genf oder Paris. Man verfolge die Kontroverse um die Wiederwahl des Direktors der WHO Nakajima und die einschlägigen Bestechungsfälle. *Time* spricht von einem »elaborierten Patronagesystem« in der UNO. Die Überprüfungen verschiedener UN-Organisationen ergaben zu verschiedenen Zeiten Mißwirtschaft, Verschwendung von Geldern, mangelnde Finanzkontrolle, Betrug, Diebstahl von Pensionsfonds etc. Die Universitäten beziehungsweise Institute der UNO – mit einem Budget von über 50 Millionen Dollar – geben zum Teil lächerlich geringe Beträge für ihren eigentlichen Zweck – Forschung – aus; der »intellektuelle Arm der UNO«, als der sie legitimiert worden waren, scheint vor allem eine kräftig zulangende Hand zu haben. Sogar Willy Brandt hatte die Verschwendungssucht der UNO-Bürokratien kritisiert (Sampson, S. 322) – Klaus Thüsing, Leiter des DED-Büros in Nairobi, erwähnt zum Problem der Verwaltungskosten, daß es Organisationen gebe, »bei denen der allergrößte Teil der Mittel« dafür verwendet werde, »bevor die sogenannten Hilfsbedürftigen überhaupt irgendeine Leistung erreicht. Dieser Vorwurf gilt ganz wesentlich für die UN-Behörden [...] Bei ihnen drängt sich manchmal die Frage auf, bedienen die sich eigentlich selbst?« (Nach *Time*, 3.2.1992, *The Japan Times*, 6.10.1992, 17.10.1992 und *Frankfurter Rundschau*, 1.7.1992).

117 Bates in Meier, S. 544.

118 Lindsay in Meier, S. 539.

119 Meier, S. 535, *WDR*, S. 10 und S. 130 f.

120 Nohlen/Nuscheler in Nohlen/Nuscheler, S. 23.

121 *The Japan Times*, 16.4.1992.

122 Nohlen/Nuscheler in Nohlen/Nuscheler, S. 83.

123 *Frankfurter Allgemeine Zeitung*, 7.11.1992.

124 Riddcli, S. 242; Riddells Erklärung dafür ist nicht stichhaltig: Warum sollten Transportprobleme nur sudanesisches, nicht aber ausländisches Getreide betreffen?

125 Bauer, S. 52.

126 Die klassischen Arbeiten zum Thema sind Anne O. Krueger: *The Political Economy of the Rent-Seeking Society,* in: *American Economic Review,* Juni 1974 und Jagdish Bhagwati: *Directly Unproductive, Profit-Seeking (DUP) Activities,* in: *Journal of Political Economy,* Oktober 1982; siehe auch Tetzlaff in Nohlen/Nuscheler, S. 424; Meier, S. 535 f.; Bates in Meier, S. 541 f., 543 f., 546; Pomfret, S. 74, 215 f.; *WDR*, S. 38. f., 79, 80, 98, 130; Poliak in Opitz, S. 151 f.; Todaro, S. 531; Findlay in Meier, S. 539; Ranis/Fei in Ranis/Schultz, S. 114–119; Konrad Adams *FAZ*-Artikel *Die Umwelt als Waffe* (15.8.1990) und den *Forbes*-Aufsatz von Norman Gall *The Four Horsemen Ride Again* (28.7.1986).

127 Nach *WDR*, S. 79 und 38; außerdem François Bourguignon/Christian Morris, *Adjustment and Equity in Developing Countries. A New Approach.* Paris: OECD 1992, S. 102 und 25.

128 Siehe Pomfret, S. 216.

129 In einem *Zeit*-Gespräch (7.2.1992) mit Günter Grass über die Wiedervereinigung, die politische Rolle des Schriftstellers und ähnliches.

130 Nach Kromka/Kreul, S. 101.

131 Vergleiche dazu WDR, S. 4, 45, 70, 72, 152; Menzel, S. 223, Nohlen/Nuscheler in Nohlen/Nuscheler, S. 34 f., 41; Todaro, S. 62, 330; Adelman in Ranis/Schultz, S. 74–76 und vor allem Meier, S. 78 f., 175–177, 451, 553 und Harberger in Meier, S. 93.

132 Siehe dazu Richard S. Eckaus über »Absorptive capacity« in Eatwell, S. 18–20; *WDR*, S. 47; Todaro, S. 489 und Nafziger, S. 310.

133 *The Japan Times*, 23.1.1992.

134 Christina Lamb, S. 187 und 202.

135 Marvin Zonis/Cyrus Amir Mokri in Tareq Y. Ismael/Jacqueline S. Ismael (Hrsg.): *Politics and Government in the Middle East and North Africa,* Miami 1991, S. 128 ff. – Zur Wirtschaftsentwicklung der Golfstaaten und deren Hemmnissen siehe die Aufsätze von Fred Scholz und John Townsend in Fred Scholz (Hrsg.), *Die Golfstaaten.* Braunschweig 1985, vor allem S. 247 f.; außerdem Lindert, S. 253; Pomfret, S. 3,33 f.; Nohlen/Nuscheler in Nohlen/Nuscheler, S. 15.

136 *WDR*, S. 38, 112; siehe auch Heinrich Bergstresser/Sibylle Pohly-Bergstresser, *Nigeria.* München 1991, S. 59–66.

137 Lele, S. 8, siehe auch 18, 32, 57 und Nafziger, S. 171.

138 Foster, S. 261 f. Vielleicht ist das ein Grund, warum *food aid* auch bei der Aid-Lobby so populär ist.

139 Riddell, S. 234; zur *Food-aid*-Diskussion siehe Drèze/Sen, S. 86, 95, 119, 274; George 1990, S. 71–76, Meyns in Nohlen/Nuscheler, S. 208 f; Riddell, S. 228–235; Bauer, S. 49; Foster, S. 260–277; *WDR*, S. 48; Cassen, S. 156–168; Wesel in Opitz, S. 112–115; Vernières, S. 100; Pomfret sieht (S. 150) wie Cassen die möglichen

negativen Folgen von *food aid* nicht als schwerwiegend genug, diese Form der Hilfe einzustellen. Siehe auch Nafziger, S. 359 f.

140 Zitiert nach einem Interview mit der *Frankfurter Rundschau*, 1.7.1992.

141 Dirmoser in Dietmar Dirmoser/Marianne Gronemeyer/Georgia A. Rakelmann (Hrsg.): *Mythos Entwicklungshilfe*, Gießen 1991, S. 23 f. Warum das genannte Argument »wohlfeil« sein soll, ist mir nicht klar. Wenn Dirmoser damit »bereits bekannt, nicht originell und von geringem Unterhaltungswert« meint, kann ich ihm zustimmen, wenn er damit »nicht wichtig« meint, irrt er sich sehr.

142 Riddell, S. IX, 3, 74.

143 Nuscheler in Nohlen/Nuscheler, S. 165.

144 Siehe dazu Riddell, S. 183–216 und die entsprechenden Abschnitte bei Cassen.

145 Siehe Nuscheler in Nohlen/Nuscheler, S. 165 f.; Meier, S. 232–237; Heimpel/Schulz in Lele, S. 476–519; Todaro, S. 481–499; Riddell, S. 267–278; *WDR*, S. 47, 48; Wesel in Opitz, S. 115 f. Bei Cassen findet sich die schöne Formulierung, »daß Entwicklungshilfe in enger Beziehung zu wirtschaftlichem Wachstum stehen kann oder auch nicht – je nach Umständen« (S. 33). Lele (S. 3) schreibt zu Cassens Arbeit, sie sei mit der »ausdrücklichen Absicht, zusätzliche Entwicklungshilfe zu mobilisieren«, geschrieben worden.

146 Nohlen/Nuscheler in Nohlen/Nuscheler, S. 52, konstatieren die »weithin konsensfähige Einsicht [...], daß ohne interne Strukturveränderungen weder eine neue Weltwirtschaftsordnung noch mehr Entwicklungshilfe das Entwicklungsproblem lösen können«; siehe auch Meier, S. 235.

147 Riddell, S. 154 f., Lele/Jain in Lele, S. 107.

148 Foster, S. 292; Cassen, S. 20; George, 1990, S. 80.

149 Lele S. X.

150 In Lele, S. 515; dort ist auch eine Gegenposition angeführt. *Weniger* Entwicklungshilfe, die besser eingesetzt wird, hielte auch Todaro (S. 495 f.) für »einen positiven Schritt«.

151 Volker Matthies, S. 53 und 63. Matthies spricht von einer »sträflichen Vernachlässigung der produktiven Eigenkräfte der somalischen Wirtschaft«; siehe auch S. 55, 111, 116 f.

152 Groffebert in Dietmar Dirmoser, S. 195 und 199 f.

153 Siehe Bauer, S. 47; Lele, S. 22 und 32; *WDR*, S. 47 und 48.

154 So zuletzt Erhard Eppler im *Spiegel*, Nr. 37, 1992.

155 Dembinski, S. 51 f. und Riddell, S. 270.

156 Huhne, S. 265. Nach Nafziger (S. 358) machte die Entwicklungshilfe für die *Low-income*-Länder (außer China und Indien) 1986 etwa 60 Prozent ihrer Bruttoinvestitionen aus und 9 Prozent des Bruttosozialprodukts, zum Beispiel Sambia: 31,2 Prozent des Bruttosozialprodukts, Somalia 27,8, Bangladesch 9,5.

157 Lele, S. 18 f.; Lele in Ranis/Schultz, S. 190.

158 Lele in Ranis/Schultz, S. 212; 72 Dollar pro Jahr kosten die Nahrungsmittel, die das Überleben eines Menschen in den armen Entwicklungsländern ermöglichen (Foster, S. 91).

159 Cassen, S. 23 f. Das Argument, daß Entwicklungshilfe ja den Regierungen der Entwicklungsländer nicht *bar* ausgezahlt werde, sondern ihnen nur in geldwerten Leistungen wie Expertengehältern und Maschinen zukomme, trifft für einen Teil der Entwicklungshilfe zu. Entwicklungshilfe stärkt so die Position der betreffenden Regierungen nicht direkt durch finanzielle Zuwendungen, sondern indirekt, indem sie Gelder, die für die subventionierten Entwicklungshilfeprojekte (Kraftwerke, Straßen, Bewässerungsanlagen zum Beispiel) ausgegeben worden wären, anderen Zwecken verfügbar macht. Geld ist nun einmal sehr mobil (siehe dazu Meier, S. 236). Wenn also, wie in Malawi geschehen, das gesamte Budget für den Straßenbau durch Entwicklungshilfe gedeckt ist, können Gelder, die sonst für den Straßenbau verwendet worden wären, anderen – von den Regierenden allein bestimmten – Zwecken zugänglich gemacht werden. Entwicklungshilfeprojekte kommen immer bestimmten Orten oder Regionen, bestimmten Personen oder Personengruppen zugute – und anderen nicht. Entwicklungshilfeprojekte können so auch der Bedienung der Klientel oder der Schaffung einer neuen dienen (vergleiche Nafziger, S. 159). Die überwiegende Ablehnung, auf die die Entwicklungshilfestrategie der Deckung von Grundbedürfnissen *(basic needs)* bei den Regierungen der Entwicklungsländer stieß, könnte auch dadurch begründet sein, daß diese Strategie in erster Linie den Teil der Bevölkerung favorisierte, der für die Herrschaftssicherung der Eliten irrelevant ist.

Etwa ein Drittel der Entwicklungshilfe der OECD-Länder besteht aus Krediten zu günstigeren als den Marktbedingungen beziehungsweise direkten *grants* (10,5 Milliarden von 10,9 Milliarden Dollar im Jahr 1986; nach Nafziger, S. 353), das heißt direkten finanziellen Zuwendungen. Etwa 30 Prozent der Entwicklungshilfe der genannten Länder geht an die multilateralen Organisationen (IWF zum Beispiel), die wiederum zu einem erheblichen Teil direkt finanzielle Hilfe leisten. Nach Angaben der Weltbank machten 1987 die Netto-Zahlungen offizieller Entwicklungshilfe 8,3 Prozent des Bruttosozialprodukts Afrikas aus (nach MacDonald, S. 92). Als Kuriosum seien hier noch zwei Länder angeführt, bei denen die Entwicklungshilfe höher ist als das Bruttosozialprodukt: Kap Verde und die Malediven (nach Nafziger, S. 358).

160 *Spectator*, 25.4.1992.

161 Botswana ist ein Beispiel erfolgreicher Diversifizierung mit einer der höchsten Wachstumsraten des Bruttoinlandsprodukts der Welt und eine der vier »einigermaßen funktionierenden Demokratien« der Region (Rüland/Werz in Opitz, S. 259); das Bruttosozialprodukt ist mit 2.200 Dollar pro Kopf das dritthöchste in Schwarzafrika (nach Gabun und Südafrika) (*WDR*, S. 102).

Costa Rica wird von Drèze/Sen als »eine der außergewöhnlichsten Erfolgsgeschichten der letzten Jahrzehnte« in Bezug auf Gesundheit, Ernährung, Lebenserwartung, Erziehung etc. bezeichnet (S. 240); das Land verband wirtschaftliches Wachstum mit abnehmender Ungleichheit (Pomfret, S. 10; dagegen Drèze/Sen, S. 242) und einem Höchstmaß an politischer und bürgerlicher Freiheit *(WDR,* S. 51). Karge Böden und geringe natürliche Ressourcen mögen mit verhindert haben, daß das Land den Weg vieler anderer lateinamerikanischer Länder ging.

Mauritius, das »afrikanische Wirtschaftswunderland« (Tetzlaff in Nohlen/Nuscheler, S. 429), ist ebenfalls ein Beispiel gelungener Diversifizierung und eine »einigermaßen funktionierende Demokratie« (*HDR*, S. 12 f., *WDR*, S. 93). Bewundernswert ist auch der Erfolg eines so armen Landes wie Kap Verde bei der Förderung des allgemeinen Wohlstands seiner Bürger (siehe Drèze/Sen, S. 133–138). Kap Verde hatte 1980–1989 ein Pro-Kopf-Wachstum des Bruttoinlandsprodukts von 3,2 Prozent, während das Pro-Kopf-Bruttoinlandsprodukt in der Region insgesamt im gleichen Zeitraum durchschnittlich um 1,7 Prozent sank.

162 Beispiele dafür im *WDR* bei Kromka/Kreul, S. 115 f. und in Erich Wiedemanns Bericht über Ghana im *Spiegel,* Nr. 45, 1992.

163 Siehe Braun/Rösel in Nohlen/Nuscheler, S. 262–265 und Wöhlcke in Opitz, S. 238.

164 Crone, S. 77.

165 *The Japan Times,* 24.4.1992.

166 *The Japan Times,* 16.6.1991.

167 Nach Girling in King, S. 141 und *WDR*, S. 150 f.; das gilt auch für die letzten 100 Jahre: Reynolds, S. 961 und 969.

168 Sie stimmt übrigens selbst mit den strengen Anforderungen John Rawls' (*Eine Theorie der Gerechtigkeit.* 1975) überein, wonach Ungleichheit dann und nur dann gerechtfertigt ist, wenn die weniger Begüterten und Chancenärmeren sonst noch weniger begütert und chancenärmer wären. Es ist freilich unklar, ob Rawls' Postulate auch auf der internationalen Ebene Anwendung finden sollen. Auch Rawls' Theorie sozialer Gerechtigkeit geht aus vom bereits produzierten Reichtum, der nach vereinbarten Regeln beziehungsweise einem Sozialvertrag verteilt werden soll, nicht von der Produktion des Reichtums. Siehe dazu Corbridge, S. 125 und S. 134 f.

169 Zahlen nach Susan George: *Uses and Abuses of African Debt*, S. 335 f. Die Schulden der afrikanischen *Low-income-Länder* machten 1987 102,1 Prozent ihres Bruttosozialprodukts aus, die der vergleichbar armen asiatischen Länder 18,6 Prozent (nach Berthélemy, S. 35).

170 Lever/Huhne, S. 45; nach Dembinski (S. 57) dauerte der Ölschock für die nicht ölproduzierenden Entwicklungsländer nur drei Jahre. 1977 war der alte Stand der Handelsbilanzen erreicht, weil der Ölpreisaufschwung auch eine Erhöhung der anderen Rohstoffpreise nach sich gezogen hatte, »was die Härte des Ölschocks

für einen großen Teil der Entwicklungsländer ausglich«. Berthélemy (S. 19 f.) weist daraufhin, daß die Kreditvergabe der Banken in den Siebzigern insofern ökonomisch rational war, als die (sehr einflußreichen) Prognosen des Club of Rome höhere Rohstoffpreise wahrscheinlich machten und diese in der Tat 1974/75 erheblich gestiegen waren. Das Verhältnis Schulden/ Exporte war 1979 für die Dritte Welt insgesamt günstiger als 1970 (Berthélemy, S. 21).

171 Ein Konkursrecht für zwischenstaatliche Kredite gibt es nicht. Siehe dazu Sangmeister in Nohlen/Nuscheler, S. 356, Lever/Huhne, S. 54 und Dell, S. 138 f.

172 Siehe Lever/Huhne, S. 37 und Kletzer in Ranis/Schultz, S. 588 (zu Peru); zu den Machtverhältnissen zwischen Schuldnern und Gläubigern siehe Dembinski, S. 80 und S. 82–84.

173 Siehe Sampson, S. 286 und 359 und Buiter/Srinivasan in King, S. 413 f.

174 Vergleiche Sangmeister in Nohlen/Nuscheler, S. 343 f. und Berthélemy, S. 55 f.; zu den höheren Risiken von Auslandskrediten siehe dort S. 344 ff. und Dembinski, S. 10 f. Die Investitionen der Multis haben für die Entwicklungsländer den Vorteil, daß eine Fehlinvestitition zu Lasten der Multis geht – ein fehlinvestierter Auslandskredit aber muß gleichwohl vom Schuldnerland zurückgezahlt werden.

175 Siehe Sangmeister in Nohlen/Nuscheler, S. 347 f.

176 Meier, S. 250; siehe Meiers Darstellung des Problems 247–251 sowie *HDR*, S. 47, Lindert, S. 546–551, Vernières, S. 152 und die von Anne O. Krueger skizzierten Szenarien des Miß- und Gelingens (vor allem »Case 5: Everything that can go wrong does«) in Sachs, S. 217–220.

177 Siehe Meier, S. 249 und Berthélemy, S. 48 f.

178 Vergleiche Sachs in Sachs, S. 13.

179 Siehe *WDR*, S. 251.

180 Zahlen nach Pomfret, S. 154.

181 Bauer, S. 59.

182 Siehe OECD, *External Debt Statistics* (Dezember 1991), S. 13.

183 Sangmeister in Nohlen/Nuscheler, S. 357; siehe auch Dell, S. 136 und Vernières, S. 152.

184 Sachs in Sachs, S. 13.

185 *WDR*, S. 123; in den sechziger und siebziger Jahren wurden die Gelder in Bolivien zu 88 Prozent und in Kolumbien zu 99 Prozent Konsumtionszwecken zugeführt.

186 *WDR*, S. XI.

187 152 nach Weltbank-, 147 nach OECD-Zahlen; Todaro gibt 1989 die Zahl der Entwicklungsländer mit 144 an, Erhard Eppler 1992 *(Spiegel,* Nr. 37, 1992) mit 125: »Schuldnerländer« sind also nicht unbedingt gleich »Entwicklungsländer«.

188 Siehe George 1989, S. 245.

189 Vergleiche Sangmeister in Nohlen/Nuscheler, S. 338 und *WDR*, S. 125.

190 Bauer, S. 59.

191 Siehe Lever/Huhne, S. 129 und *WDR* S. 2.

192 Nach Pomfret, S. 143. Die langfristigen Schulden der Entwicklungsländer machten 1982 110 Prozent der Exporte aus. 1913 waren es im Fall Kanadas 860, Lateinamerikas 520 und Japans 230 Prozent (Corbridge, S. 102). Zwischen 1979 und 1983 fanden Umschuldungsverhandlungen zwischen 20 Entwicklungsländern und den bilateralen öffentlichen Gläubigern statt (Corbridge, S. 40 f.). Corbridge betont, daß für eine Schuldenkrise nicht so sehr die Höhe der Schulden entscheidend sei oder die Frage, ob diese jemals vollständig amortisiert werden, sondern die Bereitschaft des Schuldners zum kontinuierlichen Schuldendienst, also vor allem zu Zinszahlungen (S. 15 und S. 51). Dembinski weist daraufhin, daß sich Polen 1980, zwei Jahre vor der mexikanischen Krise, in derselben Situation wie Mexiko befunden hatte, ohne daß dies damals als Anlaß zu einer Schuldenkrise betrachtet wurde.

193 Buffie/Sangines Krause in Sachs, S. 155. Siehe auch Edwin Williamson: *The Penguin History of Latin America,* Harmondsworth 1992, S. 405. Williamsons Darstellung der lateinamerikanischen Schuldenkrise findet sich auf den Seiten 364–372, sein Gesamtüberblick über die neuere politökonomische Geschichte Lateinamerikas (»Nationalism and Development: An Overview«) auf S. 313–372. Daß die Probleme Lateinamerikas (inklusive der Schuldenkrise) in erster Linie dessen internen Widersprüchen und der jeweiligen nationalen (Wirtschafts-)Politik geschuldet sind, zeigt auch Jeffry A. Frieden, *Debt, Development, and Democracy. Modern Political Economy and Latin America, 1965–1985.* Princeton 1991.

194 Nach Daniel Yergin, *The Prize.* New York 1991, S. 731.

195 Nach Berthélemy, S. 45 und 96 und Dembinski, S. 67. Siehe dort auch S. 92 f. und MacDonald S. 189.

196 George 1992, S. 82 und 84.

197 Henry, S. 20.

198 Nach George 1989, S. 42.

199 Henry, S. 20 f.

200 Zur Klärung dieser Termini siehe Sangmeister in Nohlen/Nuscheler, S. 339.

201 Lindert, S. 562 f. »Es sieht nicht so aus, als ob viele Schuldnerländer in den achtziger Jahren erhebliche Ressourcentransfers an die Gläubigerländer aufrechterhalten hätten [...] Offenbar haben die meisten nicht viel zurückgezahlt.«

202 Nach Todaro, S. 413.

203 Todarao, S. 406; die Schuldendienst/Exporteinkommen-Rate war ihm zufolge 1970: 13,5 Prozent – 1980: 13,2 Prozent – 1986: 21,9 Prozent – 1988: 19,3 Prozent.

204 *HDR*, S. 50.

205 Siehe dazu die Übersicht im *WDR*, S. 248 f.

206 Nach Sangmeister in Nohlen/Nuscheler, S. 340.

207 Todaro, S. 417; siehe auch Huhne, S. 251: Die fünfzehn höchstverschuldeten

Entwicklungsländer hatten bis 1987 positive Pro-Kopf-Wachstumsraten des Bruttoinlandsprodukts, 1988 –1,1 und 1989 –1,4. Die der kleinen *Low-income*-Länder waren durchgehend positiv.

208 In Nohlen/Nuscheler, S. 341.

209 Nach Tetzlaff in Nohlen/Nuscheler, S. 439; siehe auch Opitz in Opitz, S. 29: Nettobetrag der finanziellen Gesamtleistungen aus allen Quellen etc.

Die OECD-Zahlen unterscheiden sich von denen der Weltbank und des IWF, insofern sie die osteuropäischen Schuldnerländer ausschließen, aber mehr als 50 Entwicklungsländer und Territorien zusätzlich berücksichtigen. Die Gesamtzahl der erfaßten Länder und Territorien beträgt 151, darunter Saudi-Arabien und Singapur, Taiwan und Kuwait, die Vereinigten Arabischen Emirate und Südkorea, Hongkong und Bahrain und andere Länder ohne Schuldendienst-Probleme. Unter Netto-Ressourcen-Fluß versteht die OECD einfach Netto-Auszahlungen (*net disbursements*). Für den Zeitraum 1983 bis 1991 ergeben sich so folgende Zahlen (etwa die Hälfte der Netto-Auszahlungen erfolgte an die Entwicklungsländer niederen Einkommens (*low-income countries*)):

Jahr	*1983*	*1984*	*1985*	*1986*	*1987*	*1988*	*1989*	*1990*	*1991*
A) Total Net Resource Flows	94,8	85,3	83,4	82,2	93,7	106,8	127,7	137,2	137,5
B) Total Debt Service	132,8	128,0	147,6	141,4	143,7	165,3	163,6	159,1	150,9
A) minus B)	–38,0	–42,7	–64,2	–58,8	–50,0	–58,5	–41,9	–21,9	–13,4

Entgegen immer wieder vorgetragenen Behauptungen sind die Saldo-Zahlungen für Afrika, vor allem für Subsahara-Afrika, positiv. Afrika erhält mehr Geld aus dem Norden als es dorthin überweist:

Afrika

Jahr	*1983*	*1984*	*1985*	*1986*	*1987*	*1988*	*1989*	*1990*	*1991*
A) Total Net Resource Flows	17,5	18,5	21,6	24,6	26,4	29,1	31,4	34,4	–
B) Total Debt Service	22,9	22,1	25,0	23,7	20,7	27,2	29,2	28,1	–
A) minus B)	–5,4	–3,6	–3,4	0,9	5,7	1,9	2,2	6,3	–

Subsahara-Afrika

Jahr	*1983*	*1984*	*1985*	*1986*	*1987*	*1988*	*1989*	*1990*	*1991*
A) Total Net Resource Flows	12,8	11,5	14,5	19,4	22,3	22,4	23,5	24,1	24,6
B) Total Debt Service	9,6	10,3	12,5	11,9	11,0	13,1	13,0	12,3	11,5
A) minus B)	3,4	1,2	2,0	7,5	11,3	9,3	10,5	11,8	13,1

Subsahara-Afrika (*low income countries*)

Jahr	*1983*	*1984*	*1985*	*1986*	*1987*	*1988*	*1989*	*1990*	*1991*
A) Total Net Resource Flows	11,5	7,8	8,8	13,4	15,6	15,6	15,5	17,2	-
B) Total Debt Service	7,1	7,8	9,2	8,0	7,5	9,2	9,7	8,6	-
A) minus B)	4,4	0,0	-0,4	5,4	8,1	6,4	5,8	8,6	-

(alle Zahlen nach OECD, Table III.l, II 1.6, II 1.7, 111.8, V.2, V.10, V.12, V.14; siehe auch Berthélemy, S. 65)

210 Nach Nuscheler in Nohlen/Nuscheler, S. 156; vergleiche auch die Zahlen bei Nissen in Nohlen/Nuscheler, S. 214 zum Pro-Kopf-Bruttosozialprodukt und Wachstumsraten.

211 *HDR*, S. 1.

212 Petersen in Opitz, S. 196.

213 Zitiert nach Buiter/Srinivasan in King, S. 414.

214 Urrutia in Sachs, S. 213.

215 Eine ausgezeichnete, knappe Darstellung der vergleichbaren Verschuldung der Philippinen gibt Rolf Hanisch: *Philippinen,* München 1989. Kapitalflucht war auch nach Ausbruch der Schuldenkrise einer der Hauptgründe für die Defizite vieler Entwicklungsländer (bis 1985 zirka 200 Milliarden Dollar nach Todaro). 1976–1985 gingen nach Todaros Angaben (S. 403, 405, 418) zirka 50 Prozent der Kredite der hochverschuldeten Länder als Kapitalflucht in die Industrieländer (Argentinien 62 Prozent, Mexiko 71 Prozent); siehe auch *WDR*, S. 124 und vor allem James S. Henrys brillanten Artikel *Where the Money Went.* Die Kapital-

flucht aus Schwarzafrika wird auf 40 Milliarden Dollar geschätzt, die Ägyptens allein auf 50 Milliarden. Ohne Kapitalflucht hätten laut Corbridge (S. 191) 1985 die Auslandsschulden Argentiniens eine Milliarde Dollar betragen (statt 50), die Mexikos 12 (statt 97), die Nigerias 7 (statt 19), die der Philippinen 15 (statt 27) und die Venezuelas -12 (statt 31).

216 Dornbusch/de Pablo in Sachs, S. 44; »1990 waren 94 Prozent der langfristigen Auslandsschulden Lateinamerikas öffentliche Verpflichtungen (1980: 75 Prozent)« (Sangmeisterin Nohlen/Nuscheler, S. 336); siehe auch *WDR*, S. 115. Diaz-Alejandro sieht die Nationalisierung der Schulden als Folge des extremen Drucks, den IWF und die US-Banken auf die lateinamerikanischen Regierungen ausübten (nach Corbridge, S. 151).

217 *Spiegel*, Nr. 21, 1992.

218 Nach den Zahlen bei Todaro, S. 406.

219 Henry, S. 21; wahrscheinlich seien die lateinamerikanischen Länder mit Ausnahme Brasiliens Netto-Gläubiger der USA, meint Henry.

220 *Zeit*, 29.5.1992.

221 Gemeint sind die eingangs von mir kritisierten Zahlen des *HDR* des UNDP.

222 Siehe Sachs und Haggard/Kaufman in Sachs, S. 26 und 265.

223 George 1989, S. 240; *WDR*, S. 125 und Susan George: *Uses and Abuses of African Debt*, S., 336.

224 Die Angaben zu Argentinien nach Williamson, S. 477 und Frieden, S. 226 f. – François Bourguignon/Christian Morris, S. 48–51, 86 f., 93.

225 Nach Nuscheler in Nohlen/Nuscheler, S. 172; siehe dazu auch Buiter/Srinivasan in King, S. 417.

226 *Time*, 20.7.1992 (Deutschland 44 und die USA 101).

227 Siehe Todaro, S. 416 f.: 1980–1987 Bruttoinlandsprodukt 3,4 Prozent, Pro-Kopf-Konsumtion 1,1 Prozent; vergleiche auch die Zahlen bei Meier, S. 245 und Cardoso/Fishlow in Sachs, S. 94. Die Terms of Trade verbesserten sich für Brasilien in den achtziger Jahren (Berthélemy, S. 67).

228 Siehe dazu die entsprechenden Abschnitte bei Foster.

229 *WDR*, S. 2 und Meyns in Nohlen/Nuscheler, S. 203.

230 Matthies in Nohlen/Nuscheler, S. 366; vergleiche Opitz in Opitz, S. 33 und 300.

231 *Time*, 6.1.1993.

232 *Zeit*, 21.2.1992.

233 *The Japan Times*, 14.11.1992. Einen guten Überblick über die Situation in Lateinamerika verschafft die Sonderbeilage *Lateinamerika '93* der *FAZ vom* 29.3.1993. Danach sind die Gesamtschulden Lateinamerikas zwar von 335 Milliarden Dollar (1982) auf 458 Milliarden (1992) gestiegen, die Schulden in Prozent der Exporte aber von 62 (1982) auf 32 (1992) gesunken. Der Schuldenerlaß 1982–1992 betrug 77 Milliarden Dollar. In den letzten anderthalb Jahren (ausgehend von 1992) hat

nach Angaben von IDB-Präsident Iglesias ein Kapitalzufluß von mehr als 100 Milliarden Dollar stattgefunden.

234 *The Japan Times*, 17.11.1992.

235 *The Japan Times*, 5.7.1992 und *Zeit*, 21.2.1992.

236 *The Japan Times*, 12.3.1992.

237 *Spiegel*, Nr. 9, 1992.

238 *The Japan Times*, 9.4.1992; nach anderen Angaben 10 Milliarden Dollar und Umschuldung von 31 Milliarden Dollar (*The Japan Times*, 11.4.1992).

239 *The Japan Times*, 8.12.1992.

240 *The Japan Times*, 25.2.1993.

241 *WDR*, S. 127; *The Japan Times*, 3.6.1992 und *Time*, 4.1.1993.

242 Huhne, S. 262; »suggesting at the very least that crime pays«, fügt Huhne hinzu. *The Japan Times*, 11.7.1992.

243 *The Japan Times*, 17.12.1992.

244 *Time*, 20.7.1992; *The Japan Times*, 15.9.1992.

245 Nohlen/Nuscheler in Nohlen/Nuscheler, S. 23.

246 Vergleiche *WDR*, S. 150.

247 *The Japan Times*, 17.12.1992 und 4.1.1993.

248 In den Industrieländern sind es vor allem etliche Banken; zu deren Bilanzierungsgewinnen qua Steuerrecht (siehe den oben zitierten *Zeit*-Artikel von Christian Wernicke und George 1992, S. 63–92 sowie Dembinski, S. 118); die Verlierer sind Landwirtschaft und Industrie. In den Entwicklungsländern sind der Finanz- und Exportsektor die Gewinner (siehe Sachs in Sachs, S. 27 und *WDR*, S. III) – von den Großmeistern der Kapitalflucht ganz zu schweigen.

249 In Sachs, S. 314.

250 Lever/Huhne, S. 127, 123, 131.

251 George 1989, S. 244.

252 Huhne, S. 257.

253 Siehe die ausführlichere Darstellung bei Lever/Huhne, S. 123–127.

254 Siehe Dell, S. 85.

255 Nach Huhne, S. 260, George 1989, S. 57, 65 f., 232 und Todaro, S. 586; siehe auch George 1992, S. 93–109.

256 Siehe Huhne, S. 260 und *HDR*, S. 51.

257 Nach *New Statesman & Society*, 24.4.1992; *The Japan Times*, 17. 6.1992 und 2.11.1992; *Zeit*, 13.11.1992; *Spiegel*, Nr. 52, 1991; *The Japan Times*, 13.3.1992.

258 Nach *HDR*, S. 72; Meier (S. 41) gibt die Rate des realen Wachstums für 1965–1980 mit 8,5 Prozent an, die des Pro-Kopf-Bruttoinlandsprodukts mit 5,7 Prozent; vergleiche *The Japan Times*, 17.6.1992 und 7.9.1992; Drucker, S. 136; Meier, S. 41.

259 Nach Zahlen der Bank of Japan, Comparative International Statistics, Economic Planning Agency (1989).

260 Siehe zum Beispiel *HDR*, S. 3, Drèze/Sen, S. 189, Lever/Huhne, S. 102.

261 McNamara, nach Sampson, S. 301.

262 *HDR*, S. 3, siehe auch 22; Nissen in Nohlen/Nuscheler, S. 224; Drèze/Sen, S. 189; Meier, S. 42; zu Brasilien als »bürokratisch-autoritärem Staat« lateinamerikanischer Prägung siehe Findlay in Ranis/Schultz, S. 88–93, dort auch Littles Kommentar dazu S. 97 f.

263 Wesel in Opitz, S. 99 f.

264 Nach *The Japan Times*, 1.12.1991, 5.2.1992 und 30.10.1992; *Zeit*, 24.1.1992 und 13.11.1992; *WDR*, S. 130.

265 Nach *The Japan Times*, 3.6.1992, 2.11.1992 und 21.11.1992.

266 Nach V. S. Naipaul: *India. A Wounded Civilization*, New York 1978, S. 44 und Jean-Pierre Peroncel-Hugoz: *Le radeau de Mahomet*, Paris 1984, S. 83 – ein Buch übrigens, das wie David Pryce-Jones' *The Closed Circle*, New York 1991, den Vorteil hat, gründliche Kenntnisse der arabischen Länder mit fehlender Servilität zu verbinden.

267 Nach *The Japan Times*, 28.4.1992.

268 Nach Sampson, S. 348.

269 Nach Robert A. Packenham, S. 207.

270 Siehe dazu Thomas Heberer: *Korruption in China. Analyse eines politischen, ökonomischen und sozialen Problems*, Opladen 1991. Zur Korruption in den Industrieländern und wie sich diese unterscheidet von der hier behandelten siehe den aufschlußreichen *FAZ*-Artikel *Treulose Gesellschaft* (4.7.1992) von Andreas Zielcke.

271 Tetzlaff in Nohlen/Nuscheler, S. 429. Für Indonesien zum Beispiel wird der jährliche Wachstumsverlust durch Korruption auf 2 bis 3 Prozentpunkte geschätzt (*Time*, 29.3.1993).

272 Peter Grubbe: »einfach ein anderes System der Beamten-›Besoldung‹« (*Der Untergang der Dritten Welt*, Hamburg 1991, S. 68).

273 »Seek ye first the political kingdom, and everything shall be added unto you«, nach *Spectator*, 25.4.1992.

274 Dazu Roland Oliver/J. D. Fage, S. 259 f. und Nafziger, S. 419. Der Anteil der Regierungsangestellten an den nichtagrarischen Beschäftigten beträgt in den OECD-Ländern 24 Prozent, in den Entwicklungsländern 44 Prozent (Afrika 54 Prozent – Benin, Ghana, Sambia mehr als 70 Prozent, Asien 36 Prozent, Lateinamerika 27 Prozent). Die Durchschnittslöhne der bei der Zentralregierung Angestellten sind in der Dritten Welt 1,75mal höher als die der Industrie-OECD-Länder: 1,25mal so hoch (Nafziger, S. 441).

275 Nach *WDR*, S. 155; Rolf Hanisch, S. 129; *The Japan Times*, 17.2.1993.

276 Christina Lamb, S. 294; siehe auch S. 51, 70–72, 104, 171, 174, 293 f. Die allerschlimmsten Bösewichte wie Mobutu, Saddam Hussein oder die burmesischen Generäle

zu verjagen, würde sicher eine unmittelbare Verminderung von Unterdrückung und Not zur Folge haben, daß es aber für die Abschaffung von Unterentwicklung, Armut und Unterdrückung genügte, die korrupten Eliten – durch wen? – zu ersetzen, glaubt vermutlich niemand. »[...] daß die Übernahme der Staatsmacht durch die Armen und Marginalisierten notwendig die Antwort auf die Armut darstellt, muß als naiv und historisch oberflächlich zurückgewiesen werden« (Riddell, S. 143). Auch Interventionen von außen dürften keine langfristigen Lösungen bieten, meint Riddell, und verdeutlicht das Problem am Beispiel Haitis. Er hielt es 1987 für wenig wahrscheinlich, daß die Entfernung der Duvaliers »die wesentlichen Entwicklungsprobleme des Landes gelöst hätte«, und die Geschichte Haitis bis heute gibt ihm da recht. Der Versuch Kennedys, 1963 zusammen mit dem Präsidenten der Dominikanischen Republik, Bosch, die Duvaliers abzusetzen, scheiterte vor allem an »der Abwesenheit einer Alternativregierung, dem Fehlen aller demokratischen Tradition unter der Bevölkerung Haitis und der Korruption, von der die staatliche Verwaltung durchdrungen war« (Riddell, S. 261). Weder das betreffende Land noch die Weltöffentlichkeit würden, so vermute ich, das Maß an Einmischung und Gewaltausübung akzeptieren, das für eine wie auch immer lupenrein legitimierte Regierung von außen nötig wäre.

277 Bernard Lewis: *Race and Slavery in the Middle East. An Historical Enquiry*, Oxford 1990, S. 102.

[Anmerkungen Siegfried Kohlhammers zu den Fußnoten aus dem Jahr 1993] Erst nach Abschluß des Manuskripts konnte ich folgende Arbeiten zur Kenntnis nehmen, die etliche meiner Argumente schon vor ein oder zwei Jahre vorher vorgetragen beziehungsweise kritisiert haben: Jörg Goldberg/Kurt Hübner: »Leben auf Kosten der Dritten Welt?«, in: *Konkret*, Februar 1991; Norbert Trenkle: »Milch von toten Kühen«, in: *Konkret*, November 1991; Jörg Goldberg: »›Springquell des Reichtums‹ oder Sozialfall?«, in: *Blätter für deutsche und internationale Politik*, September 1992; Reimer Gronemeyer/Claus Leggewie: »Rituale europäischer Selbstkasteiung«, in: *Blätter für deutsche und internationale Politik*, Januar 1992. – Ein wichtiges Buch zum Thema ist auch Ulrich Menzel/ Dieter Senghaas: *Europas Entwicklung und die Dritte Welt. Eine Bestandsaufnahme*, 1986.

278 Volker Seitz: *Afrika wird armregiert oder Wie man Afrika wirklich helfen kann*, München, 2. Auflage 2018.

279 Ebd., S. 58.

280 Zu dieser intellektuellen Knattercharge siehe meine Said-Kritik in *Islam und Toleranz*, S. 45–81.

281 Harald Fischer-Tiné in EGO, Europäische Geschichte Online.

282 Ulrike Guérot: *Der neue Bürgerkrieg. Das offene Europa und seine Feinde*, Berlin 2. Auflage 2017. S. 90.

283 William Easterly: *The White Man's Burden. Why the West's Efforts to Aid the Rest Have Done So Much Ill and So Little Good*, New York 2007, S. 169 und 171.

284 Zitiert nach Seitz: *Afrika wird armregiert*, S. 28.

285 *Welt am Sonntag* vom 26.4.2015, »Europa hat Afrika ausgebeutet« von Claudia Ehrensein und Karsten Kammholz. Wie kompliziert dagegen die Frage nach der Herkunft und dem Erwerb der für ein Handy notwendigen Rohstoffe ist, zeigt ungeachtet seines schlichten Titels ein Artikel in der *WELT* vom 30.1.2016; Stephan Dörner, Benedikt Fuest, Nina Trantmann: »Seltene Erden. Nach diesem Handyrohstoff buddeln Kinder metertief«.

286 Seitz, *Afrika wird armregiert*, S. 60.

287 Siehe dazu Seitz, S. 31f, 35 f. und den Abschnitt »Why FDI (Foreign Direct Investment = Ausländische Direktinvestition) does not flow to Africa«, in: Moyo, S. 99–102. »Doing business in Africa is a nightmare.« S. 100; s. auch S. 121 f. Dambisa Moyo: *Dead Aid. Why Aid Makes Things Worse and How There is Another Way for Africa*, London 2010.

288 *agrarheute* vom 30.1.2018: »Was vom Brot beim Landwirt ankommt«: 1950: 45 % / 1990: 6,1 % / 2016 3,6 %. Laut der gleichen Quelle vom 27.2.2017 erhält ein Landwirt bei Brotgetreide und Brotgetreideerzeugnissen knapp 5 %. In Österreich lag der Erzeugeranteil 2005 bei Brot- und Backwaren bei 4 % – beim Wiener Schnitzel immerhin bei 8,4 %.

289 Vgl. S. 75 meines Buches.

290 Zitiert nach Seitz, *Afrika wird armregiert*, S. 37.

291 Siehe dazu S. 9–12 und 58 ff. meines Buches.

292 Nach Seitz, S. 27; siehe dort auch S. 20.

293 Easterly, S. 3 f.

294 Moyo: *Dead Aid*, S. 28, 35, 36, 72.

295 Easterly, S. 45, 157.

296 Nach EU Kommission, Vertretung in Deutschland, 10.4.2018.

297 Nach Moyo, S. 25.

298 Nach Paul Collier: *The Bottom Billion. Why the Poorest Countries Are Failing and What Can Be Done About It*, Oxford 2008, S. 104.

299 Easterly, S. 232.

300 Moyo, S. 18.

301 Easterly, S. 231 f., 230.

302 IMF 15.9.2015; s. auch Reuters, *Business News*, May 19, 2017. Sujata Rao, Karin Strohecker: »A decade after debt forgiveness, Africa still hooked on Dollars«.

303 Wikipedia: »Entwicklungszusammenarbeit«.

304 S. 73. Vgl. damit den bei Seitz, S. 151, zitierten UNCTAD-Bericht für 2007.

305 Siehe in diesem Zusammenhang auch die scharfe Kritik an den westlichen Banken und anderen Beteiligten von Paul Collier, *The Bottom Billion*, S. 135 ff.

306 Seitz, S. 151.

307 Siehe hier S. 11–13.

308 Siehe S. 28–30.

309 Der bekannteste Autor zu dem Thema IFF im deutschsprachigen Raum dürfte Marc Herkenrath sein. Er ist Steuer- und Finanzexperte bei Alliance Sud, der gemeinsamen entwicklungspolitischen Lobbyorganisation der sechs großen Schweizer Hilfswerke. Siehe sein »Unlautere Finanzflüsse und ihre Entwicklungsfolgen: eine Übersicht«, in: *International Development Policy*, 5.3/2014 (journals.openeditionorg/poldev/1999).

310 Moyo, S. 56.

311 Collier, S. 92.

312 Moyo, S. 56.

313 Seitz, S. 151.

314 *NZZ* vom 29.1.2019.

315 Siehe dazu S. 109–112 meines Buchs.

316 Moyo, S. 51.

317 Siehe etwa ihren Artikel »Stoppt die Entwicklungshilfe« in der *NZZ* vom 1.9.2017.

318 Moyo, S. 9, xix, 47, 52, 39.

319 Collier, S. 103, 134.

320 Moyo, S. 39, 55, 75, 143.

321 Moyo, S. 46.

322 Easterly, S. 346 f.

323 Moyo, S. 47.

324 Siehe dazu auch Easterly, S. 182 f. und Collier: »Aid agencies have very little incentive to enforce conditions: people get promoted by disbursing money, not by withholding it.« S. 109.

325 Moyo, S. 54 f.

326 Easterly, S. 156, 147–150.

327 Moyo, S. 47.

328 Daron Acemoglu and James Robinson: *Why Nations Fail. The Origins of Power, Prosperity, and Poverty*, London 2013, S. 452 f.

329 Moyo, S. 148 und 150.

330 Collier, S. 123.

331 Moyo, S. 150.

332 Acemoglu und Robinson, S. 451–455,

333 Siehe dazu ihr Kapitel »The foreign aid agenda of the 2000s: the rise of glamour aid.«, S. 26–28.

334 Collier, S. 123, 162, 100, 170 (siehe v. a. S. 155–159 zum Thema »the headless heart in action«), 157.
335 Zu J. Sachs siehe Seitz, S. 76 f.
336 Das vor Jahrhunderten von Turgot formulierte Loi des rendements décroissants/ Gesetz des abnehmenden Ertrags oder sinkender Erträge, das alle Produktionsfaktoren betrifft, also auch Kapital. Turgot, der vor allem an die Landwirtschaft denkt, verdeutlichte das am Beispiel des Einsatzes von Dünger.
337 Collier, S. 100; zu »Absorptionsfähigkeit« (siehe hier S. 44–47).
338 Easterly, S. 50.
339 Ebd., S. 382 f.
340 Siehe hier S. 35–39.
341 Jan C. Jansen / Jürgen Osterhammel: *Dekolonisation. Das Ende der Imperien*, München 2013, S. 119.
342 John Iliffe: *Africans. The History of a Continent*, Second Edition, Cambridge 2007, S. 198 und 253.
343 Jean-Philippe Peemans: »Imperial Hangover: Belgium – The Economics of Decolonization«, in: *Journal of Contemporary History*, Vol. 15, Issue 2 (1980).
344 Wikipedia »Deutsche Kolonien«, siehe dort die Hinweise auf die zahlreichen zitierten Werke zum Thema, zumal Sebastian Conrad: *Deutsche Kolonialgeschichte*, München 2008.
345 bpb, »Deutschland in Afrika – Der Kolonialismus und seine Nachwirkungen«, 21.5.2005.
346 Galbraith fährt fort: »partly due to the Bell Trade Act, which allowed American monopoly in the economy of the Philippines.« Aber der wurde schon 1955 mit dem Laurel-Langley Agreement revidiert, das Parität zwischen den beiden Ländern herstellte.
347 Zit. nach New World Encyclopedia: »Decolonization«.
348 Pierre van der Eng: *Economic Benefits from Colonial Assets: The Case of the Netherlands and Indonesia 1870–1958*, GGDC Research Memorandum 199839, Groningen Growth and Development Centre, University of Groningen, Abstract, ohne Seitenzahl und S. 32.
349 Jansen/Osterhammel: *Dekolonisation*, S. 95.
350 Jansen/Osterhammel: *Dekolonisation*, S. 86 und 96.
351 Jürgen Oaterhammel/Jan C. Jansen: *Kolonialismus. Geschichte, Formen, Folgen*, 8. Auflage, München 2017, S. 78.
352 Ebd., S. 31.
353 Siehe dazu Vimal Patel: »Last Fall This Scholar Defended Colonialism. Now He's Defending Himself«, in: *The Chronicle of Higher Education*, March 21, 2018.
354 »Die Humangeographie Afrikas hat auch nicht die ihr gebührende Aufmerksamkeit gefunden. Abgesehen von der Tatsachenfeststellung, dass auf dem europä-

ischen Nachbarkontinent eine demographische Explosion stattfindet, hat sie kaum die Neugier gesteigert und zu Forschungen angeregt.« »Der demographische Schlüssel ist natürlich kein Passepartout. Aber die andauernde Armut, die politischen Kämpfe und die bewaffneten Konflikte in Afrika, die wirtschaftlichen Risiken, die Zunahme der extremistischen religiösen Bewegungen, die gesundheits-, erziehungs- und umweltpolitischen Herausforderungen, der Stresstest zwischen den Generationen und gleichermaßen der Ansturm auf Europa, wie ihn dieses Buch ankündigt, all das steht im Zusammenhang mit der außergewöhnlichen Jugendlichkeit Afrikas.« »der Humangeographie kommt eine zentrale Bedeutung für das Verständnis des zeitgenössischen Afrikas zu.« (Smith scheint ›Humangeographie‹ als synonym mit ›Demographie‹ zu verwenden.)

Stephen Smith: *La ruée vers l'Europe. La jeune Afrique en route pour le Vieux Continent*, Paris 2018, S. 31 und 33.

355 Wikipedia: »Subsahara-Afrika«.

356 *Population, poverty and economic development, 2009*. The Royal Society Publishing. Philosophical Transactions. B. Sinding liefert auch einen guten historischen Überblick über die verschiedenen Phasen in der wissenschaftlichen und öffentlichen Diskussion dieser Frage.

357 Peter Mühlbauer, »Nur Afrika bekommt das Bevölkerungswachstum nicht unter Kontrolle«, in: *TELEPOLIS* vom 21.10.2018.

358 DSW-Datenreport 2017, »Soziale und demografische Daten weltweit«.

359 »Gegenwärtig sind mehr als 40 Prozent der Bevölkerung Afrikas jünger als fünfzehn Jahre.« Smith, S. 20.

360 Ebd., S. 59.

361 »Die Bevölkerungszahl in den Ländern der Subsahara hat sich in einem Maße vervielfacht wie nie zuvor eine Bevölkerung auf diesem Planeten. [...] Niemals waren die Bewohner eines Weltteils so jung wie die heutigen subsaharischen Afrikaner.« Smith, S. 69.

362 *NZZ* Interview mit Gunnar Heinsohn vom 19.11.2006.

363 Collier, S. 18–27 und Paul Collier, Anke Hoeffler, Dominic Rohner: *Beyond Greed and Grievance: Feasibility and Civil War*, Oxford 2006 (CSAE) Working Paper Series 10.

364 Collier, S. 30.

365 Wikipedia: »Demografische Dividende«.

366 »The Impact of Population Growth on Economic Growth and Poverty Reduction in Uganda«. No 133, Departmental Discussion Papers, University of Göttingen, Department of Economics).

367 »In einer Gesellschaft aber, wo immer zahlreichere Generationen aufeinander folgen, werden die Straßen, die Schulen und die Krankenhäuser immer überfüllt sein [...]. Wie man es auch anstellt, es wird nie genug für alle geben.« »Das

Problem besteht darin, dass die Gesellschaftsordnung südlich der Sahara und folglich die Produktivität – im weitesten Sinne – der subsaharischen Gesellschaften es nicht erlaubt, dass alle, die dort geboren werden, anständig leben, wohnen, erzogen und medizinisch behandelt werden können, denn ihre große Zahl vermindert die für das Wohlergehen jedes einzelnen verfügbaren Ressourcen.« Smith, S. 47 und S. 62.

368 Nach Smith, S. 32 f.

369 Information der Deutschen Botschaft/Bamako vom 20.2.2019 zu »Mali. Wirtschaftspolitik«.

370 »was in Afrika mehr noch als anderswo historisch das kostbarste Gut darstellt: der Bevölkerungsreichtum«. Smith, S. 62.

371 Iliffe, S. 5 und S. 2.

372 Ebd., S. 1 und S. 69 f.

373 Ebd., S. 250, 219, 220, 251, 252 f., 4.

374 Moyo, S. 57 und 143.

375 Easterly, S. 115 und 131.

376 Ebd., S. 153.

377 Zu dem Thema empfiehlt es sich, Henning Andresens *Staatlichkeit in Afrika. Muss Entwicklungshilfe scheitern?*, 2010, zu lesen, ein Buch, das ich zu spät entdeckte. Im Klappentext heißt es: »[...] stellt dar, wie schwache Staatlichkeit und hohe Korruption Fortschritte und erfolgreiche Auslandshilfe behindern [...]«.

378 Collier, S. 66 f.

379 Ebd., S. 74.

380 Ebd. S. 71 und 73.

381 Eine interessante Kritik an diesem Werk wurde von Joanna Dzionek-Kozlowska und Rafal Matera vorgetragen: *Institutions without Culture. A Critique of Acemoglu and Robinson's Theory of Economic Development*, Lodz Economics Working Papers, First Draft, August 14, 2016. Sie monieren, dass man Institutionen nicht ohne Kultur verstehen könne, dies sei der Mangel des kritisierten, aber ansonsten hochgeschätzten Werks.

382 S. 190.

383 Easterly, S. 289.

384 Wikipedia: »Demokratische Republik Kongo«.

385 Iliffe, S. 270 f.

386 Moyo, S. 60 und 59.

387 *The National Interest* vom 22. Januar 2016.

388 »In den 1990er Jahren befanden sich 35 von 53 afrikanischen Ländern im Kriegszustand, und Millionen von Zivilisten fanden den Tod.« Smith, S. 143.

389 Acemoglu und Robinson, S. 344 und 370.

390 Zitiert bei Rupert Neudeck, S. 140.

391 Bastian Benrath: »Der Hunger kehrt zurück«, in: *FAZ* vom 1.2.2019.

392 Collier, S. 17–37.

393 Vgl. auch die durch »*conflicts*« verursachte Herabstufung im HDI-Rang der UNPD bei Ländern wie Syrien: 2012 Rang 128, 2017 Rang 155, im Fall Jemen –20, Libyen –27. Human Development Indices and Indicators 2018 Statistical Update.

394 Siehe dazu auch Douglas Murray: *The Strange Death of Europe. Immigration, Identity, Islam*, London 2018.

395 Nach Richard Baldwin: *The Great Convergence. Information, Technology and the New Globalization*, Cambridge, Mass. 2016.

396 Wolfgang Steiger: »Das linke Spiel mit der Armut«, in: *WELT* vom 23.1.2019.

397 ourworldindata.org/economic growth.

398 Siehe dazu Easterly, S. 201–204.

399 In SSA jedoch: »Nur Ruanda hat als einziges Land in Subsahara-Afrika die Milleniumsziele der UN zur Armutsbekämpfung bis 2015 erfüllt. [...] In Asien und Südamerika ging die Zahl der Armen in den vergangenen zwanzig Jahren stark zurück. Die Hilfsgelder haben vielen genutzt, aber meist nicht den bitterarmen Menschen in Afrika.« Seitz, S. 78.

400 Easterly, S. 354 und S. 351.

401 Mark Schieritz: »Nach oben gehangelt. Reich und Arm driften auseinander – so heißt es. Doch wenn man die ganze Welt anschaut, stimmt das überhaupt nicht«, in: *ZEIT ONLINE* vom 6.10.2016.

402 Siehe die Liste der Länder, die offiziell keine IDA [International Development Association]-Länder mehr sind bei Moyo, S. 158, Anm. 3.

403 Acemoglu und Robinson, S. 389 f.

404 Nicole Anliker in der *NZZ* vom 13.2.2019. Siehe dazu auch Christian Steiner: »Warum das Erdöl Venezuela in den Ruin treibt«, in der *NZZ* vom 9.2.2017. Antwort: Es ist nicht das Erdöl, sondern die Politik der Regierung.

405 New York 2007, S. 1.

406 Michael Hüther/Matthias Diermeier/Henry Goecke: »Die Globalisierung wirkt erschöpft«, in: *WELT* vom 8.5.2018. Vorabveröffentlichung aus *Die erschöpfte Globalisierung. Zwischen transatlantischer Orientierung und chinesischem Weg*, Wiesbaden 2018.

407 Nach bnp 4.5.2017.

408 »Engines of Growth«, in: *Hoover Digest*, 2007, No. 3.

409 Siehe dazu Michael Spence: *The Next Convergence: The Future of Economic Growth in a Multispeed World*, London 2012.

Richard Baldwin: *The Great Convergence: Information Technology and the New Globalization*, Cambridge, Mass. 2016.

410 Branko Milanovic: »The greatest reshuffle of individual income since the Industrial Revolution«, in: *VOX CEPR Policiy Portal* vom 1.07.2016.

Christoph Lakner / Branko Milanovic: »Global income distribution: From the fall of the Berlin Wall to the Great Recession«, in: *VOX CEPR Policy Portal* vom 27.05.2014.

411 Richard Baldwin: *The Great Convergence,* Cambridge, Mass. 2016.

412 Siehe zu diesem Thema auch den oben zitierten Artikel von Mark Schieritz in ZEIT ONLINE, 6.10.2016. Laut dem »Bericht zur weltweiten Ungleichheit«, 2018, Kurzfassung des World Inequality Lab, betrug das durchschnittliche Jahreseinkommen der unteren 50 % aller Länder 1980: 1.600 €, 2016: 3.100 €.

Zu den methodischen Problemen der Ungleichheitsforschung siehe Johannes Berger: »Nimmt die Einkommensungleichheit weltweit zu? Methodische Feinheiten der Ungleichheitsforschung«, in: Leviathan 33, Heft 4 (2005), S. 464–481. Darin auch der bedenkenswerte Satz: »Steigende Einkommensungleichheit kann mit sinkender Armut einhergehen.« S. 465.

413 Siehe S. 32 f. meines Buches.

414 Siehe dazu »Trade policy and Africa's exports« der European Commission, 2017, und die BBC News vom 31.8.2018: »What are the tariffs on trade with Africa?« von Andrew Walker.

415 Sabine Allafi/Julia Koch: »Außenhandel mit Afrika« (Zusammenfassung), in: Statistisches Bundesamt / WISTA/3/2015.

416 Bundesministerium für Ernährung und Landwirtschaft (BEL), *Fakten und Hintergründe.*

417 In: *The New York Times* vom 9.4.2014. Zu ganz ähnlichen Ergebnissen gelangt der Artikel »Africa needs a green revolution«, in: *The Economist* vom 3.11.2018. »A green revolution […] is unlikely to succeed if government is obstructive.« »Government is the most important partner«, wird ein Mitarbeiter der Alliance for a Green Revolution in Africa zitiert, »but in Africa it is the weakest link.«

418 »Wir ruinieren nicht Afrikas Bauern«, in: *Welt-Sichten* vom 21.4.2017.

419 Bettina Rudloff und Evita Schmieg von der Stiftung Wissenschaft und Politik: »Afrikanische Entwicklung: Die EU-Handelspolitik wird es nicht richten können«, in: *EURACTIV.de*, heruntergeladen am 21.1.2019.

420 Smith, S. 73 f.: »[…] oft mit Rechtsunsicherheit hinsichtlich ihres Landbesitzes infolge fehlender allgemein anerkannter Eigentumsurkunden. Sie produzieren weniger als eine Tonne Getreide pro Hektar gegenüber 9 in Frankreich, und weniger als einen halben Liter Milch pro Tag und Kuh gegenüber 25 in Frankreich, wo von 1000 Landwirten mehr als 900 über einen Traktor verfügen gegenüber zwei südlich der Sahara. Zwischen dem Wendekreis des Krebses und des Steinbocks sind nur 5 % des Ackerlandes bewässert gegenüber 58 % in Indien.«

421 »Afrikanische Staaten südlich der Sahara geben nach UNESCO-Angaben nur 10 bis 15 Prozent des Weltdurchschnitts für staatliche Bildungseinrichtungen aus.« Seitz, S. 84.

422 Carole Hillenbrand: *The Crusades. Islamic Perspectives*. New York: Routledge 2000. Von gelegentlichen konditionierten Reflexen abgesehen, ist dies ein sehr empfehlenswertes Buch.

423 Karl Binswanger: *Untersuchungen zum Status der Nichtmuslime im Osmanischen Reich des 16. Jahrhunderts*. München 1977.

424 Adel Khoury: *Toleranz im Islam*. Mainz 1980.

425 Antoine Fattal: *Le statut légal des non-musulmans en pays d'Islam*. Beyrouth: Imprimerie Catholique 1958. Im Islam gibt es vier Klassen von Feinden: Bandit, Rebell, Apostat, Ungläubiger. Der nicht unterworfene Ungläubige ist per definitionem ein Feind und gehört zum *dar al-harb*. Vgl. Bernard Lewis: *The Political Language of Islam*. Chicago 1988.

426 Norman A. Stillman: *The Jews of Arab Lands*. Philadelphia 1979.

427 Bat Ye'or: *Juifs et Chrétiens sous l'Islam. Les dhimmis face au d´efi intégriste*. Paris: Berg International Editeurs, 1994; siehe auch *The Dhimmi* (1985) und *The Decline of Eastern Christianity under Islam* (1996). Die Werke dieser Autorin stellen die umfangreichste kritische Darstellung und Dokumentation des Lebens der »Schutzbefohlenen« unter dem Islam dar. Sie liegen in französischer und englischer Sprache vor. Dass sie in den weitgehend islamophil verschimmelten deutschen Verlagen keinen Platz gefunden haben, verwundert nicht.

428 In: Ulrich Haarmann (Hrsg.): *Geschichte der arabischen Welt*. München: Beck 1991. Dagegen heißt es bei Hamilton Alexander Roskeen Gibb/Howard Bowen: *Islamic Society and the West*. London: Oxford University Press 1957: »Aber der Dhimmi-Status war nicht von der Art, daß eine Gemeinde sich auf Dauer damit abfinden konnte. Er konnte bestenfalls erduldet werden, denn er war durch *force majeure* aufgezwungen worden.«

429 Zitiert nach Ibn Warraq: *Why I Am Not a Muslim*. Amherst, Prometheus Books 1995. Diese Islamkritik (in der Nachfolge von Bertrand Russels *Why I Am Not a Christian*) eines umfassend gebildeten, wohlinformierten und scharfsinnigen Autors ist unbedingt empfehlenswert.

430 In: James M. Powell (Hrsg.): *Muslims under Latin Rule, 1100–1300*. Princeton 1990.

431 W. Montgomery Watt: *A History of Islamic Spain*. Edinburgh 1965.
In: Kenneth M. Setton (Hrsg.): *A History of the Crusades*. Bd. 5. Madison 1989.

432 Siehe auch Joshua Prawer: *The Latin Kingdom of Jerusalem. European Colonialism in the Middle Ages*. London 1972. Zu Sizilien siehe Hubert Houben: »Die Tolerierung Andersgläubiger im normannisch-staufischen Süditalien«, in: Odilo Engels/Peter Schreiner (Hrsg.): *Die Begegnung des Westens mit dem Osten*, Sigmaringen 1993.

433 Bernard Lewis: *The Jews of Islam*. Princeton 1984.

434 Charles-Emmanuel Dufourcq: *La vie quotidienne dans l'Europe médiévale sous domination arabe*, Paris 1978.

435 Patrick J. Geary: *Europäische Völker im frühen Mittelalter*, Frankfurt/Main 2002.

436 Diese institutionalisierte Demütigung durch den Islam ähnelt nicht zufällig den Verhältnissen im südafrikanischen Apartheidstaat und den amerikanischen Südstaaten vom Ende des Bürgerkriegs bis in die sechziger Jahre des 20. Jahrhunderts. Auch dort ging es darum, einer vom Utilitas-Prinzip erzwungenen Kohabitation eine rechtliche und soziale Form zu geben, die deutlich machte, daß man die verachteten, inferioren Schwarzen nicht deshalb als Gleiche und Gleichberechtigte ansah, weil man sie im selben Land, in derselben Stadt leben und die gleiche Luft atmen ließ. Vergleichbares läßt sich in Nazi-Deutschland im Verhältnis zu den Juden feststellen: Die rechtliche Situation der Juden (einschließlich der Nürnberger Gesetze) bis zum Beginn der Vernichtungspolitik war »toleranter« als das vollentwickelte Dhimma-Regelwerk – mit einer Ausnahme: Muslimische Männer durften andersgläubige Frauen heiraten, die Nazis verboten jede Form sexueller und ehelicher Beziehungen zwischen »Deutschblütigen« (Angehörigen der in Europa in geschlossenen Siedlungsgebieten lebenden Völker) und Juden. Auch die Palästinenser in den besetzten Gebieten müssen das provozierende Verbleiben in ihrem eigenen Land mit der planvollen und systematischen Demütigung durch Israel bezahlen. Ihre Reduzierung zu einer inferioren Helotenschicht dient hier jedoch nicht der Konversion, sondern der Förderung der Emigration.

437 Mike Davis: *Die Geburt der Dritten Welt. Hungerkatastrophen und Massenvernichtung im imperialistischen Zeitalter*, Berlin 2004.

438 E. L. Jones: *The European Miracle*, Cambridge 1987; *Growth Recurring*, Oxford 1988. Annemarie Schimmel: *Im Reich der Großmoguln*, München 2000. Michael Mann: »Ökonomie und Ökologie«, in: Jürgen Osterhammel (Hrsg.): *Asien in der Neuzeit*, Frankfurt/Main 1994.

439 Ich folge vor allem der Darstellung von Jacques Gernet: *Die chinesische Welt*, 1985.

440 Paul Bairoch: *Victoires et Déboires*, Paris: Gallimard 1997; *Economics and World History*, Chicago 1993.

441 Angus Maddison: »A Comparison of Levels of GDP Per Capita in Developed and Developing Countries, 1700–1980«, in: *Journal of Economic History*, Nr. 1, März 1983, S. 27–41. In dem einleitenden Resümee heißt es: »Landes and Kuznets suggest that Western countries already had a big lead before their economic growth accelerated, but Bairoch has recently claimed that European living standards in the mid-eighteenth century were lower than in the rest of the world. I think the existing evidence supports the Landes-Kuznets position«. Bairochs Berechnungen hat er 1990 in *Measuring European Growth* eingehend untersucht und kritisiert. Zu einem weiteren Gewährsmann Davis', Kenneth Pomeranz, erklärt Maddison: »His conclusions are very different from mine.« Auffallend ist bei Davis die Abwesenheit E. L. Jones', eines Forschers, der schon vor einem Vierteljahrhundert auf die Bedeutung von Umweltfaktoren und von Katastrophen

wie Hungersnöten und Seuchen sowie deren Prävention und Bekämpfung für die komparativeWirtschaftsgeschichte der europäischen und anderer Länder hinwies (und die mittlerweile wieder wahrgenommene wichtige Rolle des Staates bei der wirtschaftlichen Entwicklung). Der Grund dafür dürfte der sein, daß Jones zu ganz anderen Schlußfolgerungen und Thesen gelangt als Davis. Das Problem ist nicht, daß Davis anderer Meinung ist, sondern daß er wichtige Werke zu seinem eigenen Thema einfach ignoriert, statt sie zu diskutieren und die Gründe anzugeben, warum er mit ihnen nicht übereinstimmt.

442 Ich zitiere aus Maddisons letztem großen Werk *The World Economy*, Paris 2001.

BIBLIOGRAPHIE

(Bauer) Peter Bauer: *The Development Frontier. Essays in Applied Economics*, London 1991.

(Berthélemy) Jean Claude Berthélemy: *L'endettement du Tiers Monde*, Paris 1990.

(Cassen) Robert Cassen and Associates: *Does Aid Work? Report to an Intergovernmental Task Force*, Oxford 1986.

(Corbridge) Stuart Corbridge: *Debt and Development*, Oxford 1993.

(Crone) Patricia Crone: *Die vorindustrielle Gesellschaft. Eine Strukturanalyse*, München 1992 (zuerst 1989).

(Dell) Sidney Dell: *International Development Policies. Perspectives for Industrial Countries*, Durham 1991.

(Dembinski) Pawel H. Dembinski: *L'endettement international*, Paris 1989.

(Drèze/Sen) Jean Drèze/Amartya Sen: *Hunger and Public Action*, Oxford 1989.

(Drucker) Peter F. Drucker: *The New Realities*, London 1990.

(Eatwell) John Eatwell/Murray Milgate/Peter Newman (Hrsg.): *Economic Development. The New Palgrave*, London 1989.

(Foster) Phillips Foster: *The World Food Problem. Tackling the Causes of Undernutrition in the Third World*, Boulder 1992.

(George 1989) Susan George: *A Fate Worse than Debt*, Harmondsworth 1989.

(George 1990) Susan George: *Ill Fares the Land. Essays on Food, Hunger and Power*, Harmondsworth 1990.

(George 1992) Susan George: *The Debt Boomerang. How Third World Debt Harms Us All*, London 1992.

(Gilpin) Robert Gilpin: *The Political Economy of International Relations*, Princeton 1987.

(Hall) John A. Hall: *Powers and Liberties. The Causes and Consequences of the Rise of the West*, Harmondsworth 1992 (zuerst 1985).

(Harris) Nigel Harris: *The End of the Third World. Newly Industrializing Countries and the Decline of an Ideology*, Harmondsworth 1990 (zuerst 1986).

(Henry) James S. Henry: *Where the Money Went*. In: *The New Republic*, 14.4.1986.

(Huhne) Christopher Huhne: *Real World Economics. Essays on Imperfect Markets and Fallible Governments*, Harmondsworth 1990.

(HDR) *Human Development Report* 1992. Published for the United Nations Development Programme (UNDP), New York 1992.

(Jones) E. L. Jones: *The European Miracle. Environments, Economies and Geopolitics in the History of Europe and Asia*, Cambridge 1987 (zuerst 1981).

(King) Philip King (Hrsg.): *International Economics and International Economic Policy. A Reader*, New York 1990.

(Kromka/Kreul) Franz Kromka/Walter Kreul: *Unternehmen Entwicklungshilfe. Samariterdienst oder die Verwaltung des Elends?*, Zürich 1991.

(Lele) Uma Lele (Hrsg.): *Aid to African Agriculture. Lessons from Two Decades of Donors' Experience*, Baltimore 1992.

(Lever/Huhne) Harold Lever/Christopher Huhne: *Debt and Danger. The World Financial Crisis*, Harmondsworth 1987 (zuerst 1985).

(Lindert) Peter H. Lindert: *International Economics*, Boston 1991.

(MacDonald) Scott B. MacDonald/Margie Lindsay/David L. Crum (Hrsg.): *The Global Debt Crisis: Forecasting for the Future*, London 1990.

(Meier) Gerald M. Meier: *Leading Issues in Economic Development*, New York 1989.

(Menzel) Ulrich Menzel: *Das Ende der Dritten Welt und das Scheitern der großen Theorie*, 1992.

(Nafziger) E. Wayne Nafziger: *The Economics of Developing Countries*, Englewood Cliffs 1990.

(Nohlen/Nuscheler) Dieter Nohlen/Franz Nuscheler (Hrsg.): *Handbuch der Dritten Welt 1. Grundprobleme, Theorien, Strategien*, Bonn 1992.

(O'Brien) Patrick O'Brien: *European Economic Development. The Contribution of the Periphery*. In: *The Economic History Review*, Februar 1982.

(OECD) OECD: *Financing and External Debt of Developing Countries. 1991 Survey*, Paris 1992.

(Opitz) Peter Opitz (Hrsg.): *Grundprobleme der Entwicklungsländer*, München 1991.

(Pomfret) Richard Pomfret: *Diverse Paths of Economic Development*, New York und Harvester Wheatsheaf 1992.

(Ranis/Schultz) Gustav Ranis/T. Paul Schultz (Hrsg.): *The State of Development Economics. Progress and Perspectives,* Oxford 1990 (zuerst 1988).

(Reynolds) Lloyd G. Reynolds: »The Spread of Economic Growth to the Third World. 1850–1980«, in: *Journal of Economic Literature,* September 1983.

(Riddell) Roger C. Riddell: *Foreign Aid Reconsidered,* Baltimore 1987.

(Sachs) Jeffrey D. Sachs (Hrsg.): *Developing Country Debt and the World Economy,* Chicago 1989.

(Sampson) Anthony Sampson: *The Money Lenders,* Sevenoaks 1988.

(Todaro) Michael P. Todaro: *Economic Development in the Third World,* New York 1989.

(Vernières) Michel Vernières: *Economiedes Tiers-Mondes,* Paris 1991.

(WDR) World Development Report 1991. The Challenge of Development, Oxford 1991.

(Woronoff) Jon Woronoff: *Asia's »Miracle« Economies,* Tokyo 1986 (zweite Auflage Anfang 1993 in London erschienen).